1000
मोदी प्रश्नोत्तरी

1000
मोदी प्रश्नोत्तरी

अनीता गौड़

सत्साहित्य प्रकाशन, दिल्ली

प्रकाशक : सत्साहित्य प्रकाशन,
694-ए, (पहली मंजिल) चावड़ी बाजार, दिल्ली-110006

/ संस्करण : 2022 / मूल्य : तीन सौ पचास रुपए
मुद्रक : आर-टेक ऑफसेट प्रिंटर्स, दिल्ली ISBN 978-81-7721-263-1

1000 MODI PRASHNOTTARI *by* Smt. Anita Gaur ₹ 350.00
Published by Satsahitya Prakashan, 694-A, (First Floor)
Chawri Bazar, Delhi-110006

सरकार का एक ही धर्म होता है और वह है—इंडिया फर्स्ट।
उसका एकमात्र धर्मग्रंथ होता है और वह है—भारत का संविधान।
मात्र एक ही भक्ति है, जिसे भारत-भक्ति के साथ जोड़ा जा सकता है।
और जन-शक्ति एकमात्र ऐसी शक्ति है, जिसे समर्पित रहना चाहिए।
सरकार का पवित्र धर्म 125 करोड़ भारतीयों का कल्याण ही होना चाहिए
और 'सबका साथ, सबका विकास' ही उसकी कार्यपद्धति होनी चाहिए।

—नरेंद्र मोदी

भूमिका

आज के सबसे अधिक चर्चित नेता नरेंद्र मोदी ही हैं। भाजपा ने उनके नेतृत्व में लोकसभा चुनावों में अविस्मरणीय विजय हासिल की। मोदी की डगर कठिन जरूर थी, लेकिन असंभव नहीं था। अहमदाबाद से दिल्ली तक का सफर आसान नहीं था; लेकिन उनकी बढ़ती लोकप्रियता ने विरोधी खेमे को भी उनकी बढ़ती साख को मानने पर मजबूर कर दिया। और यह काम श्री मोदी आसानी से कर सके, क्योंकि उन्होंने कर्फ्यू, अकाल से जूझनेवाले राज्य को मॉडल स्टेट बनाया। विरोधी भी मानते हैं कि मोदी ने गुजरात को कर्फ्यू और टैंकरमुक्त करके आतंक और तनाव से मुक्त राज्य बनाया।

श्री मोदी ने गुजरात के मुख्यमंत्री पद पर रहते हुए गुजरात के गाँवों में राजनीतिक द्वेष मिटाने के लिए, समरसता लाने के लिए गुजरात में 5 हजार से अधिक समरस ग्राम पंचायतें बनाकर प्रगतिशीलता का जो उत्कृष्ट प्रमाण देश के सामने रखा, वह प्रेरणास्पद है। इससे प्रदेश की हर योजना में जनभागीदारी करनेवाले जन-प्रतिनिधियों का हौसला बढ़ा। साथ ही इससे संस्थागत ढाँचे का विकास होने से राज्य की संस्थाओं को मजबूत बनाया जा सका। श्री मोदी ने अपने शासन को सुशासन में बदलने के लिए सूचनाओं के आदान-प्रदान पर ध्यान दिया, इसलिए गाँवों तक ब्रॉडबैंड सुविधा देकर सूचना तकनीक बढ़ाई। इस तकनीक ने गुजरात प्रदेश की जनता की जन-सुनवाई ऑनलाइन ही हो जाती है।

गुजरात में जीत की हैट्रिक बना चुके मुख्यमंत्री नरेंद्र मोदी ने लगातार 12 साल तक शासन का रिकॉर्ड कायम किया। इसके पीछे मोदी के इन्हीं फैसलों का बड़ा हाथ रहा, जिन्होंने सूबे को मॉडल स्टेट की पहचान दी। साथ ही संघ के इस प्रचारक को देश-दुनिया में विकास पुरुष के रूप में स्थापित कर दिया।

''सरकार और सुशासन एक ही सिक्के के दो पहलू हैं, लेकिन दोनों अलग भी

हैं। सरकार सत्ता है तो सुशासन सशक्तीकरण, लेकिन इसके लिए सरकार की इच्छा-शक्ति के साथ लोगों का भरोसा भी जरूरी है।'' ऐसा माननेवाले श्री मोदी ने गुजरात में तो यह करके दिखा दिया है, अब बारी है पूरे देश में अपना और अपनी पार्टी का सिक्का जमाकर सुशासन द्वारा दुनिया में अपना परचम लहराने की। आज वे देश के प्रधानमंत्री हैं और उनके अनेक आरंभिक जनोपयोगी कार्यों की प्रशंसा हो रही है। भविष्य उन्हें आशा भरी नजरों से देख रहा है। यह पुस्तक श्री मोदी के कृतित्व व व्यक्तित्व को प्रश्नों के माध्यम से समझने का अवसर प्रदान करने की दिशा में एक महत्त्वपूर्ण कदम है।

—लेखक

विषय-सूची

व्यक्तित्व

1. नरेंद्र मोदी अपने भीतर मृदुता एवं सामर्थ्य की अपार क्षमता सँजोए हैं, लेकिन इसी के साथ उनकी छवि कैसी मानी जाती है?
   (क) कठोर प्रशासक और कड़े अनुशासन के आग्रही की
   (ख) ढुलमुल नीतियोंवाले की
   (ग) कट्टरपंथी और पुरातनपंथी सोच की
   (घ) नई सोच और लापरवाही की
2. नरेंद्र मोदी को किसमें पूरा विश्वास है?
   (क) राजनीति में (ख) जोड़-तोड़ में
   (ग) शिक्षा-व्यवस्था में (घ) भाजपा में
3. नरेंद्र मोदी के अनुसार कौन सी व्यवस्था मनुष्य के आंतरिक विकास और उन्नति का माध्यम बनकर उसे और समाज को अँधेरे, मायूसी एवं गरीबी के विषम चक्र से मुक्ति दिला सकती है?
   (क) शिक्षा-व्यवस्था
   (ख) सामाजिक व्यवस्था
   (ग) राजनीतिक व्यवस्था
   (घ) अर्थव्यवस्था
4. किसमें नरेंद्र मोदी की गहरी दिलचस्पी है, जिसका सहारा लेकर उन्होंने गुजरात को ई-शासित राज्य बना दिया और कई नवोन्मेषी प्रयोग सुनिश्चित किए?
   (क) शिक्षा में
   (ख) विज्ञान और प्रौद्योगिकी में
   (ग) तंत्र-मंत्र में
   (घ) राजनीतिक कुचक्रों को रचने में

उत्तर के लिए कृपया पृष्ठ सं. 185 देखें।

5. नरेंद्र मोदी की आर्थिक सोच बिलकुल अलग है, यह बात किससे जाहिर होती है?
   (क) वे बार-बार कह चुके हैं कि उनकी राय में सरकार को कारोबार करने का कोई अधिकार नहीं होना चाहिए।
   (ख) वे कहते हैं कि सरकार का काम सिर्फ इतना है कि वह ऐसा माहौल बनाए, ऐसे नियम बनाए, जिनसे निवेशकों के कारोबार सफल हों।
   (ग) मोदी के अनुसार—उन्होंने भारत के लिए जो सपना देखा है, उसमें गरीबी हटाने के अलावा संपन्नता की भी जगह है।
   (घ) उपर्युक्त सभी
6. किन नवीनतम प्रयासों से गुजरात में ई-पारदर्शिता आई, जिसमें आम नागरिक सीधा प्रशासन के उच्चतम कार्यालय से संपर्क कर सकता है?
   (क) 'स्वागत ऑनलाइन' और 'टॉमील फरियाद' नामक प्रयासों से
   (ख) 'वेलकम ऑनलाइन' और 'टेली फरियाद' नामक प्रयासों से
   (ग) 'वेलकम ऑनलाइन' और 'टॉमी फरियाद' नामक प्रयासों से
   (घ) 'स्वागत ऑनलाइन' और 'टेली फरियाद' नामक प्रयासों से
7. इन प्रयासों के लिए जनशक्ति में अखंड विश्वास रखनेवाले नरेंद्र मोदी ने बखूबी करीब कितने कर्मचारियों की मजबूत टीम की रचना की थी?
   (क) पाँच लाख कर्मचारियों की
   (ख) पाँच कर्मचारियों की
   (ग) पचास लाख कर्मचारियों की
   (घ) पचपन लाख कर्मचारियों की
8. अपने लोगों में बहुत विश्वास करनेवाले श्री नरेंद्र मोदी ने किस नाम से जानी जानेवाली निरंतर अभ्यास की एक पहल के माध्यम से सक्रिय कार्य संस्कृति के क्षेत्र में इन सरकारी कर्मचारियों की एक मजबूत टीम का कुशलतापूर्वक नेतृत्व किया?
   (क) 'कर्मजन महाअभियान' नाम से
   (ख) 'कर्मयोगी महाअभियान' नाम से
   (ग) 'कर्मयोगी महासभा' नाम से
   (घ) 'कर्मजन महासभा' नाम से

उत्तर के लिए कृपया पृष्ठ सं. 185 देखें।

9. बतौर मुख्यमंत्री मोदी ने सरकारी कर्मचारियों को किसमें बदलने का कार्य किया?
   (क) 'असरकारी कर्मजनों' में बदलने में
   (ख) 'सुसरकारी कर्मयोगियों' में बदलने में
   (ग) 'असरकारी कर्मयोगियों' में बदलने में
   (घ) 'संस्कारी कर्मयोगियों' में बदलने में
10. नरेंद्र मोदी आशावादी होने के साथ ही आदर्शवादी भी हैं, लेकिन उनमें इसी के साथ क्या कूट-कूटकर भरा है?
   (क) यथार्थवाद
   (ख) स्वप्नवाद
   (ग) यथार्थवाद और स्वप्नवाद दोनों
   (घ) कुछ भी नहीं
11. उनकी धारणा रही हमेशा कैसी है?
   (क) कि बहानेबाजी करके किसी भी दुविधा से बचा जा सकता है।
   (ख) कि दुश्मनों को मुँहतोड़ जवाब देने के लिए आगा-पीछा नहीं सोचना चाहिए।
   (ग) कि असफलता नहीं, बल्कि उद्‌देश्य का न होना अपराध है।
   (घ) कि साम-दाम-दंड-भेद की नीति अपनाकर परिस्थिति अपने कब्जे में कर लेना चाहिए।
12. वर्ष 2012 की शुरुआत में वे 'भारतीय कारोबार की संस्थापना में उत्कृष्ट योगदान' के लिए किस पुरस्कार से सम्मानित किए गए?
   (क) सीएनईसी टी.वी.-18 पुरस्कार से
   (ख) सीएनईबीसी टी.वी.-18 पुरस्कार से
   (ग) सीईबीसी टी.वी.-18 पुरस्कार से
   (घ) सीएनबीसी टी.वी.-18 पुरस्कार से
13. नवंबर 2011 में कंप्यूटर सोसायटी ऑफ इंडिया ने ई-गवर्नेंस के क्षेत्र में उनके योगदान के लिए उन्हें पुरस्कार और किस सम्मान द्वारा सम्मानित किया था?
   (क) 'जी-रत्न' सम्मान (ख) 'सी-रत्न' सम्मान
   (ग) 'ई-रत्न' सम्मान (घ) 'ईम-रत्न' सम्मान

उत्तर के लिए कृपया पृष्ठ सं. 185 देखें।

14. मोदी टेक्नोलॉजी की शक्ति में बहुत विश्वास रखते हैं; लेकिन खास बात यह है कि उन्होंने सरकार के कामकाज में भी आधुनिक टेक्नोलॉजी को शामिल कर लिया है, ताकि सेवा पहुँचाना आसान हो जाए। उनकी कौन सी टेक्नोलॉजी के उपयोग द्वारा राज्य व्यापी शिकायतों पर ध्यान देना आसान हुआ और इस शिकायत निवारण पहल की शानदार सफलता नरेंद्र मोदी के लिए एक महान् सीमा चिह्न साबित हुई है, जिनकी दूरदर्शिता के कारण इस पहल का निर्माण और बाद में विस्तार हो सका?

(क) स्वागत (ख) वेलकम

(ग) अतिथि (घ) मेरो गुजरात

15. गुजरात में शिकायत निवारण सेवा में क्रांतिकारी परिवर्तन किया गया, जिसने राज्य के लोगों को मुख्यमंत्री सहित राज्य के सर्वोच्च अधिकारियों के साथ सीधे संपर्क करने के लिए सक्षम किया है। यह कब शुरू की गई?

(क) वर्ष 2013 में शुरू हुई (ख) वर्ष 2004 में शुरू हुई

(ग) वर्ष 2012 में शुरू हुई (घ) वर्ष 2003 में शुरू हुई

16. सार्वजनिक सेवाओं के प्रदान में अपनी भूमिका में परिवर्तन लाने के लिए इस सेवा ने कौन सा प्रतिष्ठित पुरस्कार जीता?

(क) संयुक्त राष्ट्र जनसेवा पुरस्कार

(ख) संयुक्त राष्ट्र देशसेवा पुरस्कार

(ग) संयुक्त राष्ट्र लोकसेवा पुरस्कार

(घ) संयुक्त राष्ट्र परोपकार सेवा पुरस्कार

17. इसी सेवा ने सार्वजनिक सेवाओं में सुधार के लिए भी कौन सा पुरस्कार जीता?

(क) सी.एम.ओ.-2011 (ख) सी.ए.ओ.-2011

(ग) सी.आई.ओ.-2011 (घ) सी.एक्स.ओ.-2011

18. मई 2013 में गुजरात के पर्यटन विभाग को तीन राष्ट्रीय पुरस्कार मिले। ये पुरस्कार किस क्षेत्र में मिले?

(क) सर्वश्रेष्ठ पर्यटन फिल्म के लिए

(ख) सूचना प्रौद्योगिकी के अभिनव प्रयोग के लिए

(ग) समग्र पर्यटन विकास के लिए

(घ) उपर्युक्त तीनों के लिए

उत्तर के लिए कृपया पृष्ठ सं. 185 देखें।

19. सर्वश्रेष्ठ पर्यटन फिल्म की श्रेणी में वर्ष 2011-12 का राष्ट्रीय पुरस्कार किस पर्यटन अभियान की फिल्म को मिला?
   (क) पर्यटन अभियान 'खुशबू आपणो गुजरात की' को
   (ख) पर्यटन अभियान 'सुगंध मारो गुजरात की' को
   (ग) पर्यटन अभियान 'खुशबू गुजरात की' को
   (घ) पर्यटन अभियान 'सुगंध अणे सौंदर्य गुजरात की' को

20. सर्वश्रेष्ठ पर्यटन फिल्म की श्रेणी में वर्ष 2011-12 का राष्ट्रीय पुरस्कार जिस पर्यटन अभियान की फिल्म को मिला, उस अभियान में कौन से फिल्म स्टार गुजरात का प्रचार करते नजर आते हैं?
   (क) अजय देवगन (ख) रजनीकांत
   (ग) अमिताभ बच्चन (घ) अक्षय कुमार

21. नरेंद्र मोदी मानते हैं कि जीवन के प्रत्येक क्षेत्र में स्पष्ट दृष्टि, उद्देश्य या लक्ष्य का परिज्ञान और कठोर अध्यवसाय किसके लिए अत्यंत ही आवश्यक गुण हैं?
   (क) सफलता के लिए (ख) नेता बनने के लिए
   (ग) धावक बनने के लिए (घ) सादा जीवन जीने के लिए

22. नरेंद्र मोदी का क्या उद्देश्य है?
   (क) कि 21वीं सदी का भारत अपने सुदृढ़ विकास के साथ-साथ औद्योगिक विकास, विश्वस्तरीय संस्थान, ऊर्जावान् युवाओं की क्षमता की ऐसी तसवीर पेश करे कि दुनिया देखे।
   (ख) कि 21वीं सदी का पाकिस्तान अपने सुदृढ़ विकास के साथ-साथ औद्योगिक विकास, विश्वस्तरीय संस्थान, ऊर्जावान् युवाओं की क्षमता की ऐसी तसवीर पेश करे कि दुनिया देखे।
   (ग) कि 21वीं सदी का गुजरात अपने सुदृढ़ विकास के साथ-साथ औद्योगिक विकास, विश्वस्तरीय संस्थान, ऊर्जावान् युवाओं की क्षमता की ऐसी तसवीर पेश करे कि दुनिया देखे।
   (घ) कि 21वीं सदी की दुनिया अपने सुदृढ़ विकास के साथ-साथ औद्योगिक विकास, विश्वस्तरीय संस्थान, ऊर्जावान् युवाओं की क्षमता की ऐसी तसवीर पेश करे, जो उदाहरण बने।

उत्तर के लिए कृपया पृष्ठ सं. 185 देखें।

23. नरेंद्र मोदी को राज्य और राष्ट्रीय राजनीति में डंका बजाने के बाद अब भाजपा का कैसा नेता कहा जा रहा है?

(क) फायरब्रांड नेता (ख) राष्ट्रीय नेता

(ग) मुखौटा नेता (घ) पार्टी की रीढ़

24. उन पर एक फिल्म बनानेवाले एन.आर.आई. फिल्म निर्माता का क्या नाम है? इस फिल्म में मोदी की एक आम आदमी से गुजरात के मुख्यमंत्री बनने तक की यात्रा दिखाई गई है।

(क) अमितेश पटेल (ख) मितेश पटेल

(ग) मिनेश पटेल (घ) मृगेश पटेल

25. कैथल के किस व्यक्ति ने मोदी के लिए वर्ष 2012 में एक ऐसा गाना गाया, जिसने न केवल मोदी की चर्चा बढ़ाई बल्कि इस व्यक्ति को भी मीडिया में छाने का अवसर दे दिया?

(क) रॉशी मित्तल ने (ख) रॉनी मित्तल ने

(ग) रॉकी मित्तल ने (घ) रोजी मित्तल ने

26. कैथल के जिस व्यक्ति ने मोदी के लिए वर्ष 2012 में जो गाना गाया, उसके बोल क्या थे?

(क) 'देश का पीएम नरेंद्र मोदी'

(ख) 'पीएम बनेगा नरेंद्र मोदी'

(ग) 'हमारा पीएम कौन नरेंद्र मोदी'

(घ) 'पीएम तो एक है नरेंद्र मोदी'

27. इस व्यक्ति ने जो गाना गाया उसने इंटरनेट पर धूम मचा दी और दो दिन में ही इस गाने को कितने लोगों ने डाउनलोड किया?

(क) 100 से भी अधिक

(ख) 200 से भी अधिक

(ग) 400 से भी अधिक

(घ) 300 से भी अधिक

28. गुजरात के विकास का बखान करते हुए एक अग्रणी उद्योग ने अपनी रिपोर्ट में कहा था कि गुजरात का विकास मॉडल अतुल्य है। इसमें भी महत्त्वपूर्ण यह है कि गुजरात सरकार द्वारा राज्य के विकास मॉडल के लिए औद्योगिकीकरण और कृषीकरण का जबरदस्त समन्वय किया गया। एशिया के किस अग्रणी

उत्तर के लिए कृपया पृष्ठ सं. 185-186 देखें।

ब्रोकरेज फर्म ने गुजरात के विकास का पूरा श्रेय तत्कालीन मुख्यमंत्री मोदी को दिया?

(क) सीएएसए ने (ख) सीसीआईएसए ने
(ग) सीएसए ने (घ) सीएमएएसए ने

29. 'मौत के सौदागर' और 'मर्चेंट ऑफ डेथ' के नाम से मोदी किनके बीच पुकारे जाते रहे?

(क) मुसलिम समुदाय के बीच (ख) भ्रष्टाचारियों के बीच
(ग) विपक्षी नेताओं के बीच (घ) अपराधियों के बीच

30. कल तक मोदी को गुजरात के अंदर और बाहर किस नाम से जाना जाता था?

(क) हिंदू हृदय सम्राट् (ख) क्लासिक फासिस्ट
(ग) कुछ भी नहीं (घ) क और ख दोनों

31. आम लोगों के बीच आज मोदी किस रूप में जाने जाते हैं?

(क) विकास पुरुष के नाम से (ख) क्रांतिकारी नेता के नाम से
(ग) औद्योगिक पुरुष के नाम से (घ) विपक्षियों के शत्रु के नाम से

32. व्यापक रूप में श्री नरेंद्र मोदी को किस रूप में पहचाना जाता है?

(क) एक नवीन विचार-युक्त नेता के तौर पर
(ख) एक युवा और ऊर्जावान् जननेता के तौर पर
(ग) एक नवीन विचार-युक्त युवा और ऊर्जावान् जननेता के तौर पर
(घ) पुरातनपंथी विचार-युक्त मगर, एक युवा और ऊर्जावान् जननेता के तौर पर

33. अपने विचारों को मोदी ने सफलतापूर्वक गुजरात के लोगों तक पहुँचाया और वे गुजरात के कितने करोड़ से ज्यादा लोगों का भरोसा, विश्वास एवं आशा जगाने में सफल रहे?

(क) 6 करोड़ से ज्यादा लोगों (ख) 9 करोड़ से ज्यादा लोगों
(ग) 8 करोड़ से ज्यादा लोगों (घ) 12 करोड़ से ज्यादा लोगों

34. वे आम आदमी में अपनी किस काबिलियत के कारण और भी ज्यादा लोकप्रिय हैं?

(क) आम आदमी की समस्याओं को शीघ्रता से सुलझाने के कारण
(ख) आम आदमी को उसके नाम से बुलाने की उनकी स्मरण-शक्ति के कारण
(ग) अपनी साफ-सुथरी छवि के कारण
(घ) अपनी कठोर नीतियों के कारण

उत्तर के लिए कृपया पृष्ठ सं. 186 देखें।

35. आध्यात्मिक गुरुओं के प्रति अपने अपार आदर के कारण नरेंद्र मोदी किनके बीच सेतु बने हैं?

(क) विभिन्न धर्मों के बीच (ख) विभिन्न दलों के बीच

(ग) विभिन्न नेताओं के बीच (घ) किसी के बीच नहीं

36. मोदी के सक्षम नेतृत्व में गुजरात ने दुनिया भर से अनेक सम्मान व पुरस्कार हासिल किए; उनमें से आपदा प्रबंधन के लिए संयुक्त राष्ट्र की ओर से उन्हें कौन सा पुरस्कार मिला?

(क) कोरोसाकावा पुरस्कार (ख) सासाकोवा पुरस्कार

(ग) सासाकाआ पुरस्कार (घ) सासाकावा पुरस्कार

37. नरेंद्र मोदी के शासनकाल में गुजरात को रचनात्मक और सक्रिय प्रशासन के लिए कौन सा अवॉर्ड मिला?

(क) कॉमनवेल्थ एसोसिएशन फॉर प्राइवेट एडमिनिस्ट्रेशन ऐंड मैनेजमेंट (सीएपीएम)

(ख) कॉमनवेल्थ एसोसिएशन फॉर लीग एडमिनिस्ट्रेशन ऐंड मैनेजमेंट (सीएपीएम)

(ग) कॉमनवेल्थ एसोसिएशन फॉर पब्लिक एडमिनिस्ट्रेशन ऐंड मैनेजमेंट (सीएपीएम)

(घ) कॉमनवेल्थ एसोसिएशन फॉर प्राइवेट ऐंड पब्लिक एडमिनिस्ट्रेशन ऐंड मैनेजमेंट (सीएपीएम)

38. गुजरात में श्री नरेंद्र मोदी ने लगातार तीन साल तक जनता द्वारा सर्वश्रेष्ठ मुख्यमंत्री का स्थान हासिल किया, यही उनकी उपलब्धियों को साबित करता है। लेकिन खास कमाल उन्होंने किस कार्यक्रम को करके किया, जिसके द्वारा उन्होंने गुजरात को वैश्विक फलक पर रख दिया?

(क) वाइब्रेंट इंडिया (ख) वाइब्रेंट गुजराती

(ग) वाइब्रेंट भाजपा (घ) वाइब्रेंट गुजरात

39. वर्ष 2013 की 'वाइब्रेंट गुजरात समिट' में दुनिया भर के कितने देशों ने भाग लिया, जो एक उल्लेखनीय उपलब्धि रही?

(क) 12 देशों ने (ख) 20 देशों ने

(ग) 1,200 देशों ने (घ) 120 देशों ने

उत्तर के लिए कृपया पृष्ठ सं. 186 देखें।

40. एक नेता में कौन से गुण देखने हों तो श्री नरेंद्र मोदी इसके सुंदर उदाहरण हैं?
   (क) कट्टरपंथी विचार और आदर्श के
   (ख) नए विचार और ढकोसले के
   (ग) नए विचार और आदर्श के
   (घ) कट्टरपंथी विचार और ढकोसले के

41. एक युवा किस प्रकार सृजनात्मक नेतृत्व की ऊँचाइयों पर पहुँच सकता है, इसके आदर्श रोल मॉडल के तौर पर श्री नरेंद्र मोदी उभरकर आए हैं। उनको इन ऊँचाइयों पर ले जाने में उनके कौन से गुण कारगर रहे हैं?
   (क) उनका सशक्त चरित्र का गुण
   (ख) उनका साहस से परिपूर्ण चरित्र
   (ग) उनका समर्पण और दूरदर्शिता से परिपूर्ण चरित्र
   (घ) उनका सशक्त, साहस, समर्पण और दूरदर्शिता से परिपूर्ण चरित्र

42. श्री मोदी की विकास पुरुष की छवि कैसे बनी?
   (क) विगत वर्षों में गुजरात के विकास की कहानी मोदी ने जिस तरह से गढ़ी है, उससे देश भर में एक संदेश गया है कि वे तरक्की-पसंद नेता हैं।
   (ख) वे तरक्की के लिए जी-जान लगाकर काम करते हैं।
   (ग) मोदी ने अपनी राजनीति को पूरी तरह से विकास से जोड़ दिया और जनता ने इसे हाथोंहाथ लिया।
   (घ) उपर्युक्त तीनों

43. नरेंद्र मोदी को अपने जानकारों के बीच किस रूप में जाना जाता है?
   (क) मितव्ययी के तौर पर
   (ख) मिताहारी के तौर पर
   (ग) मितव्ययी और मिताहारी के तौर पर
   (घ) कंजूस और बड़बोले के तौर पर

44. बतौर गुजरात के मुख्यमंत्री नरेंद्र मोदी के निजी स्टाफ में कितने लोग रहे?
   (क) केवल तीन लोग
   (ख) अनगिनत लोग
   (ग) केवल दस लोग
   (घ) केवल पचास लोग

उत्तर के लिए कृपया पृष्ठ सं. 186 देखें।

45. गुजरात में उनके किस काम की विश्व हिंदू परिषद् ने आलोचना की थी?
(क) उन्होंने राज्य में बिना सरकारी अनुमति के बने बहुत सारे मंदिरों को भी गिराने का आदेश दिया था।
(ख) उन्होंने दलितों को मंदिर में आने का न्योता दिया था।
(ग) उन्होंने धर्मगुरुओं की आलोचना की थी।
(घ) उन्होंने पुरातनपंथी ढकोसलों की आलोचना की थी।

46. जून 2013 में कहाँ आयोजित हुई भाजपा कार्यसमिति की बैठक में नरेंद्र मोदी को 2014 लोकसभा चुनाव अभियान की कमान सौंपी गई?
(क) अहमदाबाद में
(ख) हैदराबाद में
(ग) गोवा में
(घ) दिल्ली में

47. भाजपा कार्यकर्ताओं की पसंद श्री नरेंद्र मोदी को प्रधानमंत्री पद का उम्मीदवार घोषित करने पर कार्यकर्ताओं में क्या बदलाव आया?
(क) जोश का संचार
(ख) दोगुनी ताकत से चुनावी मैदान में उतरे
(ग) मोदी की कार्यशैली से प्रभावित
(घ) (क) और (ख)

48. नरेंद्र मोदी किस तरह का भोजन पसंद करते हैं?
(क) शाकाहारी भोजन (ख) मांसाहारी भोजन
(ग) दोनों (घ) फलाहार

49. साधारण परिवार में जनमे मोदी अपने विद्यार्थी जीवन में ही राष्ट्रीय स्वयंसेवक संघ से जुड़ गए थे, जिनसे उन पर कैसा प्रभाव पड़ा?
(क) उदारता जैसे मूल्यों का
(ख) परोपकार जैसे मूल्यों का
(ग) सामाजिक सेवा जैसे मूल्यों का
(घ) उदारता, परोपकार और सामाजिक सेवा जैसे तीनों मूल्यों का

50. "एक बार मुझे घर से दूर एक सरकारी नौकरी मिली। मैंने नरेंद्र भाई को लिखा कि वे मेरी मदद करें और मेरी पोस्टिंग नजदीक करा दें। लेकिन उन्होंने मुझसे कहा कि अगर तुम सरकारी नौकरी करना चाहते हो तो इसके कायदे-कानून

उत्तर के लिए कृपया पृष्ठ सं. 186 देखें।

का पालन करो। इस मामले में फिर मुझे कभी फोन मत करना।'' यह बात किसने एक इंटरव्यू में बताई?

(क) मोदी के छोटे भाई श्री प्रह्लाद मोदी ने

(ख) मोदी के छोटे भाई श्री पंकज मोदी ने

(ग) मोदी के भतीजे ने

(घ) मोदी के बड़े भाई श्री सोम मोदी ने

51. नरेंद्र मोदी को भारत में तकनीक का सबसे अधिक इस्तेमाल करनेवाला नेता माना जाता है। इस बात को उन्होंने किसमें साबित कर किया?

(क) 2012 के विधानसभा चुनावों में

(ख) समय-समय पर तकनीकी ज्ञान दिखाकर

(ग) अपने साथ अपग्रेड एप्लाइंसेस रखकर

(घ) उपर्युक्त सभी

52. गुजरात के मुख्यमंत्री नरेंद्र मोदी ने वर्ष 2012 में राज्य में हुए विधानसभा चुनाव में प्रचार अभियान के दौरान कौन सी तकनीक से विश्व रिकॉर्ड कायम किया?

(क) साइबर तकनीक से

(ख) थ्री डी तकनीक से

(ग) न्यू वेब तकनीक से

(घ) उनकी अपनी खास तकनीक से

53. वर्ष 2012 में गुजरात राज्य में हुए विधानसभा चुनाव में श्री मोदी ने एक साथ कितने स्थानों पर जनता को संबोधित कर विश्व रिकॉर्ड कायम किया?

(क) 5 स्थानों पर (ख) 35 स्थानों पर

(ग) 3 स्थानों पर (घ) 53 स्थानों पर

54. इस तकनीक से मोदी ने कब यह रिकॉर्ड बनाया?

(क) 18 नवंबर, 2012 को (ख) 29 नवंबर, 2012 को

(ग) 9 दिसंबर, 2012 को (घ) 10 दिसंबर, 2012 को

55. इस चुनाव के दौरान मोदी का प्रचार अभियान पूरी तरह से हाईटेक और विश्व स्तरीय था, जिसका भारत के इतिहास में चुनाव प्रचार के दौरान इतना इस्तेमाल—

(क) पहले कभी नहीं किया गया।

(ख) कर्नाटक में किया गया।

(ग) दिल्ली की मुख्यमंत्री ने किया।

(घ) विदेशों में किया जाता है।

उत्तर के लिए कृपया पृष्ठ सं. 186 देखें।

56. मोदी चुनाव अभियान के दौरान समाज के हर तबके के लोगों से मिले और अपनी बातें उन तक पहुँचाना चाहते थे। चुनाव में प्रचार अभियान तकनीकी के लिहाज से यह बहुत अलग और विशेष क्यों था?
(क) क्योंकि विश्व में पहली बार इस तकनीक का इस्तेमाल किया गया।
(ख) क्योंकि इससे श्री मोदी की छवि बहुत साफ दिखती थी।
(ग) क्योंकि इससे श्री मोदी ने विदेशों में बैठे लोगों को अपनी ताकत दिखाई।
(घ) क्योंकि यह पूरे विश्व को दिया गया जन संदेश था।

57. चुनाव प्रचार में थ्री डी होलोग्रैफिक प्रोजेक्शन टेक्नोलॉजी का इस्तेमाल कर मोदी सही मायने में क्या साबित हुए?
(क) महानायक (ख) गेम चेंजर
(ग) रिस्क टेकर (घ) लीडर

58. मोदी जब वर्ष 1984-85 में संघ से भाजपा में भेजे गए तो—
(क) उनकी वेशभूषा स्वयंसेवकों से कुछ बहुत अलग नहीं थी
(ख) वे बेहद सामान्य चप्पलों और सफेद ढीले-ढाले मोटी खादीवाले कुरते में नजर आते थे
(ग) क्लीनशेव और सिर पर कम होते बालवाले मोदी संघ के खाँटी प्रचारक ही नजर आते रहे
(घ) उपर्युक्त सभी

59. संघ में कार्य के दौरान मोदी का ढीला कुरता और मोटा खद्दर बदला। राजनीति की मुख्य धारा में आने के बाद मोदी ने दाढ़ी-मूँछें बढ़ा लीं और उनके पहनावे में क्या तब्दीली हुई?
(क) फिटिंग के कुरते के साथ महँगे चश्मे उनके व्यक्तित्व के अंग बन गए।
(ख) फिटिंग की जींस के साथ महँगे चश्मे उनके व्यक्तित्व के अंग बन गए।
(ग) फिटिंग के कुरते के साथ महँगे जूते उनके व्यक्तित्व के अंग बन गए।
(घ) फिटिंग के कुरते के साथ महँगी घड़ी और गले में चेन उनके व्यक्तित्व के अंग बन गए।

60. वर्ष 1998 में मोदी को किस पद पर मनोनीत किया गया?
(क) दिल्ली में संगठन महामंत्री (ख) दिल्ली में प्रदेशाध्यक्ष
(ग) दिल्ली में भाजपा प्रवक्ता (घ) दिल्ली में कोषाध्यक्ष

उत्तर के लिए कृपया पृष्ठ सं. 186 देखें।

61. भाजपा में आधुनिक तकनीक यानी मोबाइल, इंटरनेट और अन्य सुविधाओं के इस्तेमाल को उनके अलावा किसने आगे बढ़ाया था?
(क) श्रीमती सुषमा स्वराज ने (ख) श्री अरुण जेटली ने
(ग) श्री प्रमोद महाजन ने (ख) श्री नितिन गडकरी ने

62. श्री नरेंद्र मोदी ने कब से इंटरनेट पर अपने ब्लॉग लिखने शुरू किए?
(क) 4 अप्रैल, 2009 से (ख) 14 जनवरी, 2009 से
(ग) 4 जनवरी, 2009 से (घ) 14 अप्रैल, 2009 से

63. श्री नरेंद्र मोदी ने इंटरनेट पर किसकी जयंती पर अपने ब्लॉग लिखने शुरू किए?
(क) स्वामी विवेकानंद की 118वीं जयंती पर
(ख) डॉ. बाबा साहेब अंबेडकर की 118वीं जयंती पर
(ग) महात्मा गांधी की 118वीं जयंती पर
(घ) सरदार वल्लभभाई पटेल की 118वीं जयंती पर

64. स्वदेशी और सादगी जैसे संघ के दर्शन से अलग मोदी ब्रांड बनने की दिशा में वे उसी समय चल पड़े थे। 2001 में वे गुजरात मुख्यमंत्री बने और किस वर्ष के बाद उन्होंने अपनी वेशभूषा को हर मौके और दस्तूर के लिहाज से तेजी से बदला?
(क) वर्ष 2004 की प्रचंड जीत के बाद
(ख) वर्ष 2003 की प्रचंड जीत के बाद
(ग) वर्ष 2005 की प्रचंड जीत के बाद
(घ) वर्ष 2002 की प्रचंड जीत के बाद

65. वर्ष 2002 के चुनाव के पहले वे किसके साथ अपनी वेशभूषा में भी कुछ बदलाव करना नहीं भूले?
(क) कुछ सियासी दाँव-पेंच चलाने के साथ
(ख) कुछ धार्मिक दाँव-पेंच चलाने के साथ
(ग) कुछ जातिगत दाँव-पेंच चलाने के साथ
(घ) कुछ विदेशी दाँव-पेंच चलाने के साथ

66. नरेंद्र मोदी जब वर्ष 2001 में पहली बार गुजरात के मुख्यमंत्री बने तो—
(क) उनके सिर पर बाल लंबे थे और पहनावा बेहद अटपटा।
(ख) उनके सिर पर बाल लंबे थे और पहनावा बेहद आकर्षक।
(ग) उनके सिर पर बाल कम थे और पहनावा बेहद सामान्य।
(घ) उनके सिर पर बाल कम थे और पहनावा बेहद आकर्षक।

उत्तर के लिए कृपया पृष्ठ सं. 186-187 देखें।

67. 2002 के विधानसभा चुनाव में मोदी के कुरतों का रंग थोड़ा चटकीला हुआ तो 2007 के चुनाव से उनके पहनावे में क्या तब्दीली देखने को मिली?
(क) पहले डेढ़ साल तक उनका खुला सिर किसी ने नहीं देखा। हर समय टोपी उनके सिर पर रहती थी।
(ख) 2007 के चुनाव से कुछ माह पहले उन्होंने टोपी उतारी तो उनके सिर पर बाल लहलहा रहे थे।
(ग) 2007 के चुनावों में उनकी टोपी उतर चुकी थी।
(घ) उपर्युक्त तीनों

68. अपनी वेशभूषा को लेकर खासे सचेत मोदी का वार्डरोब काफी समृद्ध है। विविध रंगों के कुरतों का विशाल कलेक्शन है। उनके कुरते अहमदाबाद के सीजी रोड स्थित किस स्टोर से खरीदे जाते हैं?
(क) जेम ब्लू स्टोर से
(ख) जेन ब्लू स्टोर से
(ग) जेड ब्लू स्टोर से
(घ) जयेश ब्लू स्टोर से

69. राष्ट्रीय स्वयंसेवक संघ के प्रचारक रहे मोदी का आधी बाँहों का कुरता उनकी स्टाइल बन चुका है। उन्होंने उसे इस तरह क्यों डिजाइन किया?
(क) झोले में अधिक कपड़ों की जगह बनाने के लिए कुरते की बाँहें काटकर उन्हें छोटा बनाया गया।
(ख) उन्हें पूरी बाँहों के कुरतों में दिक्कत होती है।
(ग) आधी बाँहों के कुरतों से बचे कपड़े से वे गरीबों के लिए छोटे कुरते बनवा देते हैं।
(घ) एक बार हाथ में चोट लगने के बाद से वे आधी बाँह का कुरता ही पहनने लगे।

70. वर्ष 2012 के विधानसभा चुनाव में श्री मोदी के व्यक्तित्व में पहनावे से क्या तब्दीली देखने को मिली?
(क) मोदी के कपड़ों का रंग हलका हुआ
(ख) लेकिन डिजाइनर कुरतों के साथ फैशन स्टेटमेंट और गहरा हुआ
(ग) लंबा झोला उनके साथ दिखाई दिया
(घ) (क) और (ख)

उत्तर के लिए कृपया पृष्ठ सं. 187 देखें।

71. झोलाधारी खाँटी संघ स्वयंसेवक से ब्रांड मोदी ऐसे ही तैयार नहीं हुआ। इसके लिए मोदी की कुशल व जिद्दी राजनेता, सख्त प्रशासक की छवि कैसे बनी?
(क) उनके अपने फैसलों से
(ख) गोधरा कांड के कारण
(ग) अपने विरोधियों को रास्ते से हटाने के कारण
(घ) अपने विचारों के कारण

72. झोलाधारी खाँटी संघ स्वयंसेवक से ब्रांड मोदी बनने के लिए श्री मोदी ने जनता के बीच खासतौर से किनकी अभिरुचियों के मुताबिक अपने पूरे व्यक्तित्व पर भी बेहद शिद्दत के साथ काम किया?
(क) बच्चों और महिलाओं की अभिरुचियों के मुताबिक
(ख) युवाओं और महिलाओं की अभिरुचियों के मुताबिक
(ग) पुरुषों और बच्चों की अभिरुचियों के मुताबिक
(घ) वृद्धों और महिलाओं की अभिरुचियों के मुताबिक

73. मोदी का रूपांतरण कब शुरू हुआ?
(क) वर्ष 1991 में, जब तत्कालीन भाजपा अध्यक्ष डॉ. मुरली मनोहर जोशी ने कन्याकुमारी से कश्मीर तक एकता यात्रा निकाली।
(ख) वर्ष 1991 में, जब श्री लालकृष्ण आडवाणी ने सोमनाथ से अयोध्या तक की रथयात्रा निकाली।
(ग) वर्ष 1987 में, जब न्याय यात्रा निकाली गई।
(घ) वर्ष 1989 में, जब श्री केशुभाई पटेल ने लोकशक्ति यात्रा निकाली।

74. मोदी ने अपना हुलिया बदलना क्यों शुरू किया?
(क) मोदी अपनी वेशभूषा से उकता गए थे।
(ख) लोगों को अपनी ओर खींचने के लिए आकर्षक बनना जरूरी है, यह जानकर।
(ग) मोदी को पहनावे में बदलाव लाने के लिए कई बड़े नेताओं ने कहा था।
(घ) मोदी एकता यात्रा के प्रबंधक और सारथि थे। उसी समय मोदी की प्रमुखता से फोटो छपनी शुरू हुई।

75. यदि मोदी की कोई खराब फोटो छपती तो वे संपादकों से इसकी शिकायत करने से भी नहीं चूकते। उन्हें कवर करनेवाले टी.वी. पत्रकार और कैमरामैन

उत्तर के लिए कृपया पृष्ठ सं. 187 देखें।

भी इस बात को मानते हैं। इससे मोदी की किस सेंस का पता चलता है?

(क) फोटो सेंस (ख) पर्सनैलिटी सेंस

(ग) फिगर सेंस (घ) सेलीब्रिटी सेंस

76. शायद मोदी जानते हैं कि सोती तसवीरों ने पूर्व में एक प्रधानमंत्री की ऐसी छवि बना दी थी, जिससे वे कभी उबर नहीं पाए। वे प्रधानमंत्री कौन हैं?

(क) एच.डी. देवेगौड़ा (ख) चंद्रशेखर

(ग) आई.के. गुजराल (घ) चौ. चरण सिंह

77. मोदी टी.वी. या अखबार में कैसे दिखें, इसको लेकर बहुत सतर्क रहते हैं। यहाँ तक कि वे जनता में बाँटी जानेवाली किस चीज को लेकर सतर्क रहते हैं, जिसमें उनके चेहरे की आकृति न बदले और सिर पर पूरे बाल हों, इसका भी ध्यान रखा जाता है।

(क) पोस्टरों को (ख) फोटो को

(ग) मुखौटों को (ग) डमी को

78. नई पीढ़ी को सबसे ज्यादा लुभानेवाली आधुनिक प्रौद्योगिकी का जैसा इस्तेमाल मोदी अपनी किस बात में करते हैं, वैसा देश में फिलहाल कोई नेता नहीं करता?

(क) मार्केटिंग में (ख) बातचीत में

(ग) स्पीच में (घ) कार्य-प्रणाली में

79. बतौर मुख्यमंत्री श्री नरेंद्र मोदी अन्य राजनेताओं की तरह किसी लग्जरी और महँगी कार में नहीं, बल्कि देश में बने वाहन का इस्तेमाल करते रहे। वह वाहन किस कंपनी का था?

(क) मारुति

(ख) महिंद्रा ऐंड महिंद्रा

(ग) हीरो

(घ) उपर्युक्त में से कोई नहीं

80. फेसबुक और ट्विटर में मोदी के लाखों फॉलोअर हैं। विगत चुनाव में मोदी ने अपनी वर्चुअल इमेज द्वारा जनसभाएँ कर जनता के बीच खूब कौतूहल पैदा किया तथा अपनी किस छवि को और निखारा?

(क) आकर्षक (ख) स्पष्टवादी

(ग) आधुनिक प्रगतिवादी (घ) पुरातनपंथी राष्ट्रवादी

उत्तर के लिए कृपया पृष्ठ सं. 187 देखें।

81. टाइम-इकोनॉमिस्ट मैगजीन ने कैसे बतौर गुजरात के मुख्यमंत्री मोदी का लोहा माना?

(क) मोदी ने 2009 में गुजरात सरकार की तरफ से दुनिया की सबसे बड़ी अमेरिकी विज्ञापन व मार्केटिंग एजेंसी वर्ल्ड वाइड के साथ करार किया।

(ख) केंद्र सरकार ने कभी इस एजेंसी को कोई ठेका देने की हिम्मत नहीं की और मोदी को इसका लाभ मिला।

(ग) दुनिया की सबसे प्रतिष्ठित मैगजीन 'टाइम' में मोदी की कवर फोटो छपी और उन्हें भारत के भावी प्रधानमंत्री के रूप में पेश किया गया।

(घ) उपर्युक्त सभी

82. दूसरी बड़ी पत्रिका 'दि इकोनॉमिस्ट' ने मोदी को भारत का कैसा नेता बताया?

(क) सबसे संभावना भरा नेता (ख) सबसे जुझारू नेता

(ग) धरती पकड़ नेता (घ) सबसे सक्षम नेता

83. अमेरिका में किस फोरम में होनेवाले बतौर गुजरात के मुख्यमंत्री उनके भाषण को विरोध के बाद रद्द कर दिया गया। इसके जवाब में ओवरसीज फ्रेंड्स ऑफ बीजेपी ने मोदी की ये दो वेब सभाएँ आयोजित कीं।

(क) बार्टन इंडिया इकोनॉमिक फोरम

(ख) बरतन इंडिया इकोनॉमिक फोरम

(ग) वरंटन इंडिया इकोनॉमिक फोरम

(घ) वार्टन इंडिया इकोनॉमिक फोरम

84. मोदी ने मुख्यमंत्री के तौर पर गुजरात के किस शहर से अपना संदेश एडिसन, न्यू जर्सी, शिकागो में बैठे प्रवासियों को देते हुए कहा कि हमने विकास को राजनीति से अलग रखा है और इस 21वीं सदी में पूरी दुनिया भारत की ओर देख रही है?

(क) गांधीनगर से (ख) मेहसाणा से

(ग) अहमदाबाद से (घ) वडोदरा से

85. श्री मोदी ने गुजरात में सरदार पटेल की भव्य प्रतिमा के निर्माण का बीड़ा उठाया है। उसका नाम उन्होंने क्या दिया है?

(क) 'स्टेच्यू ऑफ डेवलपमेंट' (ख) 'स्टेच्यू ऑफ यूनिटी'

(ग) 'स्टेच्यू ऑफ कमिटमेंट' (घ) 'स्टेच्यू ऑफ करेक्टर'

उत्तर के लिए कृपया पृष्ठ सं. 187 देखें।

86. सरदार पटेल लौह पुरुष के अलावा किसान पुत्र और अखंडता के प्रतीक थे, इसलिए इस प्रोजेक्ट के लिए किसका उपयोग किया जाएगा?
(क) देश के किसानों द्वारा दिए पैसों का
(ख) देश के अधिकांश गाँवों में से खेती में इस्तेमाल किए हुए लोहे के औजारों के टुकड़े एकत्रित किए जाएँगे और उन्हें गलाकर उनका
(ग) देश के सभी मठाधीशों द्वारा दी गई धातुओं का
(घ) देश की सभी स्क्रैप कंपनियों द्वारा प्रदत्त बेकार धातुओं का

87. नरेंद्र मोदी अपने जन्म-दिवस पर सबसे पहले किसका आशीर्वाद प्राप्त करते हैं और उसके बाद अन्य कोई काम करते हैं?
(क) अपने कुल देवता का
(ख) अपनी बहन का
(ग) अपनी कुल माता का
(घ) अपनी माता का

88. माता से आशीर्वाद प्राप्ति के पश्चात् मुख्यमंत्री नरेंद्र मोदी ने किस मिशन की शुरुआत की थी?
(क) समता मिशन (ख) सहिष्णुता मिशन
(ग) सद्भावना मिशन (घ) सदाचार मिशन

89. मोदी बचपन से ही बहुत मेहनती थे। छोटी सी उम्र में ही वे वडनगर में एक ऑयल कंपनी में तेल के पीपे उठाया करते थे। हर पीपे पर उन्हें कितनी मजदूरी मिला करती थी?
(क) 5 पैसे (ख) 25 पैसे
(ग) 50 पैसे (घ) 15 पैसे

90. किशोरावस्था के दिनों से ही मोदी को अनेक मुश्किलों व तकलीफों का सामना करना पड़ा; लेकिन किसकी बदौलत उन्होंने प्रत्येक चुनौती को अवसर में तब्दील कर दिखाया?
(क) अपने साहस की बदौलत
(ख) अपने सशक्त व्यक्तित्व की बदौलत
(ग) अपने सशक्त व्यक्तित्व और साहस की बदौलत
(घ) अपने बड़े रसूख की बदौलत

उत्तर के लिए कृपया पृष्ठ सं. 187 देखें।

91. विशेषकर जब उन्होंने कहाँ और किसलिए प्रवेश लिया, तब उनकी राह कठिन संघर्ष और पीड़ादायी परिश्रम से भरी पड़ी थी। लेकिन जीवन-संग्राम में वे हमेशा एक योद्धा, एक सच्चे सैनिक की भाँति लड़े?
   (क) अधिक-से-अधिक पैसा प्राप्त करने के लिए बड़े संस्थानों में
   (ख) उच्च शिक्षा प्राप्त करने के लिए महाविद्यालय एवं विश्वविद्यालय में
   (ग) आध्यात्मिक शांति प्राप्त करने के लिए आश्रम में
   (घ) उच्च स्थान प्राप्त करने के लिए भाजपा में

92. एक बार कदम आगे बढ़ाने के बाद मोदी ने कभी पीछे मुड़कर नहीं देखा, क्योंकि—
   (क) वे जोड़-तोड़ करके समीकरण बैठाना जानते थे।
   (ख) वे उन लोगों के साथ दोस्ती का हाथ बढ़ाते थे, जो उनको आगे बढ़ाने में काम आए।
   (ग) हार मानना या पराजित होना उन्होंने कभी स्वीकार नहीं किया।
   (घ) वे आगे बढ़ने के लिए कुछ भी करने के लिए तैयार थे।

93. श्री मोदी को पीड़ा क्यों होती है?
   (क) कांग्रेस में लाल बहादुर शास्त्री और पटेल का जिक्र न हो तो।
   (ख) शासक दल लोकसभा की काररवाई में बाधा डाले तो
   (ग) शत्रु देश सीमाओं पर अड़ंगा डाले तो और देश चुपचाप देखे तो।
   (घ) उपर्युक्त सभी

94. नरेंद्र मोदी बचपन से किसमें शामिल होने का सपना देखा करते थे, लेकिन परिवार की वित्तीय स्थिति खराब होने के कारण ऐसा नहीं कर सके?
   (क) आई.ए.एस. सेवा में (ख) सेना में
   (ग) चिकित्सीय सेवा में (घ) आई.आई.एम. में

95. श्री मोदी तब किस कक्षा में थे, जब उन्होंने अखबार में जामनगर स्थित बालाचाडी सैनिक स्कूल का विज्ञापन देखा?
   (क) कक्षा 2 (ख) कक्षा 9
   (ग) कक्षा 4 (ग) कक्षा 12

96. नरेंद्र ने कितने रुपए बचाकर जामनगर स्थित बालाचाडी सैनिक स्कूल का प्रोस्पेक्टस खरीदा और उसे भरा, जो देश की सेवा करने के मकसद से था?
   (क) 10 रुपए (ख) 2 रुपए
   (ग) 4 रुपए (घ) 9 रुपए

उत्तर के लिए कृपया पृष्ठ सं. 187 देखें।

97. उस समय राष्ट्र की सेवा करने का मतलब सेना में शामिल होना था। यह नरेंद्र के मन में भरा था। लेकिन उनके सेना में शामिल होने का सपना पूरा नहीं हो सका, क्योंकि उनके पिता ने कहा कि—
(क) वे प्रवेश परीक्षा का खर्च उठाने की स्थिति में नहीं हैं।
(ख) वे उन्हें बहुत प्यार करते हैं और अपने से दूर नहीं भेज सकते।
(ग) वे उन्हें वकील बनाना चाहते हैं।
(घ) वे अपना पुश्तैनी काम सँभालें।

98. पीएम उम्मीदवारी की घोषणा के बाद मोदी ने अपनी पहली वीडियो कॉन्फ्रेंस में कहाँ के भारतीय समुदाय को संबोधित किया?
(क) फ्लोरिडा के टेंपा में (ख) फिलाडेल्फिया के टेंपा में
(ग) कोलिस्टारिका के टेंपा में (घ) होंडूरास के टेंपा में

99. श्री मोदी के अनुसार, पिछले कुछ वर्षों में देश हर मोरचे पर कमजोर हुआ लेकिन भाजपा ने अलग-अलग राज्यों में यह साबित कर दिया है कि उसके पास न सिर्फ दृष्टि और सोच है, बल्कि काम करने की क्षमता भी है। हमसे विकास के रास्ते का विजन पूछा जाता है। श्री मोदी का विजन किसके विजन से प्रेरित रहा है?
(क) लालकृष्ण आडवाणी के विजन से।
(ख) वाजपेयी सरकार के विजन से।
(ग) पं. दीनदयाल उपाध्याय के विजन से।
(घ) संघ के विजन से।

100. इसी विजन के साथ श्री अटल बिहारी वाजपेयी विकास दर को कितने फीसदी दर पर ले गए थे?
(क) 1.4 फीसदी पर (ख) 10.4 फीसदी पर
(ग) 8.4 फीसदी पर (घ) 11.4 फीसदी पर

101. बतौर भाजपा के प्रधानमंत्री पद के उम्मीदवार नरेंद्र मोदी ने किस विकास मॉडल का एक नया रूप देश के सामने पेश किया?
(क) चीन के समावेशी विकास मॉडल
(ख) दक्षिण कोरिया के समावेशी विकास मॉडल
(ग) गुजरात के समावेशी विकास मॉडल
(घ) जापान के समावेशी विकास मॉडल

उत्तर के लिए कृपया पृष्ठ सं. 187-188 देखें।

102. मोदी का मॉडल किनके उन आरोपों का जवाब बना, जो विकास के मोदी मॉडल को सिर्फ कॉरपोरेट घरानों का स्वर्ग बताते हैं?

(क) विदेशियों के (ख) मीडिया के

(ग) उद्यमियों के (घ) विरोधियों के

103. चीन यात्रा के बाद मंगोलिया यात्रा पर गए प्रधानमंत्री नरेंद्र मोदी मंगोलिया के प्रधानमंत्री चिमेड सैखानबेलिग के साथ राजधानी के बाहरी इलाके में हरियाली चट्टानों के बीच एक विशेष आयोजन देखने गए। उस आयोजन का क्या नाम है?

(क) खेल उत्सव (ख) राष्ट्रीय क्रीड़ा उत्सव

(ग) लघु नादाम उत्सव (घ) मंगोलियाई क्रीड़ा उत्सव

104. अपने इस मॉडल का देश के सामने आगाज करने के लिए गुजरात सरकार ने किस तारीख को गांधीनगर में एक राष्ट्रीय कौशल्य वर्धन सम्मेलन बुलाया था?

(क) 5 सितंबर, 2013 को (ख) 25 अक्तूबर, 2013 को

(ग) 25 सितंबर, 2013 को (घ) 5 अक्तूबर, 2013 को

105. इसमें देश के सभी राज्यों से कितने प्रतिनिधियों ने भाग लिया?

(क) पाँच सौ से ज्यादा (ख) पाँच हजार से ज्यादा

(ग) पाँच लाख से ज्यादा (घ) पाँच करोड़ से ज्यादा

106. श्री मोदी के अनुसार वर्ष 2008 में केंद्र ने युवाओं के विकास के लिए किसका गठन किया था, जो निष्क्रिय बना रहा?

(क) मिनिस्टर्स नेशनल सेंटर फॉर स्किल डेवलपमेंट

(ख) मदर नेशन सेंटर फॉर स्किल डेवलपमेंट

(ग) मिनिस्टर्स नेशनल सेंटर फॉर स्किल डेवलपमेंट

(घ) मिनिएचर नेशनल सेंटर फॉर स्किल डेवलपमेंट

107. इसके बाद केंद्र ने कौन सा बोर्ड बनाया और वह भी निष्क्रिय रहा?

(क) कौतुक विकास बोर्ड (ख) कौशल विकास बोर्ड

(ग) कोशिश विकास बोर्ड (घ) कामगार विकास बोर्ड

108. मोदी के अनुसार, इसके बाद वर्ष 2009 में राष्ट्रीय कौशल नीति लाई गई। कौशल विकास के लिए प्रधानमंत्री कार्यालय में क्या खोला गया?

(क) भरती कार्यालय (ख) प्रशिक्षण कार्यालय

(ग) सलाहकार कार्यालय (घ) विकास कार्यालय

उत्तर के लिए कृपया पृष्ठ सं. 188 देखें।

109. राष्ट्रीय कौशल नीति के बाद प्रधानमंत्री कार्यालय में एक एजेंसी का गठन किया, उसका नाम क्या था?
(क) राष्ट्रीय कौशल विकास एजेंसी
(ख) राष्ट्रीय कोशिश विकास एजेंसी
(ग) राष्ट्रीय कौतुक विकास एजेंसी
(घ) राष्ट्रीय कामगार विकास एजेंसी

110. श्री मोदी के अनुसार, सन् 2013 में वर्ष 2008–13 के बीच बनाई गई सभी समितियों का केंद्र सरकार ने क्या किया?
(क) भंग कर दिया
(ख) शुरू कर दिया
(ग) कुछ को शुरू किया, कुछ को छोड़ दिया
(घ) एक साथ जोड़ दिया

111. आखिरकार बतौर मुख्यमंत्री श्री नरेंद्र मोदी ने गुजरात में उन योजनाओं को लागू किया और कौशल विकास के काम के लिए गुजरात के किन केंद्रों को प्रधानमंत्री का पुरस्कार मिला?
(क) कौतुक वरदान केंद्रों (के.वी.के.) को
(ख) कोशिश वरदान केंद्रों (के.वी.के.) को
(ग) कौशल वरदान केंद्रों (के.वी.के.) को
(घ) कामगार वरदान केंद्रों (के.वी.के.) को

112. गुजरात के तत्कालीन मुख्यमंत्री नरेंद्र मोदी ने वर्ष 2012 में चुनाव से पहले कांग्रेस की 'हर को घर' योजना की हवा निकालने के लिए कितने घर बनाने की घोषणा की थी?
(क) पचास लाख (ख) पाँच लाख
(ग) पचास करोड़ (घ) पाँच हजार

113. गुजरात के तत्कालीन मुख्यमंत्री नरेंद्र मोदी ने वर्ष 2012 में चुनाव से पहले पचास लाख घर बनाने की घोषणा की थी। उनकी इस घोषणा को पूरा करने के लिए किसने ग्लोबल ट्रेड शो में सस्ते मकानों का मॉडल पेश किया है?
(क) गाहेड ने (ख) गामहेड ने
(ग) गाइहेड ने (घ) गाजहेड ने

उत्तर के लिए कृपया पृष्ठ सं. 188 देखें।

114. गुजरात सरकार के वाइब्रेंट गुजरात निवेशक सम्मेलन से पहले शुरू हुए ग्लोबल ट्रेड शो में गुजरात इंस्टीट्यूट ऑफ हाउसिंग ऐंड एस्टेट डेवलपर्स ने किनके लिए सस्ते आवास की योजना तैयार की थी?

(क) शहरों में गरीब लोगों के लिए

(ख) मध्यम वर्ग के लोगों के लिए

(ग) उच्च-मध्यम वर्ग के लोगों के लिए

(घ) (क) और (ख)।

115. तत्कालीन मुख्यमंत्री श्री मोदी ने 18 सितंबर, 2012 को सरपंच सम्मेलन में कुपोषण से मुकाबले के लिए किसका ऐलान किया?

(क) 'मिशन बालो सुखम्' का (ख) 'कृशन बाम सुखम्' का

(ग) 'मिशन बाम सुखम्' का (घ) 'मिशन बाम सुखे' का

116. नरेंद्र मोदी से संबद्ध एक टैटू अहमदाबाद की किस मशहूर आर्टिस्ट ने बनाया?

(क) शिखा परमार ने (ख) संस्कृति परमार ने

(ग) जागृति परमार ने (घ) जासवंती परमार

117. पिछले दिनों नरेंद्र मोदी के नाम से एक गेम मोबाइल पर खूब चर्चा में रहा। उस गेम का नाम था—

(क) मोदी रन (ख) मोदी गन

(ग) मोदी धुन (घ) मोदी धूम

118. नरेंद्र मोदी के नाम से जो गेम मोबाइल पर खूब चर्चा में रहा, उस गेम को बनानेवाली कंपनी का नाम क्या है?

(क) मोबाइल एप्स डेवलपर कंपनी बेग्जैटी

(ख) मोबाइल एप्स डेवलपर कंपनी डेग्जैटी

(ग) मोबाइल एप्स डेवलपर कंपनी रेग्जैटी

(घ) मोबाइल एप्स डेवलपर कंपनी नेग्जैटी

119. पिछले दिनों मोदी थीम पर दो स्मार्टफोन लॉञ्च हुए। उनके नाम क्या हैं?

(क) स्मार्टनमो सेपरोन वन तथा स्मार्टनमो सेपरोन टू।

(ख) स्मार्टनमो सेफरोन वन तथा स्मार्टनमो सेफरोन टू।

(ग) स्मार्टनमो सेरोन वन तथा स्मार्टनमो सेरोन टू।

(घ) स्मार्टनमो सेफेन वन तथा स्मार्टनमो सेपेन टू।

□

उत्तर के लिए कृपया पृष्ठ सं. 188 देखें।

परिवार

120. नरेंद्र मोदी का परिवार किस समुदाय से संबंधित है?
    (क) ब्राह्मण
    (ख) मोध, घांची, वणिक, तेली
    (ग) राजपूत
    (घ) आदिवासी
121. नरेंद्र दामोदरदास मोदी का जन्म कब हुआ था?
    (क) 27 सितंबर, 1950 (ख) 7 सितंबर, 1950
    (ग) 17 सितंबर, 1954 (घ) 17 सितंबर, 1950
122. नरेंद्र दामोदरदास मोदी का जन्म कहाँ हुआ?
    (क) उत्तर गुजरात के मेहसाणा जिले में
    (ख) उत्तर गुजरात के पाटन जिले में
    (ग) पश्चिमी गुजरात के सूरत जिले में
    (घ) दक्षिणी गुजरात के राजकोट जिले में
123. नरेंद्र दामोदरदास मोदी के पिता का नाम क्या है?
    (क) श्री दामोदर चंद्र मूलचंद मोदी
    (ख) श्री दासगोपा मूलचंद मोदी
    (ग) श्री दामोदरदास मूलचंद मोदी
    (घ) श्री दानचंद्र मूलचंद मोदी
124. नरेंद्र दामोदरदास मोदी की माता का नाम क्या है?
    (क) श्रीमती हेराबेन मोदी (ख) श्रीमती हेमाबेन मोदी
    (ग) श्रीमती नीराबेन मोदी (घ) श्रीमती हीराबेन मोदी

उत्तर के लिए कृपया पृष्ठ सं. 188 देखें।

125. नरेंद्र दामोदरदास मोदी के परदादा का नाम क्या है?
(क) श्री मगन लाल रणछोड़ दास
(ख) श्री मगध लाल रणछोड़ दास
(ग) श्री माधव लाल रणछोड़ दास
(घ) श्री मोहन लाल रणछोड़ दास

126. नरेंद्र दामोदरदास मोदी के परदादा कहाँ से मेहसाणा आए?
(क) बाकुंडा के नवगोत्रा गाँव से
(ख) बनासकाँठा के रसगोत्रा गाँव से
(ग) बनासकाँठा के नवगोत्रा गाँव से
(घ) बाकुंडा के नवगोत्रा गाँव से

127. वडनगर में नरेंद्र मोदी के परदादा ने क्या काम शुरू किया?
(क) लुहार की दुकान शुरू की
(ख) किराने की दुकान शुरू की
(ग) कपड़े की दुकान शुरू की
(घ) जूतों की दुकान शुरू की

128. नरेंद्र दामोदरदास मोदी के दादा का नाम क्या है?
(क) श्री मुनिचंद मोदी (ख) श्री मुकेशचंद मोदी
(ग) श्री मूलचंद मोदी (घ श्री मूल आनंद मोदी

129. नरेंद्र दामोदरदास मोदी के पिता का जन्म किस वर्ष में हुआ?
(क) 1915 में (ख) 1916 में
(ग) 1911 में (घ) 1920 में

130. नरेंद्र मोदी परिवार में अपने भाई–बहनों के बीच किस नंबर पर आते हैं?
(क) छह संतानों में दूसरे नंबर पर
(ख) छह संतानों में चौथे नंबर पर
(ग) छह संतानों में तीसरे नंबर पर
(घ) छह संतानों में पाँचवें नंबर पर

131. नरेंद्र मोदी के बड़े भाई का नाम क्या है?
(क) श्री सोम मोदी (ख) श्री ओम मोदी
(ग) श्री व्योम मोदी (घ) श्री दीप मोदी

उत्तर के लिए कृपया पृष्ठ सं. 188 देखें।

132. नरेंद्र मोदी के मँझले भाई का नाम क्या है?
(क) श्री अमर मोदी (ख) श्री अमृत मोदी
(ग) श्री अरुण मोदी (घ) श्री अमरेश मोदी

133. नरेंद्र मोदी की एकमात्र बहन का नाम क्या है?
(क) श्रीमती वैदेही (ख) श्रीमती बरुनी
(ग) श्रीमती वसंती (घ) श्रीमती वसुंधरा

134. नरेंद्र मोदी से छोटे दो भाइयों के क्या नाम हैं?
(क) श्री प्रवीण मोदी और श्री पंकज मोदी
(ख) श्री प्रह्लाद मोदी और श्री पंकज मोदी
(ग) श्री प्रह्लाद मोदी और श्री प्रमोद मोदी
(घ) श्री प्रवीण मोदी और श्री प्रमोद मोदी

135. नरेंद्र मोदी के पिता आजीविका के लिए क्या करते थे?
(क) चाय की दुकान (ख) किराने की दुकान
(ग) कपड़े की दुकान (घ) फर्नीचर की दुकान

136. नरेंद्र मोदी के पिता की दुकान कहाँ स्थित थी?
(क) वडनगर के बड़े तालाब के सामने
(ख) वडनगर के बस स्टैंड के सामने
(ग) वडनगर के रेलवे स्टेशन के सामने
(घ) वडनगर के जिला स्कूल के सामने

137. जब नरेंद्र दामोदरदास मोदी अपने पिता के साथ दुकान पर जाते थे, तब उनकी उम्र कितनी थी?
(क) केवल छह साल की (ख) केवल चार साल की
(ग) केवल पाँच साल की (घ) केवल नौ साल की

138. मेहसाणा स्थित वर्षों पुराने कौन से तालाब में मोदी ने तैराकी सीखी?
(क) शनि तालाब में (ख) शामिल तालाब में
(ग) मिष्ठा तालाब में (घ) शर्मिष्ठा तालाब में

139. गाँव के तालाब में तैराकी करते एक दिन वे किसे पकड़कर घर ले आए?
(क) मगरमच्छ के बच्चे को (ख) कछुए के बच्चे को
(ग) मछली के बच्चे को (घ) बतख के बच्चे को

उत्तर के लिए कृपया पृष्ठ सं. 188 देखें।

140. बचपन में वे जब परेशान होते थे तो क्या धारण कर लेते थे?

(क) मौन व्रत (ख) भगवा वस्त्र

(ग) नीले रंग की अँगूठी (घ) माथे पर तिलक

141. चाय की दुकान से जब भी उन्हें फुरसत मिलती, वे कहाँ चले जाया करते थे?

(क) पास के मंदिर में (ख) पास की लाइब्रेरी में

(ग) पास के तालाब पर (घ) पास के मैदान में

□

उत्तर के लिए कृपया पृष्ठ सं. 188 देखें।

शिक्षा

142. नरेंद्र ने अपनी प्राथमिक शिक्षा कहाँ से आरंभ की?

(क) भगवताचार्य गोविंदाचार्य हाई स्कूल से

(ख) भगवताचार्य नारायणाचार्य हाई स्कूल से

(ग) गोविंदाचार्य नारायणाचार्य हाई स्कूल से

(घ) राघावाचार्य नारायणाचार्य हाई स्कूल से

143. इस स्कूल के संस्कृत के किस अध्यापक ने मोदी को याद करते हुए कहा, 'वह औसत छात्र था; लेकिन बहस और थिएटर में उसकी गहरी दिलचस्पी थी।'

(क) प्रह्लाद पटेल (ख) आह्राद पटेल

(ग) प्रदीप पटेल (घ) प्रमोद पटेल

144. नरेंद्र ने स्कूल में डिबेट क्लब बनाया था, क्योंकि—

(क) वे उन छात्रों में थे, जो रोज बहस से बचते थे।

(ख) वे उन छात्रों में थे, जो रोज बहस में हिस्सा लेनेवालों को रोकते थे।

(ग) वे उन छात्रों में थे, जो छात्रों को बहस के लिए प्रेरित करते थे।

(घ) वे उन छात्रों में थे, जो रोज बहस में हिस्सा लेते थे।

145. वडनगर में मोदी के साथी रहे किस मित्र ने अपने पुराने दिनों को याद करते हुए कहा, 'स्कूल में पढ़ाई खत्म होने पर शाम को हम अपनी किताबें घर पर छोड़ सीधे शाखा में पहुँचते थे।'

(क) सुमीर जोशी (ख) सुमन जोशी

(ग) सुधीर जोशी (घ) सुशांत जोशी

146. नरेंद्र मोदी के बचपन के मित्रों में से कौन था, जो उनके सबसे करीब था?

(क) जसूद खान पठान (ख) भदोरियाजी

(ग) जमशेद खान पठान (घ) पटेलजी

उत्तर के लिए कृपया पृष्ठ सं. 188-189 देखें।

147. स्कूल में वे अपने किस शिक्षक के बहुत करीब थे?
(क) विज्ञान के (ख) गणित के
(घ) इतिहास के (घ) खेलकूद के

148. प्रयोगशाला में नरेंद्र को क्या देखना पसंद था?
(क) रंग-बिरंगे रेखा-चित्रों की किताब
(ख) विभिन्न जीवों के बोतलों में बंद स्पेसीमेन
(ग) चुंबक से होनेवाले प्रयोग
(घ स्कूल की प्रयोगशाला में केमिकल रिएक्शन देखना

149. एक बार स्कूल के संस्कृत अध्यापक ने कक्षा के सभी विद्यार्थियों को 'नदी' का शब्द रूप लिखकर कक्षा मॉनीटर को दिखाने के लिए कहा। इस पर नरेंद्र ने क्या किया?
(क) उन्होंने सबसे पहले लिखकर दिखाया।
(ख) उन्होंने मॉनीटर को लिखकर दिखाने से मना कर दिया, क्योंकि उनकी नजरों में मॉनीटर भी एक छात्र ही था
(ग) उन्होंने कुछ भी नहीं लिखा
(घ) उन्होंने नकल की और पकड़े गए

150. उसी संस्कृत अध्यापक ने एक बार अतिरिक्त कक्षा लगाई, जिसमें संस्कृत में कमजोर छात्रों को पढ़ाया जाना था; लेकिन नरेंद्र उस कक्षा में शामिल नहीं हुए, अन्य छात्रों के पूछने पर उन्होंने कहा—
(क) जो लड़के पढ़ना नहीं चाहते, उन्हें ब्रह्मा भी नहीं पढ़ा सकते।
(ख) मैं खुद पढ़ूँगा।
(ग) परीक्षा आने दो, वे खुद देख लेंगे कि कमजोर कौन है?
(घ) जो कुछ करना है, अपने आप करना है। इसलिए कक्षा में आओ या न आओ, कोई फर्क नहीं पड़ता।

151. ''नरेंद्र अपने छात्र जीवन में बड़े स्पष्टवादी थे। वे किसी से नहीं डरते थे और किसी भी समस्या का सामना करने के लिए तैयार रहते थे। आवश्यकता पड़ने पर वे स्कूल के प्रधानाचार्य से भी बात करने से नहीं डरते थे। उनकी तर्क-क्षमता और बीच-बचाव का सामर्थ्य अनेक बार देखने को मिला।'' यह बात नरेंद्र मोदी के किस सहपाठी ने कही?
(क) डॉ. राजीव दीक्षित ने (ख) डॉ. सुधीर जोशी ने
(ग) डॉ. रहमत करीम ने (घ) डॉ. अखिलेश बंसल ने

उत्तर के लिए कृपया पृष्ठ सं. 189 देखें।

152. एक बार स्कूल के चार लड़के मिलकर किसी एक छात्र को पीट रहे थे। नरेंद्र उस छात्र को बचाना तो चाहते थे; लेकिन वे चारों लड़के ज्यादा हट्टे-कट्टे थे, इसलिए उनसे मुकाबला करने के बदले नरेंद्र ने क्या किया, जिससे बाद में वे चारों प्रधानाचार्य द्वारा दंडित किए गए?

(क) तुरंत प्रधानाचार्य को फोन किया

(ख) चारों की शर्ट पर फाउंटेन पेन की स्याही छिड़क दी

(ग) शोर मचाकर सभी दोस्तों को इकट्ठा कर दिया

(घ) चारों लड़कों को पत्थर मारकर घायल कर दिया

153. नरेंद्र की संगठन क्षमता स्कूल के दिनों से ही दिखाई देने लगी थी। ऐसे में स्कूल के किस काम के लिए उन्होंने अपनी इस क्षमता का उपयोग किया?

(क) अहाते की एक ओर की दीवार बनवाने में

(ख) प्रांगण में मंदिर बनवाने में

(ग) प्रांगण में मसजिद बनवाने में

(घ) विज्ञान विषय की कक्षाओं के लिए कमरे बनवाने में

154. नरेंद्र ने अपनी इस क्षमता का उपयोग किस तरह किया?

(क) सभी छात्रों से चंदा इकट्ठा किया

(ख) एक नाटक खेला

(ग) वडनगर के प्रतिष्ठित लोगों से सहायता माँगी

(घ) छात्रों से श्रमदान करवाया

155. नरेंद्र के स्कूल में एक नाटक दिखाया गया, जिसका नाम क्या था—

(क) नीलू फूल (ख) पीलू फूल

(ग) लाल फूल (घ) नारंगी फूल

156. उस नाटक के लेखक, डायरेक्टर और एक्टर कौन थे?

(क) श्री नरेंद्र मोदी (ख) श्री मोदी के बड़े भाई

(ग) श्री मोदी के दोनों छोटे भाई (घ) श्री मोदी के अभिन्न मित्र

157. उस नाटक में मोदी क्या बने थे?

(क) एक अछूत महिला के बीमार बेटे

(ख) एक धनी महिला के बीमार बेटे

(ग) एक लाचार महिला के बीमार बेटे

(घ) एक धनी महिला के लाचार बेटे

उत्तर के लिए कृपया पृष्ठ सं. 189 देखें।

158. अछूत महिला के बेटे को ठीक करने के लिए क्या कहा गया था?
(क) मंदिर से नीले फूलवाला प्रसाद लाने के लिए
(ख) मंदिर से पीले फूलवाला प्रसाद लाने के लिए
(ग) मंदिर से लाल फूलवाला प्रसाद लाने के लिए
(घ) मंदिर से नारंगी फूलवाला प्रसाद लाने के लिए

159. नाटक में महिला को कहाँ नहीं घुसने दिया गया था?
(क) मंदिर में (ख) रसोई में
(ग) बड़े डॉक्टर के क्लीनिक में (घ) बेटे के कमरे में

160. बचपन से ही नरेंद्र स्वामी विवेकानंद के विचारों से प्रभावित थे। वे उनकी पुस्तकें उधार लेकर पढ़ा करते थे। और बाद में उन्होंने पैसे बचाकर, पुस्तकें खरीदकर घर में ही एक पुस्तकालय बना लिया। उनकी इस रुचि को जानकर कौन उन्हें समय-समय पर विवेकानंदजी से जुड़ी पुस्तकें भेंट करता रहा?
(क) डॉ. संतोषभाई पारिख (ख) डॉ. वसंतभाई पारिख
(ग) डॉ. संतभाई पारिख (घ) डॉ. संतोकभाई पारिख

161. सत्रह वर्ष की उम्र में नरेंद्र ने किस कॉलेज में दाखिला लिया था?
(क) विसनगर के कॉलेज में (ख) बड़ौदा के कॉलेज में
(ग) जामनगर के कॉलेज में (घ) अहमदाबाद के कॉलेज में

162. कॉलेज में उन्होंने कितने वर्ष पढ़ाई की?
(क) 1 वर्ष (ख) 3 वर्ष
(ग) 2 वर्ष (घ) ढाई वर्ष

163. वडनगर को नरेंद्र ने किस उम्र में अलविदा कहा?
(क) अट्ठाईस साल (ख) उन्नीस साल
(ग) बाईस साल (घ) अठारह साल

164. मोदी के स्कूल के किस शिक्षक के अनुसार वे पढ़ने में बहुत होशियार थे? लेकिन गणित में कुछ कमजोर थे, इसलिए उनके यहाँ कभी-कभार गणित पढ़ने आया करते थे।
(क) हरगोवनभाई पटेल
(ख) हरिगोविंदभाई पटेल
(ग) हरखूभाई पटेल
(घ) हरिभाई पटेल

उत्तर के लिए कृपया पृष्ठ सं. 189 देखें।

165. नरेंद्र मोदी के दोस्त उन्हें किस नाम से पुकारते थे?

(क) नरेंद्र (ख) नमो

(ग) एन.डी. (घ) नरी

166. नरेंद्र जब किशोर हुए, तब वे क्या करते थे?

(क) एक वकील के घर नौकरी, जहाँ उन पर घर की साग-सब्जी से लेकर खाना बनाने और साफ-सफाई का पूरा दायित्व था।

(ख) अपने पिता के साथ काम किया करते थे।

(ग) दिन भर अपने हमउम्र बच्चों को एकत्रित करके भाषण देते थे।

(घ) बच्चों को पढ़ाया करते थे।

167. नरेंद्र मोदी के साहस की धाक किस घटना के बाद जमी?

(क) जब उन्होंने पानी के बीच स्थापित मंदिर के उस ध्वज को बदला, जिसे बदलने में बड़े-बड़े लोग हिचक रहे थे

(ख) जब वर्ष 1962 में वडनगर में पानी के बीच स्थापित मंदिर पर लगे भगवा ध्वज को बदलने नरेंद्र पानी में उतरे, जहाँ पानी में खतरनाक मगरमच्छ घूम रहे थे

(ग) जब नरेंद्र ने मगरमच्छों की परवाह न करते हुए पानी के बीच तैरते हुए मंदिर तक तैराकी की

(घ) उपर्युक्त तीनों

168. वर्ष 1965 में जब भारत और पाकिस्तान का युद्ध हुआ तो नरेंद्र मोदी कितने साल के थे?

(क) करीब 10 साल के (ख) करीब 11 साल के

(ग) करीब 15 साल के (घ) करीब 17 साल के

169. उन दिनों नरेंद्र मोदी सुबह ही अपनी टोली के साथ रेलवे स्टेशन से होकर गुजरनेवाले कौन से लोगों की सेवा में जुट जाते थे?

(क) सैनिकों की (ख) युद्ध-विस्थापित लोगों की

(ग) मुसाफिरों की (घ) नेताओं की

170. सन् 1967 में गुजरात में किस प्राकृतिक आपदा में नरेंद्र मोदी अपने साथियों के साथ पीड़ितों की मदद और सेवा के लिए आगे आए?

(क) भूकंप में (ख) चक्रवात में

(ग) भयंकर बाढ़ में (घ) सुनामी में

उत्तर के लिए कृपया पृष्ठ सं. 189 देखें।

171. सन् 1967 में प्राकृतिक आपदा के समय वडनगर के पास गौरी कुंड में लगनेवाले मेले में जाते हुए श्री मोदी ने अपने पिता से कितने पैसे पाए थे?

(क) 1 रुपया (ख) 10 रुपए

(ग) 20 रुपए (घ) 25 रुपए

172. उन पैसों से श्री मोदी ने क्या किया?

(क) मेले में खर्च किए

(ख) मेले में चाय का ठेला लगाया

(ग) मेले में जरूरतमंद साथी को दिए

(घ) मेले में गिरा दिए

173. चाय बेचकर अर्जित पैसों का नरेंद्र ने क्या किया?

(क) पार्टी की

(ख) एक गरीब दोस्त की मदद की

(ग) बाढ़-पीड़ितों की सहायता के लिए रकम भेजी

(घ) पिताजी को बढ़े हुए पैसों के साथ उनकी रकम वापस की

174. नरेंद्र की शिक्षा अभावों के बीच पूरी हुई। नौकरी कर उन्होंने कहाँ तक की पढ़ाई की?

(क) स्नातक (ख) स्नातकोत्तर

(ग) दसवीं (घ) उच्चतर माध्यमिक

175. किशोरावस्था में अपने भाई के साथ चाय की एक दुकान चला चुके नरेंद्रमोदी ने अपनी स्कूली शिक्षा वडनगर में पूरी की। वे गुजरात विश्वविद्यालय से किस विषय में स्नातकोत्तर हैं?

(क) राजनीति विज्ञान में (ख) भूगोल में

(ग) समाज विज्ञान में (घ) इतिहास में

176. श्री नरेंद्र मोदी का समाज में व्याप्त भ्रष्टाचार से सामना कब हुआ?

(क) जब वे कम उम्र में गुजरात से दिल्ली आ रहे थे।

(ख) जब उन्होंने अपनी चाय की दुकान खोलनी चाही।

(ग) जब उन्होंने विश्वविद्यालय में दाखिला लेना चाहा।

(घ) जब उन्होंने एक अस्पताल में अपना इलाज करवाना चाहा।

177. एक बार यात्रा में श्री मोदी को ट्रेन में बर्थ नहीं मिली। एक जानकार ने टीटी से कहा कि नरेंद्रभाई समाज-सेवी हैं, एक बर्थ दे देना लेकिन रात 11 बज गए,

उत्तर के लिए कृपया पृष्ठ सं. 189 देखें।

सीट नहीं मिली। उन्होंने टीटी से सीट देने की गुजारिश की तो टीटी ने कहा कि माउंट आबू में मिल जाएगी। इस पर श्री मोदी ने कहा, वहाँ तो स्टाफ बदल जाएगा। इस पर टीटी का क्या जवाब था?

(क) मेरा नियम है कि मैं स्टाफ के बदलने पर ही सीट देता हूँ, फिर अपना नियम तोड़कर आपको कैसे सीट दे दूँ।

(ख) मेरा नियम है कि मैं बगैर घूस लिये सीट नहीं देता, फिर अपना नियम तोड़कर आपको कैसे सीट दे दूँ।

(ग) मेरा नियम है कि मैं बगैर चमचागीरी के सीट नहीं देता, फिर अपना नियम तोड़कर आपको कैसे सीट दे दूँ।

(घ) मेरा नियम है कि मैं माउंट आबू आने से पहले सीट नहीं देता, फिर अपना नियम तोड़कर आपको कैसे सीट दे दूँ।

☐

उत्तर के लिए कृपया पृष्ठ सं. 189 देखें।

श्री नरेंद्र मोदी का वैवाहिक जीवन

178. श्री नरेंद्र मोदी का विवाह किस वर्ष हुआ था?
(क) 1968 में (ख) 1975 में
(ग) 1972 में (घ) 1969 में

179. तब उनकी उम्र कितनी थी?
(क) महज 20 वर्ष (ख) महज 18 वर्ष
(ग) महज 15 वर्ष (घ) महज 21 वर्ष

180. श्री नरेंद्र मोदी की पत्नी का नाम क्या है?
(क) श्रीमती रमणिका
(ख) श्रीमती जशोदा
(ग) श्रीमती बेला
(घ) श्रीमती कौशल्या

181. श्री नरेंद्र मोदी की पत्नी के गाँव का नाम क्या है?
(क) रमोसणा गाँव (ख) रसोमणा गाँव
(ग) रसोसणा गाँव (घ) रसोघणा गाँव

182. श्री नरेंद्र मोदी की पत्नी के भाई का नाम क्या है?
(क) श्री अमर (ख) श्री आलोक
(ग) श्री अबीर (घ) श्री अशोक

183. किसके कारण श्री मोदी ने अपना गौना स्वीकार नहीं किया?
(क) राजनीति की लगन के कारण
(ख) पढ़ाई की लगन के कारण
(ग) देश-सेवा की लगन के कारण
(घ) खेलकूद की लगन के कारण

उत्तर के लिए कृपया पृष्ठ सं. 189 देखें।

184. गौना अस्वीकार करने के बाद श्री मोदी ने क्या किया?
(क) अधिक पैसा कमाने के लिए नौकरी की
(ख) देश छोड़ दिया
(ग) पढ़ाई करने लगे
(घ) घर छोड़कर चल पड़े

185. किसकी सेवा के लिए मोदी ने अपने माता-पिता की भावना को ठेस पहुँचाई?
(क) पिता भारत और माँ भारती की सेवा के लिए
(ख) गुरु की सेवा के लिए
(ग) दीन-दु:खियों की सेवा के लिए
(घ) अनाथ बच्चों की सेवा के लिए

186. ये किशोरावस्था थी, जहाँ आदमी दोराहे पर खड़ा होता है। उस अवस्था में श्री मोदी ने कौन सी राह पकड़ ली?
(क) देश-सेवा की
(ख) परोपकार की
(ग) दु:खियों की सेवा की
(घ) धर्म-कर्म की

187. किसके माध्यम से गुजरात की जनता को उनकी पत्नी के संबंध में जानकारी मिली?
(क) एक रिश्तेदार के माध्यम से
(ख) एक विरोधी नेता के माध्यम से
(ग) एक गुजराती मैगजीन के माध्यम से
(घ) स्वयं श्री मोदी के माध्यम से

188. यह जानकारी गुजरात की जनता को कब मिली?
(क) सन् 1980 में (ख) सन् 1990 में
(ग) सन् 2000 में (घ) सन् 1984 में

189. गुजरात की जनता को उनकी पत्नी ने यह जानकारी कैसे दी?
(क) इंटरव्यू द्वारा
(ख) फिल्म द्वारा
(ग) समाज-सेवा द्वारा
(घ) एक कार्यक्रम द्वारा

उत्तर के लिए कृपया पृष्ठ सं. 189-190 देखें।

190. पहली बार उनकी पत्नी की जो तसवीर दिखी, उसमें वे क्या करती दिखाई दे रही थीं?
   (क) पिता की किराने की दुकान में हाथ में तराजू लिये बैठी दिखाई दीं।
   (ख) विद्यालय में पढ़ाती दिखाई दीं।
   (ग) गरीब महिलाओं की सहायता करती दिखाई दीं।
   (घ) छोटे बच्चों के साथ मंच पर दिखाई दीं।

191. नरेंद्र मोदी की पत्नी को उनसे क्या उम्मीद थी?
   (क) वे उन्हें भी राजनीति में लाएँगे
   (ख) वे उनको बड़ा विद्यालय बनवाकर देंगे।
   (ग) वे उनको घर बुलाएँगे
   (घ) कुछ भी उम्मीद नहीं थी।

192. उनकी पत्नी बनासकाँठा जिले के एक गाँव में क्या काम करती थीं?
   (क) शिक्षिका का (ख) दुकानदारी का
   (ग) कपड़े बेचने का (घ) छोटा रेस्टोरेंट चलाने का

193. सेवानिवृत्त होने पर उनका गुजारा कैसे होता है?
   (क) आस-पास के बच्चों को पढ़ाकर
   (ख) सिलाई-कढ़ाई करके
   (ग) पेंशन से
   (घ) परिवारवालों के भरोसे

194. उन्हें कितने रुपए की पेंशन मिलती है?
   (क) 10,000 रुपए की (ख) 14,000 रुपए की
   (ग) 500 रुपए की (घ) 6,000 रुपए की

195. श्री मोदी की पत्नी के पास उनका कौन सा उपहार आज भी सुरक्षित है?
   (क) एक किताब (ख) एक पेन
   (ग) एक शॉल (घ) एक घड़ी

196. 'संघर्ष मा गुजरात' यह किसका शीर्षक है?
   (क) उस किताब का, जिसे श्री मोदी ने अपनी पत्नी को उपहार में दिया।
   (ख) उस फिल्म का, जिसे मोदी अपने बचपन में देखकर प्रभावित हुए।
   (ग) उस भाषण का, जिसे मोदी ने सबसे पहले दिया।
   (घ) उस समाचार-पत्र का, जिसमें मोदी का इंटरव्यू छपा।

उत्तर के लिए कृपया पृष्ठ सं. 190 देखें।

197. श्री मोदी ने अपनी शादी पर खींची फोटो का क्या किया?

(क) तसवीरें जला डालीं (ख) तसवीरें छुपा दीं

(ग) तसवीरें फाड़ डालीं (घ) तसवीरें फेंक दीं

198. मोदी ने अपनी शादी की सारी तसवीरें क्यों नष्ट की थीं?

(क) क्योंकि वे नहीं चाहते थे कि शादी से जुड़ी कोई तसवीर उनकी पत्नी के पास रहे।

(ख) क्योंकि वे नहीं चाहते थे कि उन्हें कोई दूल्हे की ड्रेस में देखे।

(ग) क्योंकि वे नहीं चाहते थे कि उनकी माँ उन्हें उनकी पत्नी के साथ देखे।

(घ) क्योंकि उनके मित्रों ने उनकी बहुत हँसी उड़ाई थी।

199. किस मैगजीन की रिपोर्ट के मुताबिक जशोदा बेन ने कहा था, 'हाँ, मोदी से मेरी शादी हुई थी, लेकिन हम अलग रहते हैं'?

(क) 'री ओपन' मैगजीन

(ख) 'आई एम ओपन' मैगजीन

(ग) 'ओपन' मैगजीन

(घ) 'ओपन टू' मैगजीन

200. शादी के बाद श्री मोदी की पत्नी किसलिए अपने घर वापस लौट गई थीं और फिर कभी वापस नहीं गईं?

(क) पढ़ाई पूरी करने के लिए

(ख) संगीत की शिक्षा पूरी करने के लिए

(ग) धार्मिक आयोजन पूरा करने के लिए

(घ) पूरा इलाज करवाने के लिए

201. वर्ष 2007 में नरेंद्र मोदी के किस रिश्तेदार ने उन्हें उनकी पत्नी से मिलाने की कोशिश की थी?

(क) चचेरे भाई ने (ख) साले साहब ने

(ग) बड़े भाई ने (घ) बहन और माँ ने

202. मोदी गाँव छोड़कर गए तो किसी को पता नहीं था कि वे कहाँ हैं? कहा जाता है, वे गाँव आए हैं—

(क) सिर्फ एक बार (ख) सिर्फ चार बार

(ग) सिर्फ दो बार (घ) कभी भी नहीं

उत्तर के लिए कृपया पृष्ठ सं. 190 देखें।

203. अपने समय के लिए मोदी का कहना है कि—

(क) मेरा 24 घंटा सिर्फ देश के लिए ही है। 5 मिनट भी मैं किसी सगे को नहीं दे सकता।

(ख) मेरा समय सिर्फ मेरे लिए है, जिसे मैं अपने ढंग से खर्च करूँगा।

(ग) मेरा समय मेरे कार्यकर्ताओं के लिए है।

(घ) मेरा समय हमेशा एक जैसा नहीं रहा, इसलिए आनेवाले समय को लेकर मैं आशान्वित हूँ।

204. श्री मोदी का अपने गाँव आना कौन से महत्त्वपूर्ण अवसरों पर हुआ?

(क) पिता के देहांत के समय

(ख) स्कूल की नींव रखने के कार्यक्रम के लिए

(ग) (क) और (ख) दोनों के लिए

(घ) गाँव जाना ही नहीं हुआ

205. गाँव में महत्त्वपूर्ण अवसरों पर जब श्री मोदी गए तो उस समय भीड़ में उनको देखने कौन आई थी, जो उनके पास जाने की हिम्मत नहीं कर पाई थी?

(क) छोटी बहन (ख) पत्नी

(ग) भाभी (घ) माँ

206. जब मोदी पहली बार मुख्यमंत्री बने तो कौन उन पर उबल पड़ा था, यह कहते हुए कि 'ये घांची अब तक लुक्खे की तरह भटकता था तो घर नहीं चला सकता था। अब नेता हो गया है, अब क्या कमी है? अब बहू को बुला लेना चाहिए'।

(क) आर.एस.एस. का एक दोस्त (ख) बचपन का दोस्त

(ग) उनकी माँ (ग) उनका साला

207. ''छोड़ो सब। वो चले गए, उसके बाद मेरा जन्म हुआ। मैंने भी उन्हें एक ही बार देखा है। उन्होंने मुझे देखा है कि नहीं, मालूम नहीं। वो अपने घर में अपने सगे भाई को भी घुसने नहीं देते तो मैं क्यों जाऊँ।'' यह बात किसने, किससे कही?

(क) श्री मोदी के चचेरे भाई ने उनके मित्र से

(ख) श्री मोदी की पत्नी ने अपने भाई से

(ग) श्री मोदी के चचेरे भाई ने उनकी माँ से

(घ) श्री मोदी की पत्नी ने उनके मित्र से

उत्तर के लिए कृपया पृष्ठ सं. 190 देखें।

208. ''तू अब नरेंद्र भाई के पास चला जा कहीं अच्छी जगह सेट कर देंगे। मैं तुझे इस मंदी में कितना पगार दे देता हूँ।'' यह बात किसने, किससे कही?

(क) श्री मोदी के भतीजे को उसके मालिक ने

(ख) श्री मोदी के चचेरे भाई ने उनके भतीजे से

(ग) श्री मोदी के मित्र ने उनके चचेरे भाई से

(घ) श्री मोदी के पूर्व विज्ञान शिक्षक ने उनके भतीजे से

209. ''वे नेशनल लीडर हैं, बहुत सुंदर और पढ़े-लिखे हैं। मैं तो उनके सामने कुछ भी नहीं।'' यह बात किसने, किसमें कही?

(क) श्री मोदी के विरोधी ने एक पत्रिका में

(ख) उनकी पत्नी ने एक पत्रिका में

(ग) उनके एक प्रशंसक ने एक समाचार-पत्र में

(घ) उनके भाई ने एक टी.वी. चैनल में

□

उत्तर के लिए कृपया पृष्ठ सं. 190 देखें।

राष्ट्रीय स्वयंसेवक संघ (आर.एस.एस.) और मोदी

210. भारत के सामाजिक एवं सांस्कृतिक विकास पर ध्यान केंद्रित करनेवाले संगठन राष्ट्रीय स्वयंसेवक संघ (आर.एस.एस.) से उन्होंने शुरुआत की और किस भावना को आत्मसात् किया?
(क) निस्स्वार्थता की भावना को
(ख) सामाजिक जवाबदारी की भावना को
(ग) समर्पण एवं राष्ट्रवाद की भावना को
(घ) निस्स्वार्थता, सामाजिक, समर्पण एवं राष्ट्रवाद की भावना को

211. वडनगर में आर.एस.एस. की शाखा किसने खोली थी?
(क) राजू भाई नायक ने (ख) बाबू भाई नायक ने
(ग) रामू भाई नायक ने (घ) बाक भाई नायक ने

212. वर्ष 1956 में कौन सा आंदोलन अपने चरम पर था?
(क) महागुजरात आंदोलन
(ख) कांग्रेस दिल्ली जाओ आंदोलन
(ग) दिल्ली चलो आंदोलन
(घ) भाजपा गुजरात आओ आंदोलन

213. 6 वर्ष के नरेंद्र किस पुराने कांग्रेसी के दफ्तर में सुबह-सुबह पहुँचकर बिल्ले बाँटा करते थे?
(क) नासिकभाई दवे (ख) रसिकभाई दवे
(ग) तसिकभाई दवे (घ) रमणिकभाई दवे

उत्तर के लिए कृपया पृष्ठ सं. 190 देखें।

214. सन् 1956 में मोदी किसकी प्रेरणा से संघ की शाखा में जाने लगे?
(क) डॉक्टर साहब की प्रेरणा से (ख) वकील साहब की प्रेरणा से
(ग) मास्टर साहब की प्रेरणा से (घ) इंजीनियर साहब की प्रेरणा से

215. सन् 1956 में मोदी को प्रेरणा देनेवाले सज्जन का पूरा नाम क्या था?
(क) लखन राव इनामदार (ख) लक्ष्मण राव इनामदार
(ग) लक्ष्मण राव इनामदार (घ) लखन राव इनामदार

216. वकील साहब आर.एस.एस. में क्या थे?
(क) पहले धर्म प्रचारक (ख) पहले कानूनी प्रचारक
(ग) पहले जाति प्रचारक (घ) पहले प्रांत प्रचारक

217. किस उम्र में मोदी संघ के बाल स्वयंसेवक बन गए?
(क) दस साल की उम्र में (ख) नौ साल की उम्र में
(ग) आठ साल की उम्र में (घ) ग्यारह साल की उम्र में

218. सन् 1958 में किस दिन नरेंद्र मोदी को बाल स्वयंसेवक की शपथ दिलवाई गई थी?
(क) दीपावली के दिन (ख) रक्षाबंधन के दिन
(ग) उनके जन्मदिन के दिन (घ) गुरु पूर्णिमा के दिन

219. धीरे-धीरे वे संघ के करीब आते गए और उनका झुकाव किस ओर होने लगा?
(क) पूजा-पाठ की ओर
(ख) संन्यास की ओर
(ग) शारीरिक सौष्ठव बनाने की ओर
(घ) खाने-पीने और घूमने-फिरने की ओर

220. सन् 1965 में हो रहे युद्ध में प्रधानमंत्री लालबहादुर शास्त्री ने मोरचा सँभाला। देश का हौसला बढ़ाने के लिए नारा दिया—'जय जवान, जय किसान'। नरेंद्र मोदी ने किसके माध्यम से उस समय देश का साथ दिया?
(क) दोस्तों के (ख) आर.एस.एस. के
(ग) परिवार के (घ) स्कूल के

221. लड़ाई के समय गुजरात की हर सड़क पर, हर स्टेशन पर जरूरी साधन सामग्री लेकर कौन तैनात हो गए थे, जिससे कि सैनिकों का जत्था और उनकी जो गाड़ियाँ गुजरती हैं, उन्हें मदद मिल सके?
(क) युवा लड़के (ख) दुकानदार
(ग) शिक्षक (घ) नेता

उत्तर के लिए कृपया पृष्ठ सं. 190 देखें।

222. इसी दौरान नरेंद्र मोदी ने क्या फैसला किया?
(क) पढ़ाई छोड़ने का (ख) घर छोड़ने का
(ग) दुनिया छोड़ने का (घ) देश छोड़ने का

223. इसके बाद नरेंद्र मोदी दो साल के लिए कहाँ चले गए थे?
(क) हरिद्वार (ख) देश से बाहर
(ग) अज्ञातवास में (घ) स्वामीजी की शरण में

224. जानकार बताते हैं कि उन दिनों नरेंद्र मोदी—
(क) जर्मनी चले गए थे
(ख) अपने ननिहाल चले गए थे
(ग) वडनगर में ही एक मित्र के यहाँ थे।
(घ) हिमालय चले गए थे

225. हावड़ा जिले के बेलूर स्थित रामकृष्ण मिशन के सूत्रों के मुताबिक नरेंद्र मोदी वर्ष 1967 में पहली बार कोलकाता गए थे। उस वक्त उनकी उम्र कितने वर्ष थी?
(क) 7 वर्ष (ख) 27 वर्ष
(ग) 37 वर्ष (घ) 17 वर्ष

226. इसे संयोग ही कहा जा सकता है कि नरेंद्र मोदी की कोलकाता की पहली यात्रा जिस वर्ष और जिस समय हुई, ठीक उसी वक्त कौन पहली बार देश का प्रधानमंत्री बना?
(क) श्री लालबहादुर शास्त्री (ख) श्रीमती इंदिरा गांधी
(ग) श्री मोरारजी भाई देसाई (घ) चौ. चरण सिंह

227. सन् 1967 की कोलकाता यात्रा के दौरान नरेंद्र मोदी ने बेलूर मठ जाकर रामकृष्ण मिशन के तत्कालीन अध्यक्ष से मुलाकात की, उनका नाम क्या था?
(क) स्वामी माधवाचंद (ख) स्वामी मावानंद
(ग) स्वामी माधवानंद (घ) स्वामी माधनंद

228. सन् 1967 की कोलकाता यात्रा के दौरान नरेंद्र मोदी ने बेलूर मठ जाकर न केवल रामकृष्ण मिशन के तत्कालीन अध्यक्ष से मुलाकात की, बल्कि उनकी कौन सी परंपरा में शामिल होने की इच्छा भी जाहिर की?
(क) साधन परंपरा में (ख) साधु परंपरा में
(ग) साधना परंपरा में (घ) साध परंपरा में

उत्तर के लिए कृपया पृष्ठ सं. 190-191 देखें।

229. रामकृष्ण मिशन के तत्कालीन अध्यक्ष ने नरेंद्र मोदी को ऐसा करने से रोका और मन लगाकर शिक्षा ग्रहण करने की नसीहत दी। मोदी उदास मन से गुजरात चले आए। इसके बाद पढ़ाई के दौरान उन्होंने दो बार संन्यास लेना चाहा, लेकिन उनकी इच्छा पूरी न हो सकी। कुछ वर्षों पश्चात् मोदी फिर संन्यास की इच्छा लेकर कहाँ गए?

(क) राजकोट (ख) कन्याकुमारी

(ग) शिलांग (घ) भुवनेश्वर

230. वहाँ के रामकृष्ण मिशन आश्रम में उनकी मुलाकात किससे हुई?

(क) स्वामी आस्थानंद से

(ख) स्वामी कूटस्थानंद से

(ग) स्वामी आत्मस्थानंद से

(घ) स्वामी आत्मीयानंद से

231. नरेंद्र ने फिर से साधु बनने की इच्छा जताई, इस पर भेंटकर्ता ने उनसे क्या कहा?

(क) तुम ईश्वर पर आस्था रखो, इतना भर करके मोदी की साधु बनने की बात को अनसुना कर दिया

(ख) तुम दाढ़ी रखो, इतना भर करके मोदी की साधु बनने की बात को अनसुना कर दिया

(ग) तुम घर जाकर माता-पिता की सेवा करो, इतना भर करके मोदी की साधु बनने की बात को अनसुना कर दिया

(घ) तुम देश-सेवा में लग जाओ, इतना भर करके मोदी की साधु बनने की बात को अनसुना कर दिया

232. बहरहाल, 2 साल बाद वे लौटे तो आजीविका के लिए क्या करने लगे?

(क) भागवत का पाठ (ख) चाय की दुकान

(ग) बच्चों को पढ़ाने (घ) किराने की दुकान

233. इस दौरान उनकी दुकान पर कौन आने लगे?

(क) राष्ट्रीय स्वयंसेवक संघ के लोग

(ख) धनी लोग

(ग) स्कूल के बच्चे

(घ) सत्ता पक्ष से जुड़े लोग

उत्तर के लिए कृपया पृष्ठ सं. 191 देखें।

234. उन्हें देखकर मोदी खुद को रोक न सके और फिर किसकी सेवा में जुट गए?
(क) संघ की सेवा में (ख) धनी लोगों की सेवा में
(ग) बच्चों की सेवा में (घ) नेताओं की सेवा में

235. आर.एस.एस. से जुड़ने के बाद नरेंद्र मोदी ने किसका उपयोग बंद कर दिया था?
(क) साबुन का
(ख) ब्रांडेड कपड़ों का
(ग) नमक और तेल खाना बंद कर दिया
(घ) हलवे और पूड़ी का

236. नरेंद्र मोदी द्वारा स्वयं पर प्रतिबंध लगाने के कारण कौन इस डर से डर गए कि कहीं उनका नरेंद्र फिर से साधु बनने तो नहीं जा रहा है?
(क) उनकी माँ और भाई प्रह्लाद मोदी
(ख) उनके पिता
(ग) उनके दोस्त
(घ) उनके शिक्षक

237. सन् 1971 में जब नरेंद्र की उम्र इक्कीस वर्ष थी, तब उन्हें गिरफ्तार करके तिहाड़ क्यों भेजा गया था?
(क) बँगलादेश और पूर्वी बंगाल के मुसलिमों पर पाकिस्तानी सेना के अत्याचार और जन-संहार के विरुद्ध संघर्ष करते हुए सत्याग्रह करने पर
(ख) जनता को सरकार के विरोध में उकसाने पर
(ग) जनता के बीच उत्तेजित भाषण देने के कारण
(घ) एक नेता पर हमला करने के कारण

238. नरेंद्र मोदी की जीवनी लिखनेवाले किस लेखक के मुताबिक गुजरात आर.एस.एस. के दफ्तर में सुबह नरेंद्र मोदी प्रचारकों के लिए चाय-नाश्ता बनाते थे?
(क) ए.वी. कामथ (ख) एम.वी. कामथ
(ग) एस.वी. कामथ (घ) एम.बी. कामथ

239. गुजरात आर.एस.एस. का दफ्तर किस भवन में था?
(क) सावरकर भवन में (ख) मावलंकर भवन में
(ग) गोलवलकर भवन में (घ) हेडगेवार भवन में

उत्तर के लिए कृपया पृष्ठ सं. 191 देखें।

240. गुजरात आर.एस.एस. के दफ्तर में श्री नरेंद्र मोदी के जिम्मे और क्या-क्या काम थे?

(क) आठ नौ कमरों की सफाई और वकील साहब के कपड़े धोने की जिम्मेदारी

(ख) आर.एस.एस. के कार्यकर्ताओं की आवभगत

(ग) भाषण तैयार करना

(घ) पंपलेट तैयार करना

241. गुजरात आर.एस.एस. के दफ्तर में श्री नरेंद्र मोदी जब काम करते थे, तब वे किन दो लोगों के संपर्क में आए, जिनसे वे प्रभावित हुए?

(क) एकनाथ रानाडे और दत्तोपंत ठेंगड़ी

(ख) बापूराव लेले और मधुकरराव

(ग) राजपाल पुरी और लक्ष्मणराव इनामदार

(घ) केशूभाई पटेल और बापूराव लेले

242. एकनाथ रानाडे अपने किस काम के लिए जाने जाते थे?

(क) आर.एस.एस. में नए कार्यकर्ताओं को जोड़ने के लिए

(ख) कन्याकुमारी में विवेकानंद स्मारक की स्थापना करने के लिए

(ग) भारतीय मजदूर संघ की स्थापना करने के लिए

(घ) आर.एस.एस. की नई शाखाओं को खोलने के लिए

243. दत्तोपंत ठेंगड़ी अपने किस काम के लिए जाने जाते थे?

(क) आर.एस.एस. में नए कार्यकर्ताओं को जोड़ने के लिए

(ख) कन्याकुमारी में विवेकानंद स्मारक की स्थापना करने के लिए

(ग) भारतीय मजदूर संघ की स्थापना करने के लिए

(घ) आर.एस.एस. की नई शाखाओं को खोलने के लिए

244. सन् 1985-86 में जब संघ प्रचारकों की भाजपा को जरूरत महसूस हुई तो कौन उन्हें राजनीति की मुख्यधारा में लाए?

(क) तत्कालीन सरसंघचालक बालासाहब देवरस

(ख) नाथाभाई झगड़ावा

(ग) गोविंदाचार्य

(घ) मोहन भागवत

245. वर्तमान में संघ परिवार के भीतर स्वदेशी जागरण मंच के कर्ता-धर्ता माने जानेवाले वरिष्ठ पत्रकार और संघ के विचारक कौन हैं, जो मोदी के सबसे बड़े

उत्तर के लिए कृपया पृष्ठ सं. 191 देखें।

पैरोकार और आश्चर्यजनक रूप से सबसे बड़े समर्थक हैं?

(क) एम. गुरुमूर्ति (ख) ए. गुरुमूर्ति

(ग) एन. गुरुमूर्ति (घ) ए.के. गुरुमूर्ति

246. नरेंद्र मोदी मेहनती संघ कार्यकर्ता रहे। आर.एस.एस. के बड़े शिविरों के आयोजन में वे अपने किस गुण का कमाल दिखाते थे?

(क) बोल-चाल का (ख) मैनेजमेंट का

(ग) खाना बनाने का (घ) सेवा का

247. आर.एस.एस. नेताओं के किस काम का जिम्मा श्री मोदी के पास होता था?

(क) ठहरने का (ग) कपड़े धोने का

(ग) ट्रेन और बस में आरक्षण का (घ) पुस्तकों और लेखन कार्य का

248. हेडगेवार भवन में आनेवाली किस चीज को खोलने का काम भी श्री नरेंद्र मोदी को ही करना होता था?

(क) हर कमरे को खोलने का काम

(ख) हर गाड़ी के दरवाजे को खोलने का काम

(ग) हर मिठाई के डिब्बे को खोलने का काम

(घ) हर चिट्ठी को खोलने का काम

249. नरेंद्र मोदी के किस गुण को देखने के बाद आर.एस.एस. में उन्हें बड़ी जिम्मेदारी देने का फैसला लिया गया?

(क) नरेंद्र मोदी का मैनेजमेंट और उनके काम करने के तरीके

(ख) नरेंद्र मोदी का सेवा भाव और उनके काम करने के तरीके

(ग) नरेंद्र मोदी की चंचलता और उनके काम करने के तरीके

(घ) नरेंद्र मोदी की गंभीरता और उनके काम करने के तरीके

250. उन्हें आर.एस.एस. के जिस राष्ट्रीय कार्यालय में बुलाया गया, वह कहाँ स्थित है?

(क) कानपुर (ख) जयपुर

(ग) नागपुर (घ) जबलपुर

251. श्री मोदी को आर.एस.एस. के राष्ट्रीय कार्यालय में किसलिए बुलाया गया था?

(क) चार महीने के विशेष प्रशिक्षण शिविर हेतु

(ख) एक महीने के लिए कार्यक्रम को संचालित करने हेतु

(ग) तीन महीने के विशेष योग शिविर हेतु

(घ) एक महीने के विशेष प्रशिक्षण शिविर

उत्तर के लिए कृपया पृष्ठ सं. 191 देखें।

252. आर.एस.एस. के मुख्यालय से नरेंद्र मोदी क्या बनकर लौटे?
(क) महाराष्ट्र आर.एस.एस. प्रचारक
(ख) गुजरात आर.एस.एस. प्रचारक
(ग) गुजरात आर.एस.एस. कथावाचक
(घ) गुजरात आर.एस.एस. प्रतिनिधि

253. नरेंद्र मोदी संघ के पूर्णकालिक प्रचारक बनने से पहले तक अपने गुजारे के लिए क्या करते थे?
(क) गुजरात राज्य बस परिवहन कॉरपोरेशन की स्टाफ कैंटीन में काम
(ख) गुजरात राज्य रेलवे कॉरपोरेशन की स्टाफ कैंटीन में काम
(ग) गुजरात राज्य सड़क परिवहन कॉरपोरेशन की स्टाफ कैंटीन में काम
(घ) गुजरात राज्य नगर परिवहन कॉरपोरेशन की स्टाफ कैंटीन में काम

254. आर.एस.एस. ने नरेंद्र मोदी को गुजरात अखिल भारतीय विद्यार्थी परिषद् का क्या कार्यभार दिया था?
(क) कार्यकारी संवाददाता (ख) अध्यक्ष
(ग) प्रभारी (घ) कोषाध्यक्ष

255. वर्ष 1975 में किस दौरान नरेंद्र मोदी के पास यही महत्त्वपूर्ण भूमिका थी?
(क) इमरजेंसी के दौरान
(ख) स्वदेशी आंदोलन के दौरान
(ग) भारत-पाक युद्ध के दौरान
(घ) कांग्रेस गद्दी छोड़ो के दौरान

256. नरेंद्र मोदी शुरू से ही थोड़े मनमाने थे। उनके पुराने साथी उनकी कौन सी आदत को इस बात से जुड़ी बताते हैं?
(क) कि मोदी रात में देर से सोने के चलते संघ की सुबह की शाखा के लिए अकसर लेट हो जाया करते थे।
(ख) कि मोदी अकसर सुबह की शाखा में सबसे पहले आकर सबको जल्दी आने के लिए कहा करते थे।
(ग) कि मोदी रात में देर से सोने के बाद अकसर संघ की शाखा में आते ही नहीं थे।
(घ) कि मोदी रात में देर से सोते और सबको भी नहीं सोने देते।

उत्तर के लिए कृपया पृष्ठ सं. 191 देखें।

257. धारा से विपरीत चलनेवाले मोदी सभी कार्यकर्ताओं के पहनावे पूरे बाजू के कुरते के बदले क्या पहनते थे?
(क) आधी बाजू की कमीज पहनते थे
(ख) पूरी बाजू की कमीज पहनते थे
(ग) आधी बाजू का कुरता पहनते थे
(घ) पूरी बाजू की टी शर्ट पहनते थे

258. जब सभी कार्यकर्ता खाकी नेकर पहनते तो मोदी किस रंग की नेकर पहनकर आते थे?
(क) लाल रंग की (ख) नीले रंग की
(ग) सफेद रंग की (घ) काले रंग की

259. नरेंद्र मोदी की स्टाइल अन्य प्रचारकों से अलग थी। वह स्टाइल क्या थी?
(क) वे दाढ़ी रखते थे और ट्रिम भी करवाते थे
(ख) वे कुरते के ऊपर जैकेट हमेशा पहनते थे
(ग) वे हमेशा उँगलियों में अँगूठियाँ पहनते थे
(घ) वे हमेशा एक सिगार हाथों में रखते थे

260. एक बार आर.एस.एस. के किस सम्मानित व्यक्ति ने सबके सामने मोदी से दाढ़ी ट्रिम कराने की वजह भी पूछी थी?
(क) डॉ. हेडगेवार ने
(ख) माधवराव गोलवलकर ने
(ग) मोहन भागवत ने
(घ) डॉ. वसंत कुमार पंडित ने

261. सन् 1967 में उन्होंने गुजरात के किन पीड़ितों की सेवा की थी?
(क) भूकंप-पीड़ितों की (ख) आग-पीड़ितों की
(ग) बाढ़-पीड़ितों की (घ) प्लेग-पीड़ितों की

262. किस बात की गहरी समझ होने की वजह से उन्होंने अखिल भारतीय विद्यार्थी परिषद् (ए.बी.वी.पी.) में अपनी सेवाएँ प्रदान की थीं?
(क) उत्कृष्ट वाक् सामर्थ्य और मनोविज्ञान की
(ख) उत्कृष्ट संगठनात्मक सामर्थ्य और रहन-सहन की
(ग) उत्कृष्ट संगठनात्मक सामर्थ्य और मनोविज्ञान की
(घ) उत्कृष्ट रहन-सहन के सामर्थ्य और नेतृत्व की

उत्तर के लिए कृपया पृष्ठ सं. 191-192 देखें।

263. वे जन संघ के कौन से नेताओं के संपर्क में आए, जिनके साथ बाद में उन्होंने गुजरात में भाजपा की राज्य इकाई स्थापित की?
(क) वीरेंद्र गजेंद्र गडकर और नाथूलाल जाघड़ा के
(ख) वसंत गजेंद्र गडकर और नाथलाल जाघड़ा के
(ग) वीरेन गजेंद्र गडकर और नानकलाल जाघड़ा के
(घ) विश्वेश्वर गजेंद्र गडकर और नाथचंद जाघड़ा के

264. गुजरात के किन अलग-अलग मौकों पर नरेंद्र मोदी ने महत्त्वपूर्ण भूमिका अदा की थी?
(क) धार्मिक आंदोलनों में (ख) सामाजिक आंदोलनों में
(ग) राजनीतिक आंदोलनों में (घ) सामाजिक-राजनीतिक आंदोलनों में

265. युवावस्था में जब वे छात्र संगठन अखिल भारतीय विद्यार्थी परिषद् में शामिल हुए तब उन्होंने साथ-ही-साथ किस आंदोलन में हिस्सा लिया?
(क) कांग्रेस-विरोधी नव-निर्माण आंदोलन में
(ख) इंदिरा-विरोधी नव-निर्माण आंदोलन में
(ग) भ्रष्टाचार-विरोधी नव-निर्माण आंदोलन में
(घ) आपातकाल-विरोधी नव-निर्माण आंदोलन में

266. एक पूर्णकालिक आयोजक के रूप में कार्य करने के पश्चात् उन्हें किस पार्टी में संगठन का प्रतिनिधि मनोनीत किया गया?
(क) जनता पार्टी में (ख) मार्क्सवादी कम्युनिस्ट पार्टी में
(ग) भारतीय जनता पार्टी में (घ) जन संघ में

267. किस आंदोलन के दौरान श्री नरेंद्र मोदी की मुलाकात श्री जयप्रकाश नारायण से हुई, जिनसे वे बहुत प्रभावित हुए?
(क) कांग्रेस-विरोधी नव-निर्माण आंदोलन में
(ख) इंदिरा-विरोधी नव-निर्माण आंदोलन में
(ग) भ्रष्टाचार-विरोधी नव-निर्माण आंदोलन में
(घ) आपातकाल-विरोधी नव-निर्माण आंदोलन में

268. 9 फरवरी, 1974 को किस तत्कालीन मुख्यमंत्री को इस आंदोलन के कारण अपने पद से त्याग-पत्र देना पड़ा था?
(क) रमनभाई पटेल को (ख) रमणिकभाई पटेल को
(ग) वसंतभाई पटेल को (घ) चिमनभाई पटेल को

□

उत्तर के लिए कृपया पृष्ठ सं. 192 देखें।

राजनीतिक जीवन

269. सन् 1971 में गुजरात के मेहसाणा जिले के किस छोटे से गाँव में श्री मोदी एक पब्लिक हेल्थ सेंटर पर कार्यरत मेडिकल ऑफिसर से मुलाकात करने गए थे?
(क) सांकेड गाँव
(ख) सांतेज गाँव
(ग) सांकेश गाँव
(घ) साल्वेत गाँव

270. यह गाँव किसके कारण एक द्वीप की तरह अलग-थलग पड़ जाता था। यहाँ बिजली की सुविधा भी उन दिनों नहीं थी। रास्ते टूटे-फूटे हुआ करते थे।
(क) बरसात के कारण
(ख) नदी में आई बाढ़ के कारण
(ग) सीवर के कारण
(घ) पहाड़ियों के कारण

271. गुजरात ट्रांसपोर्ट की सेवाएँ भी ठप्प हो जाया करती थीं। इक्का-दुक्का प्राइवेट जीप गाड़ियाँ या मोटरसाइकिल के जरिए कुछ लोग आवा-जाही किया करते थे। ऐसे में एक दोपहर के समय एक मोटरसाइकिल सवार नरेंद्र मोदी बारिश में भीगते हुए हेल्थ सेंटर आए। मरीजों को देख रही मेडिकल ऑफिसर ने उनसे क्या कहा?
(क) उनसे तुरंत वहाँ से चले जाने के लिए कहा
(ख) उनको अगले दिन आने के लिए कहा
(ग) उनको बेंच पर अलग से बैठने के लिए कहा और वे बैठ गए
(घ) उनको मोटरसाइकिल पर एक मरीज को सिटी हॉस्पिटल ले जाने के लिए कहा

उत्तर के लिए कृपया पृष्ठ सं. 192 देखें।

272. जब उसकी बारी आई तो श्री मोदी ने अपना परिचय देते हुए मेडिकल ऑफिसर को क्या बताया?
(क) कि उनका नाम नरेंद्र मोदी है
(ख) कि वे मेहसाणा में रहते हैं
(ग) कि वे सामाजिक कार्यों में रुचि होने की वजह से आस-पास के गाँवों में घूम-घूमकर अपनी तरफ से लोगों की जितनी भी मदद हो सकती है, करते हैं।
(घ) उपर्युक्त सभी

273. श्री मोदी मेडिकल ऑफिसर से क्या मदद चाहते थे?
(क) गाँववालों के इलाज में मदद
(ख) सड़कें पक्की बनवाने में मदद
(ग) गुजरात सरकार को एक अर्जी लिखने और गाँव के लोगों के हस्ताक्षर लेने में मदद
(घ) उपर्युक्त सभी

274. उस मेडिकल ऑफिसर को यह अभियान बहुत अच्छा लगा और उसने भी हस्ताक्षर कर दिए। तब श्री मोदी ने उनसे गुजराती में क्या पूछा?
(क) बेन, तमने अहियाँ कई तकलीफ तो नथीं? (बहन, आपको यहाँ कोई तकलीफ तो नहीं है?...
(ख) 'कई पण होय तो मने केवडावशो!' (कुछ भी हो तो मुझे इत्तला कर देना)
(ग) 'घनो आभार बेन' (बहुत आभार बहन)
(घ) उपर्युक्त तीनों

275. मणिनगर के विधायक के रूप में श्री मोदी ने किस कन्नड़ भाषी दर्जी की निस्स्वार्थ सहायता की कि वह आज तक उनके गुण गाते नहीं थकता?
(क) श्रीकांत महेरवड़े
(ख) चंद्रमोहन महेरवड़े
(ग) चंद्रकुमार महेरवड़े
(घ) चंद्रकांत महेरवड़े

276. मणिनगर के विधायक के रूप में श्री मोदी ने कन्नड़ भाषी दर्जी की निस्स्वार्थ

उत्तर के लिए कृपया पृष्ठ सं. 192 देखें।

सहायता किसलिए की थी?

(क) दर्जी की पत्नी एक कन्या को जन्म देने के कारण पाँच दिनों से मणिनगर के अस्पताल में भरती थी, इसलिए

(ख) दर्जी अस्पताल का बिल चुकाने में असमर्थ था, इसलिए

(ग) अनजाने शहर में कोई मित्र नहीं और सगे-संबंधियों ने भी मुँह फेर लिया था, इसलिए

(घ) उपर्युक्त सभी

277. उन्होंने शुरुआती जीवन से ही राजनीतिक सक्रियता दिखाई और किस पार्टी का आधार मजबूत करने में प्रमुख भूमिका निभाई?

(क) भारतीय कांग्रेस पार्टी (ख) भारतीय मार्क्सवादी पार्टी

(ग) भारतीय जनता पार्टी (घ) भारतीय समाजवादी पार्टी

278. गुजरात में किस नेता का जनाधार मजबूत बनाने में नरेंद्र मोदी की रणनीति कारगर रही?

(क) महेंद्र सिंह वघेला (ख) शंकर सिंह बाघेला

(ग) शंकर सिंह रौतेला (घ) राजेंद्र सिंह वघेला

279. मोदी कार्यकर्ता के किस रूप में अपने साथियों के बीच लोकप्रिय थे?

(क) जोड़-तोड़ करनेवाले कार्यकर्ता के रूप में

(ख) समझदार कार्यकर्ता के रूप में

(ग) हरफनमौला कार्यकर्ता के रूप में

(घ) मेहनती कार्यकर्ता के रूप में

280. वर्ष 1975 में इमरजेंसी के दौरान श्री नरेंद्र मोदी ने अपने किस बड़े राजनीतिक प्रतिद्वंद्वी के साथ मिलकर काम किया?

(क) शंकर सिंह वाघेला के साथ

(ख) केशुभाई पटेल के साथ

(ग) तब उनका कोई ऐसा मित्र नहीं था

(घ) मुरली मनोहर जोशी के साथ

281. वर्ष 1975 के दौरान श्री मोदी ने किनमें नया जोश भरने का काम किया?

(क) गुजरात कांग्रेस पार्टी के कार्यकर्ताओं में

(ख) गुजरात जनता पार्टी के कार्यकर्ताओं में

(ग) गुजरात सपा के कार्यकर्ताओं में

(घ) गुजरात भाजपा के कार्यकर्ताओं में

उत्तर के लिए कृपया पृष्ठ सं. 192 देखें।

282. वर्ष 1975 के दौरान श्री मोदी ने शंकर सिंह वाघेला के साथ मिलकर किनकी फौज तैयार की?
(क) अतिवादियों की
(ख) मजबूत कार्यकर्ताओं की
(ग) लड़ने-मरने को तैयार लोगों की
(घ) अपने पिछलग्गुओं की

283. उन दिनों शंकर सिंह वाघेला गुजरात की जनता में कैसे नेता के रूप में जाने जाते थे?
(क) लोकप्रिय नेता के रूप में (ख) कर्मठ नेता के रूप में
(ग) उभरते हुए नेता के रूप में (घ) छुटभैया नेता के रूप में

284. सन् 1975 के दौरान मोदी को किस नेता के लिए बेहतरीन रणनीति बनाने के लिए जाना जाता था?
(क) केशुभाई पटेल (ख) लालकृष्ण आडवाणी
(ग) शंकर सिंह वाघेला (घ) अटल बिहारी वाजपेयी

285. श्री नरेंद्र मोदी ने भ्रष्टाचार-विरोधी नवनिर्माण आंदोलन कब छेड़ा था?
(क) वर्ष 1974 में (ख) वर्ष 1980 में
(ग) वर्ष 1990 में (घ) वर्ष 1970 में

286. आंदोलन के कारण तत्कालीन मुख्यमंत्री को इस्तीफा देना पड़ा; उसके बाद गुजरात में राजनीतिक स्थिति क्या बनी?
(क) कांग्रेस सरकार ने तुरंत ही चुनाव कराकर नया मुख्यमंत्री गुजरात की सीट पर बिठाया
(ख) गुजरात में 6 महीने का राष्ट्रपति शासन लगा दिया गया
(ग) सभी पार्टियों को मिलकर एक कर दिया गया
(घ) जनता पार्टी का निर्वाचित मुख्यमंत्री कुरसी पर बैठा

287. गुजरात में आपातकाल के दौरान अराजक स्थिति से निपटने के लिए सरकार ने जब सेना को अधिकार दे दिए तो किसने अनिश्चितकालीन भूख-हड़ताल पर बैठने का निश्चय किया?
(क) मोरारजी देसाई (ख) लालकृष्ण आडवाणी
(ग) बाबूभाई पटेल (घ) शंकर सिंह वाघेला

उत्तर के लिए कृपया पृष्ठ सं. 192 देखें।

288. कितने महीने की दीर्घावधि तक रहे भयंकर 'आपातकाल' में, जब भारतीय नागरिकों के मूल अधिकारों का गला घोंट दिया गया था, मोदी ने अत्यंत महत्त्वपूर्ण भूमिका निभाई?

(क) 9 महीने (जून 1975 से फरवरी 1976)

(ख) 19 महीने (जून 1975 से जनवरी 1977)

(ग) 29 महीने (जून 1975 से जनवरी 1978)

(घ) 39 महीने (जून 1975 से जनवरी 1979)

289. इस पूरे समय के दौरान किस तरह मोदी ने गुप्त तरीके से केंद्र सरकार की फासीवादी नीतियों का विरोध किया?

(क) पूरे देश का दौरा करते हुए (ख) अनमने रहते हुए

(ग) खुली चुनौती देते हुए (घ) भूमिगत रहते हुए

290. इमरजेंसी के दिनों में मोदी ने गुजरात में कई भाषाओं में लाखों की संख्या में क्या बनवाए?

(क) होर्डिंग्स

(ख) डॉक्यूमेंटरी फिल्म्स

(ग) संघ की विचारधारा को दरशानेवाले परचे और पोस्टर

(घ) पैंफलेट्स

291. पूरे देश में श्री मोदी ने बेहद गुप्त तरीके से संघ के दफ्तरों तक क्या पहुँचाने का काम किया?

(क) होर्डिंग्स

(ख) डॉक्यूमेंटरी फिल्म्स

(ग) संघ की विचारधारा को दरशानेवाले परचे और पोस्टर

(घ) पंपेलेट्स

292. इमरजेंसी के दौरान ही मोदी को विश्व हिंदू परिषद् ने किस बात की जिम्मेदारी सौंपी?

(क) एक सभा संचालन की जिम्मेदारी

(ख) एक मंदिर बनवाने की जिम्मेदारी

(ग) एक विद्यालय बनवाने की जिम्मेदारी

(घ) एक पत्रिका निकालने की जिम्मेदारी

उत्तर के लिए कृपया पृष्ठ सं. 192 देखें।

293. वहाँ किस बात को लेकर विश्व हिंदू परिषद् के नेता चिंतित हो रहे थे?
(क) अपनी गिरफ्तारी को लेकर
(ख) जनता का अपेक्षित सहयोग न मिलने पर
(ग) बड़े नेताओं के रहने की व्यवस्था को लेकर
(घ) चंदे के तौर पर जमा हुई बड़ी रकम को लेकर

294. मोदी ने उसी वक्त उस समस्या से निबटने के लिए क्या किया?
(क) एक गड्ढा खोदकर सारी रकम दबा दी
(ख) सबको गिरफ्तार करवा दिया
(ग) कार्यकर्ताओं पर लोगों को लाने का दबाव डाला
(घ) बड़े नेताओं की अच्छे होटलों में व्यवस्था कर दी

295. रकम दबाकर मोदी ने क्या किया?
(क) खुद गिरफ्तारी से बचने के लिए भाग गए
(ख) खुद ही जनता को लाने के लिए लाउडस्पीकर लेकर निकल पड़े
(ग) खुद भी बड़े नेताओं के साथ अच्छे होटल में जाकर ठहरे
(घ) खुद गड्ढे के ऊपर अपना गद्दा बिछाकर लेट गए

296. अक्तूबर 1975 के अंत में लोक संघर्ष समिति की एक गुप्त बैठक की गई, जिसमें 14 नवंबर को क्या करने का निर्णय लिया गया?
(क) बलवा करने का
(ख) रैली करने का
(ग) सत्याग्रह करने का
(घ) आत्मदाह करने का

297. लोक संघर्ष समिति की एक गुप्त बैठक की योजना का पता किसी को न लगे, इस बात का ध्यान रखने के लिए क्या संकेत वाक्य था?
(क) विवाह की तारीख पक्की हो गई है
(ख) फूल खिल गया
(ग) घोड़ा लेकर आ जाओ
(घ) दूल्हा तैयार है

298. सन् 1975 के दौरान मोदी को भूमिगत कार्य करते हुए अकसर अलग-अलग वेश बनाकर निकलना पड़ता था, कभी गेरुए वस्त्र पहनकर तो कभी सरदारजी बन कर। उस समय वे वेशभूषा के साथ चाल-ढाल भी वैसी ही बना लिया

उत्तर के लिए कृपया पृष्ठ सं. 192 देखें।

करते थे। ऐसे में उन्हें एक बार जेल में बंद शंकर सिंह वाघेला और विष्णु पंड्या से मिलने जाना था। वे उनसे मिलने किस वेश में गए?

(क) एक स्त्री के वेश में जेल के अंदर गए, जो अफसर से मिलने जाती थी।

(ख) जमादार के वेश में

(ग) भोजन सामग्री उठानेवाले के वेश में

(घ) जेल वैन के ड्राइवर के वेश में

299. सन् 1975 के दौरान मोदी को भूमिगत रूप में कौन सी एक और महत्त्वपूर्ण जिम्मेदारी वहन करनी पड़ती थी?

(क) राष्ट्रीय स्वयंसेवक संघ के उन कार्यकर्ताओं व नेताओं के परिवारों की मदद के लिए पैसा इकट्ठा करने की, जो जेल में बंद थे

(ख) संघ के नेताओं की सुरक्षा की

(ग) संघ के खाली होते कोष को भरने की

(घ) जेल गए कार्यकर्ताओं के लिए वकील करके उनको छुड़वाने की

300. किस साल में श्री मोदी ने भारतीय जनता पार्टी (भाजपा) में शामिल होकर राजनीति की मुख्य धारा में प्रवेश किया?

(क) 1989 में (ख) 1985 में

(ग) 1987 में (घ) 1982 में

301. कितने वर्ष के भीतर ही उन्हें पार्टी की गुजरात इकाई का महामंत्री नियुक्त किया गया?

(क) एक (ख) पाँच

(ग) दो (घ) तीन

302. तब तक उन्होंने किस रूप में ख्याति अर्जित कर ली थी, जिसकी वजह से पार्टी को राजनीतिक लाभ मिलना शुरू हो गया था?

(क) आक्रामक वक्ता के रूप में

(ख) धार्मिक व्यक्ति के रूप में

(ग) कुशल संगठक के रूप में

(घ) कुशल प्रचारक के रूप में

303. अप्रैल 1990 में केंद्र में कौन सी सरकार अस्तित्व में आई?

(क) कांग्रेस सरकार (ख) वी.पी. सिंह के नेतृत्व में गठबंधन सरकार

(ग) जनता सरकार (घ) भाजपा सरकार

उत्तर के लिए कृपया पृष्ठ सं. 192-193 देखें।

304. यह राजनीतिक गठबंधन कुछ महीनों के अंतराल के बाद टूट गया, लेकिन 1995 में भाजपा अपने दम पर गुजरात में कितने बहुमत के साथ सत्ता हासिल करने में सफल रही?
   (क) एक-तिहाई बहुमत के साथ
   (ख) चार-तिहाई बहुमत के साथ
   (ग) दो-तिहाई बहुमत के साथ
   (घ) तीन-तिहाई बहुमत के साथ

305. तब से गुजरात में सत्ता की बागडोर किसके हाथों में है?
   (क) भाजपा के (ख) भाकपा के
   (ग) माकपा के (घ) कांग्रेस के

306. सन् 1988 से 1995 के दौरान श्री नरेंद्र मोदी की पहचान किस रूप में स्थापित हुई?
   (क) कुशल कार्यकर्ता के रूप में
   (ख) कुशल प्रचारक के रूप में
   (ग) कुशल कोषकार के रूप में
   (घ) कुशल रणनीतिकार के रूप में

307. मोदी ने गुजरात भाजपा को राज्य में सत्ताधारी पार्टी बनाने के लिए जमीनी कार्य को सफलतापूर्वक अंजाम दिया। इस दौरान उन्हें किस आयोजन की जिम्मेदारी सौंपी गई?
   (क) कार्यकर्ताओं को प्रशिक्षित करने की
   (ख) दो महत्त्वपूर्ण राष्ट्रीय घटनाओं के आयोजन की
   (ग) महत्त्वपूर्ण लोगों से मुलाकात की
   (घ) महत्त्वपूर्ण मंदिरों के मठाधीशों को पार्टी से जोड़ने की

308. सन् 1987 में श्री नरेंद्र मोदी ने कौन सी यात्रा निकालने का निर्णय लिया था?
   (क) न्याय यात्रा (ख) सहारा यात्रा
   (ग) विशेष जन यात्रा (घ) राहत यात्रा

309. गुजरात में निकाली गई यह अपनी तरह की पहली यात्रा थी, जिसके नेतृत्व के लिए कितने नेताओं को चुना गया?
   (क) पचास (ख) चार
   (ग) नौ (घ) दो

उत्तर के लिए कृपया पृष्ठ सं. 193 देखें।

310. यह यात्रा किन पीड़ितों की समस्याओं को सुनने के लिए निकाली गई थी?
(क) दंगा-पीड़ित लोगों की (ख) अकाल-पीड़ित लोगों की
(ग) बाढ़-पीड़ित लोगों की (घ) भूकंप-पीड़ित लोगों की

311. यह यात्रा कितने तालुकों और गाँवों से होकर निकाली गई?
(क) 215 तालुकों और लगभग 10,000 गाँवों से होकर
(ख) 15 तालुकों और लगभग 1,500 गाँवों से होकर
(ग) 115 तालुकों और लगभग 15,000 गाँवों से होकर
(घ) 115 तालुकों और लगभग 150 गाँवों से होकर

312. इस यात्रा के दौरान एकत्र की गई जानकारियों पर एक विस्तृत रिपोर्ट तैयार की गई, जिसे बाद में किसे सौंपा गया, ताकि वह जनता की समस्याओं का निराकरण कर सके?
(क) प्रधानमंत्री को (ख) भाजपा मुख्यालय को
(ग) राष्ट्रपति को (घ) राज्यपाल को

313. जनवरी 1989 से 1 मई, 1989 तक एक और रथयात्रा आयोजित की गई, जिसका नाम था—
(क) शक्ति रथयात्रा (ख) लोक रथयात्रा
(ग) लोकशक्ति रथयात्रा (घ) जनशक्ति रथयात्रा

314. जनवरी 1989 से 1 मई, 1989 तक आयोजित रथयात्रा का नेतृत्व किसने किया था?
(क) केशुभाई पटेल ने (ख) हितेनभाई पटेल ने
(ग) बाबूभाई पटेल ने (घ) रमेशभाई पटेल ने

315. जनता में केशुभाई की लोकप्रियता का लाभ उठाते हुए पार्टी ने इस मौके का इस्तेमाल किसे तैयार करने में किया?
(क) रक्त कोष तैयार करने में (ख) जनता कोष तैयार करने में
(ग) अनाज कोष तैयार करने में (घ) व्यक्ति कोष तैयार करने में

316. नरेंद्र मोदी श्री लालकृष्ण आडवाणी की 25 सितंबर, 1990 से आयोजित लंबी रथयात्रा में उनके साथ रहे। इस यात्रा का मार्ग था—
(क) सोमनाथ से अयोध्या तक (ख) कन्याकुमारी से कश्मीर तक
(ग) कटक से अटक तक (घ) दिल्ली से गुजरात तक

उत्तर के लिए कृपया पृष्ठ सं. 193 देखें।

317. देश के दक्षिणी छोर पर स्थित कन्याकुमारी से उत्तर में कश्मीर तक की यात्रा श्री मोदी ने किस बड़े राजनेता के नेतृत्व में पूरी की?

(क) श्री लालकृष्ण आडवाणी के

(ख) श्री अटल बिहारी वाजपेयी के

(ग) मुरली मनोहर जोशी के

(घ) श्री प्रमोद महाजन के

318. नरेंद्र मोदी के शानदार मैनेजमेंट में दोनों ही यात्राएँ बहुत कामयाब रहीं। उनमें दूसरी यात्रा का नाम क्या था?

(क) सद्भावना यात्रा (ख) सब एक हों यात्रा

(ग) एक से बढ़कर एक यात्रा (घ) एकता यात्रा

319. सन् 1998 में नई दिल्ली की सत्ता में किसके उदय का श्रेय इन्हीं दो अत्यंत सफल घटनाओं को जाता है, जिसमें श्री मोदी की भूमिका महत्त्वपूर्ण रही?

(क) खुद श्री मोदी के (ख) श्री लालकृष्ण आडवाणी के

(ग) श्री राजीव गांधी के (घ) भाजपा के

320. वर्ष 1995 में उन्हें पार्टी के किस पद पर नियुक्त किया गया?

(क) राष्ट्रीय प्रचारक के (ख) राष्ट्रीय सचिव के

(ग) राष्ट्रीय अध्यक्ष के (घ) राष्ट्रीय महामंत्री के

321. नरेंद्र मोदी को अनुशासन की नसीहत किसने दी?

(क) श्री लालकृष्ण आडवाणी ने

(ख) श्री अटल बिहारी वाजपेयी ने

(ग) डॉ. मुरली मनोहर जोशी ने

(घ) श्री प्रमोद महाजन ने

322. दरअसल तय यह हुआ था कि राष्ट्रीय नेताओं और सभी कार्यकर्ताओं को खाना साथ खाना था, लेकिन बंगलुरु में नरेंद्र मोदी ने क्या किया?

(क) मोदी ने अपना खाना सबसे अलग मँगवाया

(ख) मोदी ने मुरली मनोहर जोशी को दूसरे कार्यकर्ताओं से मिलने के लिए कहा

(ग) मोदी अनंत कुमार के साथ गायब हो गए

(घ) मोदी बहुत सारे लोगों के साथ भोजन स्थल पर पहुँच गए

उत्तर के लिए कृपया पृष्ठ सं. 193 देखें।

323. श्री मोदी के व्यवहार को लेकर कौन उन पर बहुत नाराज हुए और अगली सुबह उन्होंने कार्यकर्ताओं के सामने मोदी को कड़ी फटकार लगाई?
(क) श्री लालकृष्ण आडवाणी ने
(ख) श्री अटल बिहारी वाजपेयी ने
(ग) डॉ. मुरली मनोहर जोशी ने
(घ) श्री प्रमोद महाजन ने

324. उन दोनों यात्राओं के बाद से ही माना जाता है कि नरेंद्र मोदी की महत्त्वाकांक्षाएँ बढ़ने लगीं। मोदी को लगने लगा कि उन्हें गुजरात के किन भाजपा नेताओं के समकक्ष समझा जाना चाहिए?
(क) केशुभाई पटेल और शंकर सिंह वाघेला के
(ख) गांधी और सरदार पटेल के
(ग) हितेन पटेल और आर.सी. फादू के
(घ) लालकृष्ण आडवाणी और अटल बिहारी वाजपेयी के

325. मोदी का बढ़ता कद किसको अखरने लगा था?
(क) मुरली मनोहर जोशी को (ख) शंकर सिंह वाघेला को
(ग) हितेन पटेल को (घ) केशूभाई पटेल को

326. 1995 में जब भाजपा जीतकर सत्ता में आई तो पार्टी ने किसे मुख्यमंत्री बनाया?
(क) केशूभाई पटेल को (ख) मुरली मनोहर जोशी को
(ग) हितेन पटेल को (घ) शंकर सिंह वाघेला को

327. 1995 में जब भाजपा जीतकर सत्ता में आई तो किसने पार्टी में बगावत कर दी और पार्टी से त्यागपत्र दे दिया?
(क) शंकर सिंह वाघेला ने (ख) केशूभाई पटेल ने
(ग) हितेन पटेल ने (घ) नरेंद्र मोदी ने

328. इस सारे फसाद की जड़ किसको माना गया?
(क) शंकर सिंह वाघेला को (ख) केशूभाई पटेल को
(ग) हितेन पटेल को (घ) नरेंद्र मोदी को

329. तब पार्टी ने किसको राष्ट्रीय सचिव बनाकर गुजरात से दिल्ली रवाना कर दिया?
(क) शंकर सिंह वाघेला को (ख) केशूभाई पटेल को
(ग) हितेन पटेल को (घ) नरेंद्र मोदी को

उत्तर के लिए कृपया पृष्ठ सं. 193 देखें।

330. सन् 1995 में दिल्ली में नरेंद्र मोदी किस रोड के एक छोटे से कमरे में रहते थे?

(क) 1 सफदरजंग रोड के (ख) 9 अशोक रोड के

(ग) 3 पंडारा रोड के (घ) 12 तालकटोरा रोड के

331. सन् 1995 में श्री मोदी को कौन सी महत्त्वपूर्ण जिम्मेदारी सौंपी गई, जो किसी भी युवा नेता के लिए बड़ी उपलब्धि की बात थी?

(क) कार्यकर्ताओं को प्रेरित करने की

(ख) पार्टी में नई जान फूँकने की

(ग) सभी बड़े नेताओं का जनाधार बनाने की

(घ) देश के पाँच महत्त्वपूर्ण राज्यों की

332. सन् 1998 में उन्हें किस पद पर पदोन्नत किया गया?

(क) प्रवक्ता के (ख) महासचिव (संगठन) के

(ग) अध्यक्ष के (घ) कोषाध्यक्ष के

333. राष्ट्रीय स्तर पर अपने कार्यकाल के दौरान श्री नरेंद्र मोदी को किस संवेदनशील और महत्त्वपूर्ण राज्य के अलावा उतने ही संवेदनशील उत्तर-पूर्वी राज्यों सहित अन्य कई राज्यों में पार्टी की प्रदेश इकाइयों के मामलों को देखने की जिम्मेदारी सौंपी गई?

(क) तमिलनाडु (ख) उड़ीसा

(ग) जम्मू व कश्मीर (घ) झारखंड

334. इस दौरान उन्होंने क्या-क्या किया?

(क) दुनिया भर के देशों की यात्राएँ कीं

(ख) अनेक प्रतिष्ठित नेताओं के साथ विचार-विमर्श किया

(ग) अपने देश को उनसे जोड़ने के रास्ते ढूँढ़े

(घ) उपर्युक्त सभी

335. इन अनुभवों से उन्होंने अपने अंदर कैसा विकास किया?

(क) उनका वैश्विक दृष्टिकोण विकसित हुआ

(ख) भारत की सेवा करने का भाव विकसित हुआ

(ग) दुनिया में भारत का सामाजिक-आर्थिक वर्चस्व स्थापित करने का तीव्र जज्बा विकसित हुआ

(घ) उपर्युक्त सभी

उत्तर के लिए कृपया पृष्ठ सं. 193 देखें।

336. सन् 1998 से कब तक श्री मोदी गुजरात के मुख्यमंत्री के रूप में नियुक्त होने से पहले तक अपनी सेवाएँ पार्टी को देते रहे?

(क) अक्तूबर 2001 तक (ख) अक्तूबर 2005 तक

(ग) अक्तूबर 1999 तक (घ) अक्तूबर 2002 तक

337. अप्रैल 1990 में जब केंद्र में मिली-जुली सरकारों का दौर शुरू हुआ, मोदी की मेहनत रंग लाई जब गुजरात में भारतीय जनता पार्टी ने अपने बूते दो-तिहाई बहुमत प्राप्त कर सरकार बना ली। यह सरकार कौन से चुनावों के बाद बनी?

(क) 1997 के विधानसभा चुनावों के बाद

(ख) 1996 के विधानसभा चुनावों के बाद

(ग) 1995 के विधानसभा चुनावों के बाद

(घ) 1998 के विधानसभा चुनावों के बाद

338. वर्ष 1992 में दूसरी बड़ी रथयात्रा में रथयात्रा के अंतिम पड़ाव श्रीनगर (जम्मू व कश्मीर) में क्या करने की योजना थी?

(क) लाल चौक पर तिरंगा झंडा फहराने की

(ख) श्रीनगर से आतंकवादियों को हटाने की

(ग) श्रीनगर मुसलिमों से खाली करवाने की

(घ) श्रीनगर में मंदिर निर्माण की

339. आतंकवाद उन दिनों चरम पर था। आतंकवादी तिरंगे का भरपूर अपमान करते थे, इसलिए आतंकवादियों ने जगह-जगह पोस्टर लगाए थे, जिसमें क्या लिखा था?

(क) हम देखते हैं कौन यहाँ लाल चौक पर झंडा फहराकर वापस जाएगा

(ख) भाजपा वापस जाओ

(ग) देखते हैं किसमें कितना है दम

(घ) हम पाकिस्तानी हैं और हमेशा वहीं के रहेंगे

340. श्री मोदी को उनके समर्थकों ने उनके हैदराबाद पहुँचने पर यह खबर दे दी। इस पर श्री मोदी ने श्रीनगर क्या खबर भेजी?

(क) अभी गरज लो जितना गरजना है, बाद में तुम्हारे सारे तेवर ढीले पड़ने हैं

(ख) हम 26 जनवरी को श्रीनगर के लाल चौक आएँगे बिना बुलेट प्रूफ जैकेट और गाड़ी के, देखते हैं कौन माई का लाल है जो हमें मारेगा

(ग) हम भी देखते हैं किसमें कितना है दम

(घ) घर में घुसकर शेर बननेवालों बाहर आकर लड़ो

उत्तर के लिए कृपया पृष्ठ सं. 193 देखें।

341. यह कब की बात है, जब किसी ने नरेंद्र मोदी को अपने पास बुलाकर कहा, ''तुम यहाँ पंजाबी खाना खा-खाकर मोटे होते जा रहे हो। अब दिल्ली छोड़ो, यहाँ से जाओ।''

(क) वर्ष 2001 की (ख) वर्ष 2005 की

(ग) वर्ष 1990 की (घ) वर्ष 2000 की

342. नरेंद्र मोदी को अपने पास बुलाकर यह किसने कहा था कि ''तुम यहाँ पंजाबी खाना खा-खाकर मोटे होते जा रहे हो। अब दिल्ली छोड़ो, यहाँ से जाओ।''

(क) प्रमोद महाजन ने

(ख) मुरली मनोहर जोशी ने

(ग) अटल बिहारी वाजपेयी ने

(घ) राम जेठमलानी ने

343. कौन श्री मोदी को गुजरात का मुख्यमंत्री बनाना चाहता था?

(क) लालकृष्ण आडवाणी

(ख) अटल बिहारी वाजपेयी

(ग) मोहन भागवत

(घ) कुशाभाऊ ठाकरे

344. मोदी ने किससे पूछा कि कहाँ जाऊँ—

(क) प्रमोद महाजन से (ख) मुरली मनोहर जोशी से

(ग) अटल बिहारी वाजपेयी से (घ) राम जेठमलानी से

345. किसने श्री मोदी से कहा, ''गुजरात जाओ और वहाँ चुनाव लड़ो।''

(क) प्रमोद महाजन ने (ख) मुरली मनोहर जोशी ने

(ग) अटल बिहारी वाजपेयी ने (घ) राम जेठमलानी ने

346. तब श्री मोदी ने सकपकाकर क्या कहा था?

(क) मैं गुजरात से छह साल दूर रहा हूँ, तमाम मुद्दों से दूर हूँ, ये कैसे होगा?

(ख) जी, आप कहते हैं तो चला जाता हूँ।

(ग) कहिए, कब जाना होगा?

(घ) उपर्युक्त तीनों

347. जब श्री मोदी को मुख्यमंत्री बनाने का फैसला किया गया तो उन्हें यह बताने के लिए उस समय किसने उनके पास फोन करके पूछा कि, ''भई कहाँ हो'',

उत्तर के लिए कृपया पृष्ठ सं. 194 देखें।

तो श्री मोदी ने जवाब दिया, ''मैं श्मशान में हूँ'', और मोदीजी का यह जवाब सुनकर वे हँस पड़े।

(क) अटल बिहारी वाजपेयी (ख) राजनाथ सिंह

(ग) लालकृष्ण आडवाणी (घ) अरुण जेटली

348. श्री नरेंद्र मोदी तब श्मशान में क्यों थे?

(क) क्योंकि माधवराव सिंधिया का एक हवाई दुर्घटना में निधन हो गया था। उनकी अंत्येष्टि में शामिल होने वे श्मशान गए थे।

(ख) क्योंकि माधवराव सिंधिया का दुर्घटना में निधन हो गया था। उसमें उनके साथ एक पत्रकार गोपाल की भी मृत्यु हुई थी, श्री मोदी गोपाल के क्रियाकर्म में यह सोचकर गए थे कि माधवरावजी के क्रियाकर्म में तो सब जाएँगे, लेकिन गोपाल के क्रियाकर्म में कौन जाएगा।

(ग) क्योंकि श्री मोदी के एक निकट संबंधी की मृत्यु हो गई थी

(घ) क्योंकि श्री मोदी वैराग्य लेना चाहते थे

349. श्मशान से आने के बाद श्री मोदी को रात को पता चला कि उन्हें गुजरात का मुख्यमंत्री बनाने का फैसला हुआ है और कुछ दिनों बाद उन्हें मुख्यमंत्री के रूप में शपथ लेनी है। यह जानने के बाद उन्होंने क्या किया?

(क) शपथ ग्रहण करने से मना कर दिया

(ख) दिल्ली छोड़ने से मना कर दिया

(ग) दिल्ली से गुजरात फोन मिलाया

(घ) अपनी माँ को फोन पर यह खबर दी

350. श्री मोदी ने किससे कहा कि भई, तुम मुझे बुला तो रहे हो, लेकिन मैं रहूँगा कहाँ; क्योंकि मेरे पास तो घर नहीं है?

(क) अपनी पार्टी के दफ्तर में (ख) लालकृष्ण आडवाणी से

(ग) केशूभाई पटेल से (घ) शंकर सिंह वाघेला से

351. तब श्री मोदी को क्या जवाब मिला?

(क) चिंता मत कीजिए, हम दफ्तर में एक कमरा बुक करा देंगे।

(ख) चिंता मत कीजिए, हम सर्किट हाउस में एक कमरा बुक करा देंगे।

(ग) चिंता मत कीजिए, हम होटल में एक कमरा बुक करा देंगे।

(घ) चिंता मत कीजिए, हम निजी घर में एक कमरा बुक करा देंगे।

□

उत्तर के लिए कृपया पृष्ठ सं. 194 देखें।

मुख्यमंत्री श्री नरेंद्र मोदी

352. नरेंद्र मोदी कब पहली बार मुख्यमंत्री बने?

(क) 9 दिसंबर, 2001 को (ख) 7 अक्तूबर, 2001 को

(ग) 27 अक्तूबर, 2001 को (घ) 17 अक्तूबर, 2001 को

353. भारतीय जनता पार्टी ने अक्तूबर 2001 में किसको हटाकर गुजरात के मुख्यमंत्री पद की कमान नरेंद्र भाई मोदी को सौंपी?

(क) हितेनभाई पटेल को (ख) केशूभाई पटेल को

(ग) शंकर सिंह वाघेला को (घ) दीनाभाई पटेल को

354. जिस दिन श्री मोदी मुख्यमंत्री का पदभार ग्रहण करके आधिकारिक मुख्यमंत्री आवास में जाने वाले थे, तब किस दलित बाला के हाथों गृह प्रवेश का कुंभ स्थापित कराया गया?

(क) रविना नरेश कुमार जाधव (ख) करीना नरेश कुमार जाधव

(ग) विना नरेश कुमार जाधव (घ) करिश्मा नरेश कुमार जाधव

355. श्री मोदी ने बतौर मुख्यमंत्री गुजरात को किस की श्रेणी में खड़ा किया?

(क) भारत का सबसे ज्यादा बिक्री करनेवाला राज्य

(ख) भारत का सबसे ज्यादा विकास करनेवाला राज्य

(ग) भारत का सबसे ज्यादा आयात करनेवाला राज्य

(घ) भारत का सबसे ज्यादा निवेश करनेवाला राज्य

356. नरेंद्र मोदी लगातार तीन बार मुख्यमंत्री रहे और उन्होंने अपने शासन के कितने हजार दिन पूर्ण किए?

(क) 3,000 दिन (ख) 4,000 हजार दिन

(ग) 2,000 दिन (घ) 5,000 दिन

उत्तर के लिए कृपया पृष्ठ सं. 194 देखें।

357. मोदी ने वर्ष 2001 में जब मुख्यमंत्री पद सँभाला, उसी साल जनवरी में गुजरात में आए विनाशकारी भूकंप में कितने लोग मारे गए थे?

(क) 10 हजार से ज्यादा

(ख) 2 हजार से ज्यादा

(ग) 20 हजार से ज्यादा

(घ) 22 हजार से ज्यादा

358. मोदी के सत्ता सँभालने के लगभग कितने महीने बाद गुजरात में दंगे भड़के?

(क) चार महीने बाद ही

(ख) पाँच महीने बाद ही

(ग) आठ महीने बाद ही

(घ) एक महीने बाद ही

359. मोदी पर दंगों का क्या प्रभाव पड़ा?

(क) अमेरिका ने उन्हें वीजा नहीं दिया

(ख) ब्रिटेन ने दस साल तक उनसे संबंध तोड़े रखा

(ग) पाकिस्तान उन्हें गुनहगार मानता है

(घ) (क) और (ख)

360. किस वर्ष गुजरात में गोधरा की आग फैली?

(क) वर्ष 2003 में (ख) वर्ष 2004 में

(ग) वर्ष 2005 में (घ) वर्ष 2002 में

361. देश के तत्कालीन प्रधानमंत्री अटल बिहारी वाजपेयी ने गोधरा कांड के बाद मोदी को किस धर्म का पालन करने की नसीहत दी थी?

(क) राजधर्म का (ख) देशधर्म का

(ग) जातिधर्म का (घ) नीतिधर्म का

362. गुजरात में गोधरा दंगों के बाद वर्ष 2002 में किस देश ने द्विपक्षीय संबंधों पर रोक लगा दी थी?

(क) अमेरिका ने (ख) पाकिस्तान ने

(ग) ब्रिटेन ने (घ) रूस ने

363. मार्च 2005 में किस देश ने श्री मोदी को वीजा देने से इनकार कर दिया था।

(क) अमेरिका ने (ख) पाकिस्तान ने

(ग) ब्रिटेन ने (घ) रूस ने

उत्तर के लिए कृपया पृष्ठ सं. 194 देखें।

364. बतौर मुख्यमंत्री लोगों से जुड़ने के लिए श्री मोदी ने किसका आयोजन शुरू किया?
(क) जन दरबार का
(ख) घर-घर जाकर लोगों के साथ खाना खाना शुरू किया।
(ग) लोगों की समस्याएँ सुनने के लिए अधिकारी रख दिए।
(घ) घर के बाहर बड़ा घंटा लगवा दिया, जिसे बजाकर लोग उनसे सीधे मिल सकते थे।

365. अधिकतर लोगों ने क्या माँग की?
(क) पीने के लिए पानी और रात में आराम से सोने के लिए बिजली की
(ख) नौकरियों की
(ग) अपने घर की
(घ) अपनी जमीन की

366. मोदी ने गुजरात के परिदृश्य को ऐसे बदला कि गुजरात बना विकास मॉडल और नरेंद्र मोदी बने—
(क) चौथी बार मुख्यमंत्री (ख) 4000 महीने
(ग) विकास पुरुष (घ) उपर्युक्त सभी

367. दंगों के कारण भारतीय जनता पार्टी पर मोदी को हटाने का दबाव था, लेकिन इसके कुछ महीनों के बाद जब दिसंबर 2002 के विधानसभा चुनावों में मोदी ने जीत दर्ज की तो उन्हें सबसे ज्यादा फायदा कहाँ हुआ?
(क) उन इलाकों में, जो दंगों में सबसे ज्यादा प्रभावित हुए थे
(ख) उन इलाकों में, जो दंगों में सबसे कम प्रभावित हुए थे
(ग) उन इलाकों में, जो दंगों में पहले सबसे ज्यादा विकसित थे
(घ) उन इलाकों में, जो दंगों में पहले सबसे कम विकसित थे

368. 7 अक्तूबर, 2001 को जब श्री मोदी ने पहली बार बतौर मुख्यमंत्री शपथ ग्रहण की, तब गुजरात में एक प्राकृतिक आपदा आई थी। वह कौन सी थी और कब आई थी?
(क) जनवरी 2001 में आया विनाशक भूकंप
(ख) जनवरी 2001 में आई विनाशकारी सुनामी
(ग) जनवरी 2001 में फैली महामारी
(घ) जनवरी 2001 में मचे दंगों से तबाही

उत्तर के लिए कृपया पृष्ठ सं. 194 देखें।

369. हालाँकि कुशल रणनीतिकार श्री नरेंद्र मोदी ने उस समय क्या किया?
   (क) अपने राष्ट्रीय एवं अंतरराष्ट्रीय अनुभवों का लाभ उठाया
   (ख) वे ईश्वर पर सबकुछ छोड़कर चुपचाप बैठ गए
   (ग) उन समस्याओं का पूरे साहस व उत्साह के साथ सामना करने का निश्चय किया
   (घ) कुछ नहीं

370. उनके सामने बड़ी चुनौती क्या थी?
   (क) सुनामी से प्रभावित इलाकों के पुनर्निर्माण और पुनर्वास की
   (ख) दंगों से प्रभावित इलाकों के पुनर्निर्माण और पुनर्वास की
   (ग) भूकंप से प्रभावित इलाकों के पुनर्निर्माण और पुनर्वास की
   (घ) बाढ़ से प्रभावित इलाकों के पुनर्निर्माण और पुनर्वास की

371. गुजरात का कौन सा शहर मलबे का शहर बन गया था और हजारों लोग कामचलाऊ आश्रय-स्थलों में बिना किसी मूलभूत सुविधा के रह रहे थे?
   (क) भुज (ख) कच्छ
   (ग) नाडियाड (घ) अंकलेश्वर

372. श्री नरेंद्र मोदी ने प्रतिकूल परिस्थितियों को सर्वांगीण विकास के अवसरों में तब्दील कर दिया। उसका जीता-जागता सबूत कौन सा शहर है?
   (क) गांधीनगर (ख) भुज
   (ग) वडनगर (घ) मेहसाणा

373. वर्ष 2003 में विकास के लिए बनाए लेखे-जोखे को वे अमली जामा पहनाने में लग गए। उन्होंने इस दौरान किसकी शुरुआत की?
   (क) रिर्सोट गुजरात बिजनेस समिति
   (ख) सर्जेंट गुजरात बिजनेस समिति
   (ग) रिसर्जेंट गुजरात बिजनेस समिति
   (घ) सार्जेंट गुजरात बिजनेस समिति

374. इस दौरान मोदी ने कौन सा अभियान छेड़ा?
   (क) निवेश एवं उत्थान
   (ख) पुनर्निर्माण एवं पुनर्वास
   (ग) राष्ट्रीयता एवं देशभक्ति
   (घ) सांस्कृतिक एकता एवं सद्भाव

उत्तर के लिए कृपया पृष्ठ सं. 194 देखें।

375. श्री नरेंद्र मोदी ने सर्वांगीण सामाजिक-आर्थिक विकास के लिए उपयुक्त तरीके से किस क्षेत्र पर ध्यान केंद्रित कर असंतुलन को सुधारने का निर्णय किया?
(क) सामाजिक क्षेत्र पर (ख) आर्थिक क्षेत्र पर
(ग) सैन्य क्षेत्र पर (घ) राजनीतिक क्षेत्र पर

376. मोदी ने राज्य के सर्वांगीण विकास के लिए पाँच सूत्री रणनीति की परिकल्पना की, जिसका नाम दिया—
(क) अमृत योजना (ख) पंचामृत योजना
(ग) पंचा योजना (घ) अंत्योदय योजना

377. उनके नेतृत्व में किस क्षेत्र में बड़ा परिवर्तन नजर आया?
(क) शिक्षा के क्षेत्र में (ख) कृषि क्षेत्र में
(ग) स्वास्थ्य के सेवा क्षेत्र में (घ) उपर्युक्त तीनों क्षेत्रों में

378. श्री मोदी के आशय और क्षमता का पता उनके सत्ता सँभालने के कितने दिनों के भीतर ही चल गया?
(क) 10 दिनों के (ख) 1,000 दिनों के
(ग) 100 दिनों के (घ) 1 दिन के

379. अपनी प्रशासनिक सूझ-बूझ, स्पष्ट दूरदर्शिता और चारित्र्य की अखंडता सहित उनकी इन सभी कुशलताओं की वजह से राज्य में कब हुए आम चुनावों में भव्य विजय हासिल की?
(क) दिसंबर 2002 के (ख) दिसंबर 2004 के
(ग) दिसंबर 2003 के (घ) दिसंबर 2005 के

380. मोदी सरकार 182 सीटोंवाली गुजरात विधानसभा में कितनी सीटें जीतकर भारी बहुमत के साथ चुन ली गई?
(क) 12 सीटें जीतकर (ख) 128 सीटें जीतकर
(ग) 28 सीटें जीतकर (घ) 18 सीटें जीतकर

381. किस वर्ष के चुनावों में फिर से एक बार श्री मोदी के नेतृत्व में भाजपा को भारी बहुमत मिला?
(क) 2009 के चुनावों में (ख) 2012 के चुनावों में
(ग) 2007 के चुनावों में (घ) 2003 के चुनावों में

382. वर्ष 2002 और 2007 के गुजरात चुनावों में विजय के बाद 2012 के विधानसभा चुनाव में एक बार फिर से श्री मोदी के नेतृत्व में भाजपा ने भारी बहुमत प्राप्त

उत्तर के लिए कृपया पृष्ठ सं. 194-195 देखें।

किया। तब भाजपा को कितनी सीटें मिलीं?

(क) 160 सीटें (ख) 125 सीटें

(ग) 115 सीटें (घ) 105 सीटें

383. किस तारीख को श्री मोदी ने लगातार चौथी बार गुजरात के मुख्यमंत्री के तौर पर शपथ ली?

(क) 16 दिसंबर, 2012 को (ख) 6 दिसंबर, 2012 को

(ग) 26 दिसंबर, 2012 को (घ) 6 दिसंबर, 2011 को

384. गुजरात में नरेंद्र मोदी ने जीत की हैट्रिक लगाई, जो उनकी लगातार तीसरी और भाजपा की लगातार कौन सी जीत है?

(क) छठी जीत (ख) पाँचवीं जीत

(ग) नौवीं जीत (घ) सातवीं जीत

385. गुजरात में 2012 में हुए विधानसभा चुनावों में मोदी किस सीट से जीते?

(क) मणिनगर सीट से (ख) वडनगर सीट से

(ग) अहमदनगर सीट से (घ) वडोदरा सीट से

386. उन्होंने 2012 के चुनावों में किस कांग्रेसी उम्मीदवार को हराया?

(क) शालू भट्ट को (ख) श्वेता भट्ट को

(ग) शांता भट्ट को (घ) शालिनी भट्ट को

387. उक्त कांग्रेस प्रत्याशी किस आई.पी.एस. अधिकारी की पत्नी हैं?

(क) संजय भट्ट (ख) संजीत भट्ट

(ग) संजीव भट्ट (घ) राजीव भट्ट

388. श्री मोदी ने उस प्रत्याशी को कितने वोटों से हराया?

(क) 86 हजार से अधिक वोटों से

(ख) 68 हजार से अधिक वोटों से

(ग) 6 हजार से अधिक वोटों से

(ग) 8 हजार से अधिक वोटों से

389. भाजपा के किस दिवंगत नेता की पत्नी 2012 के चुनावों में श्री केशुभाई पटेल की पार्टी से चुनाव लड़ रही थीं?

(क) हीरेन पंड्या की (ख) हरीन पंड्या की

(ग) हरेन पंड्या की (घ) हरीश पंड्या की

उत्तर के लिए कृपया पृष्ठ सं. 195 देखें।

390. पति के लिए न्याय के नाम पर चुनाव लड़ी भाजपा के दिवंगत नेता की पत्नी का नाम क्या था?

(क) जोगेश्वरी पंड्या (ख) ज्योति पंड्या

(ग) जागृति पंड्या (घ) जमुना पंड्या

391. जागृति पंड्या ने ज्यादा समय किस क्षेत्र में प्रचार किया?

(क) एलिस निगम निर्वाचन क्षेत्र

(ख) एलिस टाइम्स निर्वाचन क्षेत्र

(ग) एलिस ब्रिज निर्वाचन क्षेत्र

(घ) एलिस इन वंडरलैंड निर्वाचन क्षेत्र

392. नरेंद्र मोदी के निर्वाचन क्षेत्र मणिनगर के पास स्थित कौन सा क्षेत्र भाजपा के लिए सुरक्षित माना जाता रहा और वह 1995 से इस सीट पर चार बार जीत दर्ज कर चुकी है?

(क) एलिस निगम निर्वाचन क्षेत्र

(ख) एलिस टाइम्स निर्वाचन क्षेत्र

(ग) एलिस ब्रिज निर्वाचन क्षेत्र

(घ) एलिस इन वंडरलैंड निर्वाचन क्षेत्र

393. वर्ष 2012 में मध्यम और उच्च आय वाले तबके का निर्वाचन क्षेत्र माने जानेवाले एलिस ब्रिज से भाजपा के किस विधायक ने चुनाव लड़ा था?

(क) रमेश शाह ने (ख) राकेश शाह ने

(ग) रीतेश शाह ने (घ) राजेश शाह ने

394. भाजपा से अलग होकर गुजरात परिवर्तन पार्टी बनानेवाले केशूभाई पटेल द्वारा चुनाव मैदान में उतारी गईं भाजपा के दिवंगत नेता की पत्नी के सामने भाजपा के अलावा कांग्रेस के किस प्रत्याशी में त्रिकोणीय मुकाबला हुआ?

(क) कमल शाह (ख) कमलेश शाह

(ग) करुणेश शाह (घ) किशोर शाह

395. हरेन पंड्या ने एलिस ब्रिज सीट से कितनी बार जीत दर्ज की थी?

(क) दो बार (1985 तथा 1998 में)

(ख) दो बार (1995 तथा 2000 में)

(ग) दो बार (1995 तथा 1998 में)

(घ) दो बार (1985 तथा 2000 में)

उत्तर के लिए कृपया पृष्ठ सं. 195 देखें।

396. मंगोलियाई प्रधानमंत्री के साथ विशेष आयोजन देखने पहुँचे प्रधानमंत्री नरेंद्र मोदी ने उस समय कौनी सी मंगोलियाई वेशभूषा पहन रखी थी?

(क) डेल (ख) मंगोलियाई फरोंवाली ड्रेस

(ग) शाइनिंग ड्रेस (घ) रॉयल ब्ल्यू पेंट-शर्ट

397. मंगोलियाई विशेष आयोजन देख रहे प्रधानमंत्री नरेंद्र मोदी ने वहाँ मंगोलिया की परंपरागत कुश्ती, तीरंदाजी, घुड़दौड़ तथा गीत-संगीत का भरपूर आनंद लिया। एकाएक वे अपने स्थान से उठे और उन्होंने किस खेल में हाथ आजमाते हुए अच्छा प्रदर्शन किया?

(क) कुश्ती (ख) तीरंदाजी

(ग) घुड़दौड़ (घ) गायन

398. आरंभ में मोदी किस सीट से चुनाव लड़ने के इच्छुक थे?

(क) मणिनगर (ख) अहमदाबाद

(ग) वडोदरा (घ) एलिस ब्रिज

399. बाद में मोदी ने कहाँ से चुनाव लड़ा और जीत हासिल की?

(क) राजकोट से (ख) मणिनगर से

(ग) वडोदरा से (घ) वडनगर से

400. वर्ष 2001 में सत्ता में आते ही श्री मोदी ने क्या किया?

(क) टीटेन पंड्या को गृहमंत्री पद से हटा दिया।

(ख) गोधरा कांड और सांप्रदायिक दंगों के बाद हुए 2002 के विधानसभा चुनाव में पंड्या को टिकट भी नहीं दिया गया।

(ग) पंड्या का राजनीतिक कैरियर समाप्त कर दिया गया।

(घ) (क) और (ख)

401. किस उच्च न्यायालय ने अगस्त 2013 में पंड्या की हत्या के सभी 12 आरोपियों को सबूतों के अभाव में बरी कर दिया?

(क) गुजरात (ख) दिल्ली

(ग) पंजाब (घ) महाराष्ट्र

402. उच्च न्यायालय ने जाँच में लापरवाही के लिए किसकी आलोचना की थी?

(क) मोदी की (ख) विपक्षी दलों की

(ग) गुजरात पुलिस की (घ) सी.बी.आई. की

उत्तर के लिए कृपया पृष्ठ सं. 195 देखें।

403. वर्ष 2012 के गुजरात विधानसभा चुनावों में पंड्या की पत्नी का कहना था—
(क) मैं अपने पति के लिए न्याय चाहती हूँ, जिन्होंने भाजपा के लिए अपना जीवन दे दिया।
(ख) पिछले 10 सालों में किसी नेता ने मेरी कोई मदद नहीं की और मैं अदालतों में लड़ाई लड़ती रही।
(ग) हरेन को उनके निर्वाचन क्षेत्र के लोग प्यार करते थे। मुझे वोट देना उनको वोट देने के समान होगा।
(घ) उपर्युक्त सभी।

404. राजनीतिज्ञों के अनुसार, गांधीनगर यानी गुजरात की सत्ता का रास्ता कहाँ से होकर गुजरता है?
(क) सौराष्ट्र से (ख) भुज से
(ग) वडोदरा से (घ) कच्छ से

405. दिसंबर 2012 में मोदी को सत्ता से हटाने के संकल्प के साथ अपने जीवन की आखिरी राजनीतिक लड़ाई किस नेता ने लड़ी थी?
(क) केशीभाई पटेल ने (ख) रेशूभाई पटेल ने
(ग) केशूभाई पटेल ने (घ)केशाभाई पटेल ने

406. केशूभाई पटेल गुजरात परिवर्तन पार्टी (जी.पी.पी.) के पीछे असली ताकत किसकी थी?
(क) मोदी से असंतुष्ट संघ एवं विहिप की
(ख) मोदी से असंतुष्ट भाजपा की
(ग) मोदी से असंतुष्ट कांग्रेसियों की
(घ) मोदी से असंतुष्ट जे.डी.यू. की

407. गुजरात की सियासत में सबसे प्रभावशील माने जानेवाले लेउवा पटेल का प्रतिनिधित्व कौन करते रहे हैं?
(क) केशूभाई पटेल (ख) केशीभाई पटेल
(ग) रेशूभाई पटेल (घ) केशाभाई पटेल

408. वर्ष 1985 के बाद से सौराष्ट्र में गहरी पैठ रखनेवाले लेउवा पटेल किस दल से रूठे हैं?
(क) कांग्रेस (ख) भाजपा
(ग) सपा (घ) जनता दल

उत्तर के लिए कृपया पृष्ठ सं. 195 देखें।

409. चिमनभाई पटेल और शंकर सिंह वाघेला जोड़-तोड़ करके ही सरकार बना सके, इसलिए पिछले करीब दो दशकों से सौराष्ट्र किसका अभेद्य किला बना हुआ है?

(क) भाजपा (ख) जनता दल
(ग) सपा (घ) जेडीयू

410. मोदी को वर्ष 2002 और फिर 2007 में किसने बड़ी जीत दिलाई?

(क) भुज ने (ख) कच्छ ने
(ग) वडोदरा ने (घ) सौराष्ट्र ने

411. वर्ष 2002 में भाजपा को सौराष्ट्र की 52 सीटों में से कितनी सीटें मिलीं?

(क) 30 (ख) 37
(ग) 35 (घ) 31

412. वर्ष 2007 में सीटें बढ़कर कितनी हो गईं?

(क) 38 (ख) 40
(ग) 52 (घ) 42

413. मोदी ने ई-गवर्नेंस, पूँजी निवेश, गरीबी उन्मूलन, एसईजेड, सड़क निर्माण, वित्तीय व्यवस्थापन के बाद किन कार्डों की शुरुआत की?

(क) सोशल हेल्थ कार्ड,
(ख) रोमिंग राशन कार्ड
(ग) सोशल हेल्थ कार्ड, रोमिंग राशन कार्ड
(घ) सोशल हेल्थ कार्ड, रोमिंग राशन कार्ड, पर्सनल हेल्थ कार्ड

414. मोदी ने नर्मदा बाँध की ऊँचाई कितनी निर्धारित की?

(क) 11.9 मीटर (ख) 21.9 मीटर
(ग) 211.9 मीटर (घ) 121.9 मीटर

415. गुजरात में जल स्रोतों की अनेक ग्रिड बनाने के लिए कार्यरत कौन सी योजना और उसके उचित उपयोग की दिशा में अन्य एक अनोखी पहल है?

(क) सुजलाम सुफलाम योजना जल संरक्षण
(ख) सुजलाम सुफलाम योजना जल संचयन
(ग) सुजलाम सुफलाम योजना संरक्षण
(घ) सुजलाम सुफलाम योजना जल भरण

उत्तर के लिए कृपया पृष्ठ सं. 195 देखें।

416. श्री नरेंद्र मोदी ने वर्ष 2002 में सत्ता में आने के बाद कौन सा पहला काम किया था?

(क) नर्मदा व साबरमती नदी को मिलाने का
(ख) मुसलिमों को विस्थापित करने का
(ग) औद्योगिक इकाइयों को सरकार से जोड़ने का
(घ) हिंदू संगठनों को संगठित करने का

417. अहमदाबाद शहर एक समय भारत का मैनचेस्टर कहलाता था, क्योंकि वहाँ सबसे अधिक कपड़ा मिलें थीं। इसकी वजह से वहाँ पर डाई और डाई से संबंधित सामानों की बड़े पैमाने पर छोटी और मझोली औद्योगिक इकाइयाँ विकसित हुईं। औद्योगिक क्षेत्र के अधिकतर कारखानों में पानी का काफी इस्तेमाल होता है। वे औद्योगिक कचरा पास की नहर में गिराते हैं, जो साबरमती की कौन सी सहायक नदी में मिलती है?

(क) खाटी नदी में (ख) खाजी नदी में
(ग) खारी नदी में (घ) खीर नदी में

418. वर्ष 1978 से लेकर 1995 तक नदी के प्रदूषण से प्रभावित गाँवों के लोगों ने सरकार के सामने अपनी समस्याएँ रखनी शुरू कीं। 1995 में गुजरात उच्च न्यायालय ने एक बेहद महत्त्वपूर्ण आदेश—'प्रदूषक भुगतान करें' दिया। आदेश के अनुसार 'खेड़ा जिले के 11 गाँव और दास्क्रोई व माहेमदावड़ तालुका के लाली, नवगाम, बिदज, सारसा, असलाली, जेतपुर, बारेजा, विनजो और वात्वा गाँव भी लगातार कई सालों से प्रदूषण से बुरी तरह प्रभावित रहे। उन्हें औद्योगिक इकाइयों को मिलकर मोटी राशि का भुगतान करना चाहिए। इन इकाइयों की संख्या कितनी थी?

(क) 75 (ख) 65
(ग) 76 (घ) 765

419. वर्ष 2002 में मोदी सरकार के सत्ता में आने के बाद साबरमती नदी में बढ़ रहे प्रदूषण को रोकने के लिए क्या किया गया?

(क) खारीकट नहर को और चौड़ा कर दिया गया, ताकि इससे बारिश का ज्यादा-से-ज्यादा पानी बह सके और बाढ़ न आए।
(ख) सरकार ने नर्मदा के पानी को भी नहर से जोड़ दिया, ताकि इसमें साल भर पानी रहे। इससे खारीकट नहर की समस्या लगभग हल हो गई।

उत्तर के लिए कृपया पृष्ठ सं. 195 देखें।

(ग) अहमदाबाद नगरपालिका ने उद्योगों के सहयोग से एक बड़ी पाइप लाइन बिछाई। यह बड़ी पाइप लाइन मुख्यत: जी.आई.डी.सी. के तीनों औद्योगिक क्षेत्रों के औद्योगिक उत्सर्जन को ले जाती है।

(घ) उपर्युक्त तीनों

420. गुजरात सरकार ने कौन सा पार्क बनाया कि अकेला गुजरात 650 मेगावाट सौर ऊर्जा उत्पादन करनेवाला राज्य बन गया?

(क) सबसे बड़ा पावर एनर्जी पार्क

(ख) सबसे बड़ा सोलर एनर्जी पार्क

(ग) सबसे बड़ा एंटरटेनमेंट पार्क

(घ) सबसे बड़ा वाइल्ड लाइफ पार्क

421. इस सोलर पार्क से कितनी यूनिट बिजली पैदा होगी?

(क) 100 लाख यूनिट बिजली प्रतिदिन

(ख) 30 लाख यूनिट बिजली प्रतिदिन

(ग) 300 लाख यूनिट बिजली प्रतिदिन

(घ) 3 लाख यूनिट बिजली प्रतिदिन

422. इस सोलर पार्क द्वारा कितने परिवारों को बिजली मिल सकेगी?

(क) 10 लाख (ख) 1 लाख

(ग) 5 लाख (घ) 50 हजार

423. गुजरात सरकार द्वारा लगाया गया यह सोलर पार्क कितन ने एकड़ बंजर भूमि पर फैला है?

(क) 3200 एकड़ (ख) 3800 एकड़

(ग) 3500 एकड़ (घ) 3000 एकड़

424. कच्छ के रण से सटे इस पार्क में देश में उत्पादित होनेवाली कुल 900 मेगावॉट सौर ऊर्जा का कितने हिस्से का उत्पादन होगा?

(क) चार-तिहाई हिस्से का (ख) दो-तिहाई हिस्से का

(ग) एक-तिहाई हिस्से का (घ) तीन-तिहाई हिस्से का

425. यह सोलर पार्क किस पावर का प्रोजेक्ट है?

(क) विंड और सोलर एनर्जी के हाईब्रिड पावर का

(ख) पावर एनर्जी का

(ग) वाटर एनर्जी का

(घ) सोलर एनर्जी का

उत्तर के लिए कृपया पृष्ठ सं. 195 देखें।

426. पार्क को विकसित करने के लिए देश-विदेश की कितनी अंतरराष्ट्रीय सोलर पावर कंपनियाँ गुजरात सरकार की सहभागी बनीं?
(क) 2 अंतरराष्ट्रीय सोलर पावर कंपनियाँ
(ख) 12 अंतरराष्ट्रीय सोलर पावर कंपनियाँ
(ग) 21 अंतरराष्ट्रीय सोलर पावर कंपनियाँ
(घ) 212 अंतरराष्ट्रीय सोलर पावर कंपनियाँ

427. कितने रिकॉर्ड समय में सौर ऊर्जा के जरिए 500 मेगावाट विद्युत् उत्पादन करनेवाला यह पार्क कार्यान्वित हुआ है?
(क) चार वर्ष के रिकॉर्ड समय में (ख) एक वर्ष के रिकॉर्ड समय में
(ग) दो वर्ष के रिकॉर्ड समय में (घ) पाँच वर्ष के रिकॉर्ड समय में

428. इस पार्क से कितने लाख टन कार्बन डाइऑक्साइड गैस के उत्सर्जन में कमी आएगी?
(क) 8 लाख टन (ख) 88 लाख टन
(ग) 80 लाख टन (घ) 808 लाख टन

429. इस पार्क से सालाना कितने लाख टन प्राकृतिक गैस की बचत होगी?
(क) 90 लाख टन (ख) 99 लाख टन
(ग) 9 लाख टन (घ) 19 लाख टन

430. गुजरात सरकार द्वारा पाटण जिले में प्लांट लगाने के बाद राज्य को कितने करोड़ निवेश का निवेश मिला?
(क) 9 करोड़ रुपए (ख) 90 करोड़ रुपए
(ग) 900 करोड़ रुपए (घ) 9,000 करोड़ रुपए

431. एशियाई विकास बैंक ने सौर ऊर्जा एवं इससे जुड़ी विविध गतिविधियों के लिए कितने डॉलर की सहायता की घोषणा की?
(क) 5,000 मिलियन डॉलर की (ख) 500 मिलियन डॉलर की
(ग) 50 मिलियन डॉलर की (घ) 5 मिलियन डॉलर की

432. गुजरात में किस पर आधारित बिजली केंद्र आधी क्षमता से चलाने पड़ते हैं?
(क) कोयला और गैस पर आधारित
(ख) वायु आधारित
(ग) सोलर एनर्जी आधारित
(घ) जल आधारित

उत्तर के लिए कृपया पृष्ठ सं. 195-196 देखें।

433. गुजरात मॉडल क्या है?
(क) यह नियोजन के सशक्तीकरण और लोगों के सशक्तीकरण का बेजोड़ उदाहरण है।
(ख) इसमें केंद्र के अनुदान से चलनेवाली योजनाओं के साथ राज्य की विशिष्ट योजनाओं को पूरक बनाया गया है।
(ग) यह विकास का एक मानक साँचा है, जिसे कोई भी राज्य अपनाकर तरक्की की राह पकड़ सकता है।
(घ) उपर्युक्त सभी

434. नरेंद्र मोदी अपने किस दर्शन के साथ तीसरी बार गुजरात के मुख्यमंत्री बने?
(क) अपनी जिंदगी अपनी शर्तों पर जीने के
(ख) जिंदगी अपनी, शर्तें दूसरों की
(ग) शर्तें जनता की, जिंदगी अपनी
(घ) जिंदगी अपनी, शर्तें जनता की

435. गुजरात में किसकी पूरी आजादी दी गई, जिसके लिए राज्य ने अनुकूल माहौल भी पैदा किया?
(क) व्यक्तिगत पहल और उद्यमशील के लिए
(ख) जातिगत पहल और नोच-खसोट के लिए
(ग) सांप्रदायिकता और धार्मिक उन्माद के लिए
(घ) धर्म संप्रदायों की नीतियों के लिए

436. राष्ट्रीय स्वयंसेवक संघ और भाजपा जिस विचारधारा से ऊर्जा पाती है। श्री नरेंद्र मोदी उसके क्या हैं?
(क) सबसे बड़े कार्यकारी पुरुष
(ख) सबसे बड़े गण्यमान्य पुरुष
(ग) सबसे बड़े प्रतीक पुरुष
(घ) सबसे बड़े रहनुमा

437. श्री नरेंद्र मोदी ने संघ की विचारधारा को नया आयाम दिया। उन्होंने किसके हिंदुत्व को विकास से जोड़कर एक नया मॉडल पेश करने की कोशिश की, जिसमें वे बेहद सफल रहे?
(क) भाजपा के (ख) संघ के
(ग) कम्युनिस्टों के (घ) हिंदुओं के

उत्तर के लिए कृपया पृष्ठ सं. 196 देखें।

438. श्री नरेंद्र मोदी ने 2012 के गुजरात विधानसभा चुनाव के दौरान कहा था कि गुजरात में एक फैक्टर काम करता है। उस फैक्टर का नाम क्या है?

(क) प्रो-इन्कंबेंसी फैक्टर (ख) एक्स फैक्टर

(ग) लो फैक्टर (घ) वोट फैक्टर

439. गुजरात के मुख्यमंत्री के तौर पर नरेंद्र मोदी ने निम्न में से किस देश की यात्रा नहीं की?

(क) चीन (ख) जापान

(ग) अमेरिका (घ) सिंगापुर

440. गुजरात के मोरबी जिले में आयोजित एक कार्यक्रम के दौरान राज्य के तत्कालीन मुख्यमंत्री नरेंद्र मोदी को कितने किलो चाँदी से तौला गया?

(क) 70 किलो (ख) 90 किलो

(ग) 100 किलो (घ) 60 किलो

441. मोदी ने राजकोट से अलग कर मोरबी को कब नए जिले का दर्जा दिया?

(क) 15 अगस्त, 2013 को (ख) 24 अगस्त, 2013 को

(ग) 14 अगस्त, 2013 को (घ) 25 अगस्त, 2013 को

□

उत्तर के लिए कृपया पृष्ठ सं. 196 देखें।

श्री नरेंद्र मोदी : विदेशों से संबंध

442. किस देश के प्रमुख अखबार 'डॉन' में 1 अक्तूबर, 2013 के अंक में संपादकीय पृष्ठ पर प्रकाशित लेख का शीर्षक था—'द स्पेक्टर ऑफ मोदी', यानी मोदी का हौवा?

(क) चीन (ख) पाकिस्तान
(ग) बँगलादेश (घ) अफगानिस्तान

443. 'द स्पेक्टर ऑफ मोदी' यानी मोदी का हौवा के लेखक कौन थे?

(क) सुनील शरण (ख) भगवती शरण
(ग) सुनीत शरण (घ) संजय शरण

444. श्री नरेंद्र मोदी किस देश के विकास से प्रेरणा लेने की बात करते हैं?

(क) उत्तर कोरिया (ख) जापान
(ग) दक्षिण कोरिया (घ) चीन

445. श्री मोदी के अनुसार, गुजरात की भौगोलिक स्थिति क्यों अधिक विकट है?

(क) क्योंकि इसके एक ओर रेगिस्तान तो दूसरी ओर पाकिस्तान है
(ख) क्योंकि इसके एक ओर समुद्र तो दूसरी ओर रेगिस्तान है
(ग) क्योंकि रेगिस्तान ने इसका अधिकतम भाग घेरा हुआ है
(घ) क्योंकि गुजरात के तटों पर नमक का पानी उसकी जमीन को बंजर बना रहा है

446. मोदी की विचारधारा से प्रभावित उच्च पद पर आसीन किस पाकिस्तानी ने कहा था कि श्री नरेंद्र मोदी पाकिस्तान के स्टैंड के साथ एग्री करते हैं। वे जो कहते हैं, ठीक कहते हैं?

(क) यूसुफ रजा गिलानी (ख) परवेज मुशर्रफ
(ग) आसिफ अली जरदारी (घ) नवाज शरीफ

उत्तर के लिए कृपया पृष्ठ सं. 196 देखें।

447. नवंबर 2013 में कम्युनिस्ट पार्टी के नेताओं के आमंत्रण पर नरेंद्र मोदी चीन गए तो वहाँ उन्होंने किससे मुलाकात की?
(क) चीन के कई नेताओं एवं व्यापारियों से
(ख) चीन के कई बाढ़-पीड़ितों से
(ग) चीन के प्रधानमंत्री से
(घ) चीन के राजपरिवार के लोगों से

448. चीन में गुजरात को किस रूप में देखा जाता है?
(क) एक बड़े धार्मिक केंद्र के रूप में
(ख) एक बड़े निवेश केंद्र के रूप में
(ग) एक बड़े सैन्य केंद्र के रूप में
(घ) एक बड़े राजनीतिक केंद्र के रूप में

449. नवंबर 2012 में चीन यात्रा के दौरान श्री नरेंद्र मोदी के कूटनीतिक प्रयासों की बदौलत कितने भारतीय हीरा व्यापारियों को राहत मिली?
(क) 9 (ख) 2
(ग) 27 (घ) 22

450. गुजरात राज्य में कितने विशेष आर्थिक क्षेत्र हैं, जिनका भारत के विशेष आर्थिक क्षेत्र निर्यात में 47 प्रतिशत का योगदान है?
(क) 15 (ख) 45
(ग) 55 (घ) 5

451. श्री नरेंद्र मोदी ने जापान के तोक्यो शहर की यात्रा कब की थी?
(क) 24 जुलाई, 2012 को
(ख) 24 जुलाई, 2013 को
(ग) 24 जून, 2013 को
(घ) 24 अक्तूबर, 2012 को

452. नरेंद्र मोदी के प्रयास से गुजरात में निर्माणाधीन जापान के दो विशेष आर्थिक क्षेत्र कौन से हैं?
(क) हेज में हिताची का संयंत्र तथा भुज जिले में मारुति सुजुकी की कार निर्माण परियोजना।
(ख) दाज में हिताची का संयंत्र तथा भरुच जिले में मारुति सुजुकी की कार निर्माण परियोजना।

उत्तर के लिए कृपया पृष्ठ सं. 196 देखें।

(ग) दाहेज में हिताची का संयंत्र तथा मेहसाणा जिले में मारुति सुजुकी की कार निर्माण परियोजना।

(घ) बनासकाँठा में हिताची का संयंत्र तथा मेहसाणा जिले में मारुति सुजुकी की कार निर्माण परियोजना।

453. गुजरात सरकार ने एक संयंत्र स्थापित करने के लिए जापान और सिंगापुर की कंपनियों के साथ समझौता किया है। यह संयंत्र किससे संबंधित है?

(क) मीठे पानी को खारे जल में तब्दील करनेवाला एशिया का सबसे बड़ा संयंत्र

(ख) समुद्री खारे पानी को मीठे जल में तब्दील करनेवाला एशिया का सबसे बड़ा संयंत्र

(ग) समुद्र से तेल निकालनेवाला एशिया का सबसे बड़ा संयंत्र

(घ) जहाजों से कबाड़ को अलग करनेवाला एशिया का सबसे बड़ा संयंत्र

454. गुजरात में कई बड़ी परियोजनाओं में चीनी कंपनियाँ निवेश कर रही हैं। इनमें मुख्य परियोजनाएँ कौन सी हैं?

(क) धेरा स्पेशल इन्वेस्टमेंट रीजन, जो दिल्ली-मुंबई इंडस्ट्रियल कॉरीडोर के साथ बनाया जा रहा है

(ख) गुजरात इंटरनेशनल फिनांस टेक सिटी

(ग) एशिया का सबसे बड़ा सौर पार्क

(घ) उपर्युक्त सभी

455. कौन सा देश गुजरात में नवीकरणीय ऊर्जा क्षेत्र में संयुक्त उपक्रम लगाने को उत्सुक है?

(क) पोलैंड (ख) ऑस्ट्रेलिया

(ग) मलेशिया (घ) मोजांबिक

□

उत्तर के लिए कृपया पृष्ठ सं. 196 देखें।

गुजरात और मोदी

456. नरेंद्र मोदी का कौन सा नारा गुजरात राज्य के विकास से जुड़ा है?
(क) 'बदलता गुजरात, विकास की ओर उन्मुख गुजरात'
(ख) 'बढ़ती जनसंख्या, विकास की ओर उन्मुख गुजरात'
(ग) 'बदलता देश, जब विकास की ओर चले गुजरात'
(घ) 'बदलेगा गुजरात, जब होगा देश का विकास'

457. किस अंतरराष्ट्रीय पत्रिका ने गुजरात के अहमदाबाद को दुनिया में सबसे तेजी से विकास कर रहे तीसरे शहर के रूप में चिह्नित किया है?
(क) 'फोर्ब्स' मैगजीन ने (ख) 'टाइम्स' मैगजीन ने
(ग) 'फॉरच्यून' मैगजीन ने (घ) 'एंटरप्रेन्योर' मैगजीन ने

458. किस रूप में श्री मोदी ने गाँवों और शहरों के लोगों का एकसमान स्नेह पाया?
(क) भाजपा नेता के रूप में
(ख) एक कुशल वक्ता और एक निपुण मंत्रणाकार के रूप में
(ग) समर्पित बेटे के रूप में
(घ) आक्रामक नेता के रूप में

459. मुख्यमंत्री के रूप में नरेंद्र मोदी ने गुजरात के विकास के लिए जो महत्त्वपूर्ण योजनाएँ प्रारंभ कीं और उन्हें क्रियान्वित कराया उनमें मुख्य हैं—
(क) पंचामृत योजना
(ख) राज्य के एकीकृत विकास की पंचायामी योजना
(ग) सुजलाम् सुफलाम्—राज्य में जल-स्रोतों का उचित व समेकित उपयोग, जिससे जल की बरबादी को रोका जा सके
(घ) उपर्युक्त सभी

उत्तर के लिए कृपया पृष्ठ सं. 196 देखें।

460. गुजरात देश का एक ऐसा राज्य है, जिसमें गुजरात सरकार वंचितों के हाथ में पैसा देती है, जिससे वन-बंधु स्वयं निश्चित करें कि उन्हें अपने क्षेत्र में कौन सा काम कराना है। इस योजना का नाम क्या है?

(क) गुजरात वन-बंधु (ख) गुजरात पैटर्न
(ग) गुजरात आदिवासी योजना (घ) गुजरात सशक्तीकरण

461. गुजरात के किस आदिवासी गाँव के कई आदिवासी युवाओं ने मुगलों व अंग्रेजों से लड़ते हुए अपनी धरती को मुक्त कराने के प्रयास में अपने प्राण न्योछावर कर दिए, जिनकी याद में उस गाँव में श्री मोदी के प्रयासों से एक स्मृति स्मारक बनवाया गया?

(क) सितरिया गाँव (ख) मतरिया गाँव
(ग) तिरिया गाँव (घ) चितरिया गाँव

462. गुजरात में पंचायती राज व्यवस्था द्वारा आए परिवर्तन से समग्र देश को राह बतानेवाली कौन सी योजना है?

(क) सर्वरस ग्राम (ख) समरस ग्राम
(ग) सरस ग्राम (घ) समभाव ग्राम

463. गुजरात में जिस गाँव में तीन वर्ष तक यदि कोई कोर्ट-कचहरी-मुकदमा न हो तो ऐसे गाँव को एक योजना के तहत 50 हजार रुपए का पुरस्कार दिया जाता है। उस योजना का नाम बताइए?

(क) पावन गाँव योजना (ख) पवित्र गाँव योजना
(ग) एकमत गाँव योजना (घ) सुंदर गाँव योजना

464. गुजरात में जिस गाँव में यदि तीन वर्ष तक कोई कोर्ट-कचहरी-मुकदमा न हो, ऐसे गाँव को दुगुना लाभ मिले, इसके लिए दो साल बाद उस गाँव को किस योजना के तहत श्री मोदी की पहल पर 1 लाख रुपए का पुरस्कार दिया जाता है?

(क) तत्पर गाँव योजना के तहत (ख) स्वराज्य गाँव योजना के तहत
(ग) तीर्थ गाँव योजना के तहत (घ) रामराज्य गाँव योजना के तहत

465. वर्ष 2004 से जनवरी 2007 तक कुल कितने गाँवों को 'तीर्थ गाँवों' के रूप में चुना गया?

(क) 408 गाँवों को (ख) 40 गाँवों को
(ग) 4,008 गाँवों को (घ) 4 गाँवों को

उत्तर के लिए कृपया पृष्ठ सं. 196 देखें।

466. वर्ष 2007 को श्री मोदी ने किस वर्ष के रूप में आयोजित किया?

(क) 'निर्मल गुजरात वर्ष' के रूप में

(ख) 'पवित्र गुजरात वर्ष' के रूप में

(ग) 'एकीकृत गुजरात वर्ष' के रूप में

(घ) 'आपका अपना गुजरात वर्ष' के रूप में

467. गुजरात के सुरेंद्र नगर जिले के किस गाँव ने गोबर बैंक का नया विचार दिया, जिसके अंतर्गत गाँव के पशुओं का गोबर इकट्ठा करके गोबर गैस प्लांट चलाया जाता है?

(क) भुजोड़ी ने (ख) खेड़ा ने

(ग) नवलगढ़ ने (घ) धर्मज ने

468. दक्षिण गुजरात के किस गाँव के आदिवासी किसानों ने एक वर्ष में 200 लाख रुपए के काजू और आम निर्यात करके आर्थिक प्रगति कर नई आर्थिक चेतना का वातावरण बनाया?

(क) लोककड़ी (ख) लोकड़ी

(ग) लोमकड़ी (घ) लोचकड़ी

469. गुजरात के कृषक परिवार किसान की आकस्मिक मृत्यु के कारण बेसहारा न हों, इसके लिए सरकार ने किसानों को क्या सुविधा प्रदान की, जिसका पैसा गुजरात सरकार भरती है?

(क) मुफ्त बिजली देने की

(ख) कृषि के लिए मुफ्त बीज देने की

(ग) मुफ्त बीमा पॉलिसी देने की

(घ) नौकरी देने की

470. गुजरात का किसान सर्राफ के यहाँ जाकर लड़की, पत्नी या बहन के गहने गिरवी रखकर रुपए लेने के लिए मजबूर न हो और ब्याजखोर सर्राफ उसका शोषण न करे, इसके लिए श्री मोदी ने किसानों को क्या देकर उनकी स्थिति मजबूत करने की कोशिश की?

(क) क्रेडिट कार्ड

(ख) बॉण्ड

(ग) ब्याज के रुपए वापस करने की सुविधा

(घ) उद्योगों में नौकरी की व्यवस्था

उत्तर के लिए कृपया पृष्ठ सं. 196-197 देखें।

471. मोदी सरकार ने गाँवों को मूलभूत सुविधाएँ देने हेतु कौन सी योजना आरंभ की?

(क) गोकुल ग्राम योजना (ख) मथुरा ग्राम योजना
(ग) वृंदावन ग्राम योजना (घ) समग्र ग्राम योजना

472. श्री मोदी द्वारा 'कृषि महोत्सव योजना' किसलिए शुरू की गई?

(क) उपजाऊ भूमि के लिए शोध प्रयोगशालाओं हेतु
(ख) कृषि आधारित धनागमन के लिए
(ग) किसानों की भूमि अधिग्रहण के लिए
(घ) किसान परिवारों को देश की कृषि जानकारी देने के लिए

473. किसी गरीब व्यक्ति की लड़की धन की कमी के कारण अविवाहित न रहे, इसके लिए राज्य सरकार ने क्या सुविधा दी है?

(क) उस लड़की का वैवाहिक खर्च भरती है
(ख) उस लड़की के लिए विवाह योग्य वर ढूँढ़ती है
(ग) विवाह बिना दहेज के हो जाए, यह कोशिश करती है
(घ) लड़की के पिता को पैसे देती है

474. गुजरात में 'चिरंजीवी योजना' किसे फायदा देने के लिए चलाई गई?

(क) नवजात शिशु की मृत्यु-दर में कमी लाने हेतु
(ख) जच्चा-बच्चा के स्वास्थ्य की रक्षा हेतु
(ग) भ्रूण-हत्या व लिंगानुपात पर अंकुश हेतु
(घ) उपर्युक्त तीनों

475. 'मातृ-वंदना' जैसी योजना लाकर श्री मोदी ने किसकी रक्षा की?

(क) नवजात शिशु की रक्षा
(ख) जच्चा-बच्चा के स्वास्थ्य की रक्षा
(ग) भ्रूण-हत्या और लिंगानुपात से रक्षा
(घ) उपर्युक्त तीनों

476. राज्य सरकार की 'बेटी बचाओ योजना' किससे संबंधित है—

(क) नवजात शिशु से
(ख) जच्चा-बच्चा के स्वास्थ्य से
(ग) भ्रूण-हत्या और लिंगानुपात से
(घ) उपर्युक्त तीनों से

उत्तर के लिए कृपया पृष्ठ सं. 197 देखें।

477. गाँवों में महिलाओं द्वारा बचत मंडल बनाए गए हैं। इस बचत में सरकार अपनी ओर से कई गुना रकम डालती है। इस मंडल का नाम क्या है?

(क) सखी मंडल (ख) मित्र मंडल

(ग) आपणो मंडल (घ) बचत मंडल

478. गुजरात में प्रत्येक गाँव में बिजली पहुँचे, इसे सुनिश्चित करने के लिए मोदी सरकार ने क्या किया?

(क) ज्योतिग्राम योजना का शुभारंभ

(ख) ज्योतिर्मय योजना का शुभारंभ

(ग) ज्योतिग्राम योजना का शुभारंभ

(घ) ग्राम ज्योति योजना का शुभारंभ

479. गुजरात में प्रत्येक गाँव में बिजली पहुँचे, इसे सुनिश्चित करने के लिए मोदी सरकार ने 1,000 दिनों में कितने ट्रांसफॉर्मर लगाए?

(क) 56,000 (ख) 5,60,000

(ग) 560 (घ) 5,600

480. श्री मोदी ने सरकारी कर्मचारियों में कर्तव्य के प्रति निष्ठा जगाने हेतु कौन सा अभियान चलाया?

(क) योगकर्म अभियान (ख) कार्ययोगी अभियान

(ग) कर्मधर्मी अभियान (घ) कर्मयोगी अभियान

481. महिला साक्षरता व शिक्षा के प्रति जागरूकता लाने के लिए राज्य सरकार ने श्री मोदी के निर्देश पर कौन सी योजना चलाई?

(क) महिला कावाणी योजना (ख) कलिका कावाणी योजना

(ग) युवती कावाणी योजना (घ) कन्या कावाणी योजना

482. मोदी सरकार ने 'बाल भोग योजना' द्वारा किसे दोपहर का भोजन मिलने का प्रावधान किया?

(क) निर्धन छात्रों को (ख) निर्धन किसानों को

(ग) निर्धन कन्याओं को (घ) निर्धन आदिवासियों को

483. श्री नरेंद्र मोदी का मानना है कि लोकतंत्र में लोक शिक्षा—

(क) हरेक नागरिक का कर्तव्य है

(ख) हरेक धार्मिक दल का कर्तव्य है

(ग) हरेक राजनीतिक दल का कर्तव्य है

(घ) हरेक सैनिक दल का कर्तव्य है

उत्तर के लिए कृपया पृष्ठ सं. 197 देखें।

484. वर्ष 2012 को गुजरात सरकार ने किस रूप में मनाया?

(क) नीरोगी बाल वर्ष (ख) किसान वर्ष

(ग) कन्या लक्ष्मी वर्ष (घ) युवा वर्ष

485. गुजरात में आँगनबाड़ी जानेवाले बच्चों को सरकार की ओर से प्रतिदिन क्या खाने को दिया जाता है कि उनका शरीर मजबूत बने?

(क) खिचड़ी (ख) भाखरी रोटी

(ग) थेपे (घ) चॉकलेट

486. प्रौढ़ शिक्षा के लिए एक भी रुपए का बजट व्यय किए बिना मोदी सरकार ने कौन सी योजना को कार्यान्वित किया?

(क) निरक्षर दीप योजना (ख) साक्षर दीप योजना

(ग) प्रौढ़ दीप योजना (घ) शिक्षा दीप योजना

487. गुजरात के माध्यम से किस प्रकार श्री मोदी ने विश्व का ध्यान पूरे देश की ओर खींचा?

(क) सभी गुजरातियों को विदेश भेजने की व्यवस्था करके

(ख) गुजरात में ग्लोबल समिट करवाकर

(ग) कई यूनिवर्सिटी खुलवाकर

(घ) कई योजनाएँ बनाकर

488. नरेंद्र मोदी ने गुजरात को कैसा राज्य बनाने का प्रयास किया?

(क) ग्लोबल (ख) वाइब्रेंट

(ग) हॉरेब (घ) कुछ भी नहीं

489. वर्ष 2013 में वाइब्रेंट गुजरात ग्लोबल समिट के बाद कितनी नौकरियों की संभावना पैदा हुई?

(क) 5 लाख (ख) 2 लाख

(ग) 25 लाख (घ) 50 लाख

490. गुजरात की जनता ने मोदी के किस एजेंडे पर मुहर लगाई—एक नहीं, तीन-तीन बार?

(क) विकास के एजेंडे पर

(ख) सांप्रदायिकता के एजेंडे पर

(ग) जाति के ध्रुवीकरण के एजेंडे पर

(घ) कृषि के एजेंडे पर

उत्तर के लिए कृपया पृष्ठ सं. 197 देखें।

491. मोदी ने गुजरात में अपने मॉडल पी2 जी2 को लागू किया है, जिसका अर्थ है—
(क) प्रो पीएम गुड गवर्नेंस
(ख) प्रो प्रोग्राम गोल गोवा
(ग) प्रो पीएम गोल गोवा
(घ) प्रो पीपुल गुड गवर्नेंस

492. हर साल मई-जून में गुजरात में कौन सा महोत्सव आयोजित किया जाता है, जिसमें गाँव-गाँव जाकर लगभग एक लाख अधिकारी कृषि की जानकारियाँ किसानों से साझा करते हैं?
(क) हथकरघा महोत्सव
(ख) कृषि महोत्सव
(ग) औद्योगिक महोत्सव
(घ) खाद्य एवं आपूर्ति महोत्सव

493. गुजरात के किसानों के पास जमीन की सेहत से जुड़ा कौन सा कार्ड मौजूद है?
(क) सॉइल हेल्थ कार्ड (ख) स्वाइन हेल्थ कार्ड
(ग) स्वीप हेल्थ कार्ड (घ) स्वीट हेल्थ कार्ड

494. फॉर्म टू फार्मर, फार्मर टू फाइबर, फाइबर टू फैशन, फैशन टू फॉरेन—यह पॉलिसी फॉर्मूला श्री मोदी ने किसके लिए बनाया?
(क) कृषि के लिए एग्रीकल्चर पॉलिसी फॉर्मूला
(ख) कॉटन के लिए टैक्सटाइल पॉलिसी फॉर्मूला
(ग) इंडस्ट्रीज के लिए इंडस्ट्रीज पॉलिसी फॉर्मूला
(घ) पर्यटन के लिए होटल पॉलिसी फॉर्मूला

495. मोदी ने कृषि ज्ञान को खेतों तक पहुँचाने की कौन सी मुहिम शुरू की?
(क) लैंड टू लैंड (ख) लैब टू लैंड
(ग) लैग टू लैंड (घ) लैग टू लैग

496. साइबर क्राइम रोकने के लिए मोदी ने क्या कदम उठाया?
(क) गुजरात फॉरेंनसिकी साइंस यूनिवर्सिटी खोली
(ख) गुजरात साइबर साइंस यूनिवर्सिटी खोली
(ग) गुजरात कंप्यूटर साइंस यूनिवर्सिटी खोली
(घ) गुजरात साइंस यूनिवर्सिटी खोली

उत्तर के लिए कृपया पृष्ठ सं. 197 देखें।

497. रक्षा–भार सँभालने के इच्छुक नौजवानों के लिए गुजरात सरकार ने क्या कदम उठाए?
(क) सैन्य शक्ति यूनिवर्सिटी बनाई
(ख) रक्षा सैन्य यूनिवर्सिटी बनाई
(ग) रक्षा शक्ति यूनिवर्सिटी बनाई
(घ) शक्ति परीक्षण यूनिवर्सिटी बनाई

498. पहली इंडियन इंस्टीट्यूट ऑफ टीचर्स एजुकेशन यूनीवर्सिटी किस क्षेत्र से जुड़े लोगों को लाभान्वित करेगी?
(क) शिक्षा के (ख) व्यापार के
(ग) चिकित्सा के (घ) कानून के

499. श्री मोदी का क्या सपना रहा है?
(क) टीचर इंपोर्ट करना
(ख) टीचर एक्सपोर्ट–इंपोर्ट करना
(ग) टीचर एक्सपोर्ट करना
(घ) टीचरों को पढ़ाने का

500. एक राज्य को चलाने के लिए श्री मोदी का मानना है—
(क) मिनिमम गवर्नेंस होना जरूरी है
(ख) मैक्सीमम गवर्नेंस होना जरूरी है
(ग) दोनों ही नहीं होने चाहिए
(घ) (क) और (ख) दोनों होने चाहिए

501. श्री मोदी के अनुसार, एक जमाने में इंफ्रास्ट्रक्चर का मतलब था—अच्छी सड़कें, एयरपोर्ट···आनेवाले समय में विकास वहाँ होगा जहाँ—
(क) उनकी रथयात्रा गुजरे
(ख) ऑप्टिक फाइबर की लाइन गुजरे
(ग) ऊँची इमारतें हों
(घ) बड़े मॉल हों

502. वर्ष 2000 तक गुजरात में केवल 4 प्रतिशत घरों में पीने को थे, लेकिन अगले दस वर्षों में कितने प्रतिशत घरों में नल पहुँच गए?
(क) 79 प्रतिशत घरों में (ख) 6 प्रतिशत घरों में
(ग) 7 प्रतिशत घरों में (घ) 76 प्रतिशत घरों में

उत्तर के लिए कृपया पृष्ठ सं. 197 देखें।

503. गिफ्ट सिटी गुजरात के किस शहर में विकसित की गई?
(क) गुजरात की राजधानी गांधीनगर में
(ख) अहमदाबाद में
(ग) वडोदरा में
(घ) भुज में

504. गिफ्ट सिटी कितने एकड़ में फैली है?
(क) 200 एकड़ में (ख) 1,200 एकड़ में
(ग) 100 एकड़ में (घ) 101 एकड़ में

505. गिफ्ट वन कितने रिकॉर्ड माह में बनकर तैयार हुई?
(क) 10 माह में (ख) 14 माह में
(ग) 4 माह में (घ) 24 माह में

506. गिफ्ट वन कितने मंजिल की है?
(क) 9 मंजिला (ख) 29 मंजिला
(ग) 92 मंजिला (घ) 21 मंजिला

507. उस योजना का क्या नाम है, जो देश के छह राज्यों—राजस्थान, गुजरात, महाराष्ट्र, उत्तर प्रदेश, हरियाणा और मध्य प्रदेश से होकर गुजरेगी?
(क) दिल्ली-गुजरात इंडस्ट्रीयल कॉरीडोर
(ख) दिल्ली-मुंबई इंडस्ट्रीयल कॉरीडोर
(ग) दिल्ली-कश्मीर इंडस्ट्रीयल कॉरीडोर
(घ) कश्मीर-गुजरात इंडस्ट्रीयल कॉरीडोर

508. इस महत्त्वपूर्ण योजना में गुजरात का कितना हिस्सा होगा?
(क) 40 प्रतिशत (ख) 10 प्रतिशत
(ग) 20 प्रतिशत (घ) 2 प्रतिशत

509. ऑस्ट्रेलिया के किस राजदूत ने अहमदाबाद में नरेंद्र मोदी को उनके देश आने का न्योता दिया था?
(क) पैट्रिक साइकलिंग ने (ख) पैट्रिक सकलिंग ने
(ग) नैट्रिक सीलिंग ने (घ) पैट्रिक सोलिंग ने

□

उत्तर के लिए कृपया पृष्ठ सं. 197 देखें।

देश का युवा और मोदी

510. कोई 21वीं सदी को एशिया की सदी कहता है, कोई चीन की, लेकिन मोदी के अनुसार—

(क) 21वीं सदी हिंदुस्तान के ज्ञान की सदी बन सकती है

(ख) क्योंकि जब-जब मानव जाति ने ज्ञान के युग में प्रवेश किया है, हिंदुस्तान ने उन्हें राह दिखाई है

(ग) भारत की युवा शक्ति के सहारे हम ज्ञान की सदी बन सकते हैं

(घ) उपर्युक्त सभी

511. श्री मोदी के अनुसार, पूरा विश्व हमें साँप-सँपेरे का देश मानता था, लेकिन इन्होंने भारत की छवि बदल दी—

(क) हमारे नेताओं ने
(ख) हमारे नौजवानों ने
(ग) हमारे अभिनेताओं ने
(घ) हमारे सैनिकों ने

512. ताइवान यात्रा के दौरान मोदी के दुभाषिए ने जब उनसे पूछा कि क्या अभी भी आप स्नेक चार्मर हैं, तो मोदी ने क्या जवाब दिया?

(क) नहीं, हमारी पीढ़ी माउस चार्मर है

(ख) तुमको इससे क्या मतलब

(ग) मैं नहीं जानता

(घ) क्या तुम लोग अभी तक स्नेक की डिश बनाते हो

513. श्री मोदी के अनुसार, किसके कारण पूरी दुनिया ने हमें शक्ति के रूप में स्वीकार किया है?

(क) जनसंख्या के कारण
(ख) सूचना प्रौद्योगिकी के कारण
(ग) भ्रष्टाचार के कारण
(घ) रक्षा उपकरणों के कारण

उत्तर के लिए कृपया पृष्ठ सं. 197 देखें।

514. 21वीं सदी में दुनिया से आगे रहने के लिए श्री मोदी के हिसाब से हमें क्या करना चाहिए?
(क) स्किल डेवलप
(ख) बड़े स्केल पर काम
(ग) तीव्र स्पीड से काम
(घ) उपर्युक्त सभी

515. कन्या केलावाड़ी निधि का निर्माण श्री मोदी ने किस प्रकार किया?
(क) स्वयं को प्राप्त उपहारों की नीलामी से
(ख) स्वयं मुख्यमंत्री निधि से
(ग) गुजरात राज्य की विकास निधि से
(घ) गुजरात के प्रमुख उद्योगपतियों से मदद द्वारा

516. खेलों को लेकर श्री नरेंद्र मोदी के विचार हैं—
(क) खेलकूद को समाज जीवन के सहज हिस्से के रूप में स्वीकार करें। खेल समाज के जेनेटिक सिस्टम में होना चाहिए। खेल हमारी रगों में दौड़ना चाहिए।
(ख) स्पोर्ट्स स्पिरिट जीवन जीने का भी कौशल है और उस कौशल को पाना है तो खेल को हमें हमारी रगों में भरना होगा।
(ग) शरीर खेल नहीं जीतता बल्कि मन खेल जीतता है, इसलिए मन के विकास के लिए योग करना आवश्यक है।
(घ) उपर्युक्त सभी

517. श्री मोदी के अनुसार, खेल में स्पर्धा या हार-जीत का महत्त्व नहीं है, बल्कि किसका है?
(क) खेल भावना के स्वस्थ वातावरण का
(ख) देश के सम्मान का
(ग) खिलाड़ी के गौरव का
(घ) खेल के तरीके का

518. श्री मोदी के अनुसार, अंग्रेजी भाषा के तीन 'सी'—कैरेक्टर, कम्यूनिटी और कंट्री (चरित्र, समाज और देश) किसके साथ बड़ी अच्छी तरह से जुड़े हैं?
(क) पढ़ाई के साथ (ख) राजनीति के साथ
(ग) जीवन के साथ (घ) खेलकूद के साथ

उत्तर के लिए कृपया पृष्ठ सं. 197-198 देखें।

519. आशावादी सोचते हैं कि गिलास आधा पानी से भरा है, निराशावादी सोचते हैं कि गिलास आधा पानी से खाली है; लेकिन आशावादी होने के नाते श्री मोदी की सोच है कि—

(क) ये गिलास भरा हुआ है—आधा पानी से, आधा हवा से।
(ख) ये गिलास भरा हुआ है—आधा पानी से, आधा आशाओं से।
(ग) ये गिलास भरा हुआ है—आधा निराशा से, आधा हवा से।
(घ) ये गिलास भरा हुआ है—आधा आशाओं से, आधा निराशाओं से।

520. मार्केटिंग के लिए श्री मोदी के अनुसार, हमें किस बात का ज्यादा ध्यान रखना चाहिए?

(क) जीरो डिफेक्ट और पैकेजिंग का
(ख) कीमत और भरोसे का
(ग) निर्माण और खपत का
(घ) कारीगर और मालिक का

521. देश में पहली बार योग विश्वविद्यालय कहाँ शुरू किया गया?

(क) अहमदाबाद में (ख) सूरत में
(ग) वडोदरा में (घ) नीमच में

□

उत्तर के लिए कृपया पृष्ठ सं. 198 देखें।

धर्मनिरपेक्षता और मोदी

522. श्री नरेंद्र मोदी के अनुसार, सेक्यूलरिज्म का मतलब है—
(क) मैं और मेरा परिवार
(ख) मेरा भारत सबसे पहले
(ग) मेरा परिवार और मेरे सपने
(घ) मेरा पद और जनता के हक

523. मोदी के अनुसार, सारे विश्व को सही अर्थों में किसने सेक्यूलरिज्म सिखाया है?
(क) भारत ने (ख) पाकिस्तान ने
(ख) अमेरिका ने (घ) अफगानिस्तान ने

524. मोदी के अनुसार, देश में सेक्यूलरिज्म को लेकर कितनी भी राजनीतिक रोटियाँ सेंकी जा रही हों, लेकिन हिंदुस्तानियों के मन में यह भावना अमिट रहेगी—
(क) सबको पीछे छोड़कर चलने की भावना
(ख) सबके साथ चलने की भावना
(ग) सबको साथ लेकर चलने की भावना
(घ) सबको साथ चलाने की भावना

525. किसकी राजनीति ने हमारी सेक्ल्यूरिज्म की ऊँचाइयों को बहुत खोखला कर दिया है।
(क) धर्म बैंक की (ख) वोट बैंक की
(ग) धन बैंक की (घ) जोड़ो-तोड़ो की

526. संतूर की तरह दिखाई देनेवाला एक वाद्ययंत्र जिसे प्रधानमंत्री नरेंद्र मोदी ने मंगोलिया यात्रा के समय बजाने का प्रयास किया था, उसका नाम क्या है?
(क) फूचिन (ख) सूचिन
(ग) रोचिन (घ) योचिन

उत्तर के लिए कृपया पृष्ठ सं. 198 देखें।

527. मोदी ने एक इंटरव्यू के दौरान कहा था कि वे जन्म से एक हिंदू हैं और—

(क) उन्हें अपने हिंदू होने पर गर्व है

(ख) उन्हें अपने गुजराती होने पर गर्व है

(ग) उन्हें इतनी बड़ी संख्या में अपने हिंदुस्तानी भाइयों का नेतृत्व करने पर गर्व है

(घ) हिंदू धर्म पर गर्व है

528. मोदी के अनुसार, जनता को धर्मनिरपेक्षता की जगह किससे जोड़ना चाहिए?

(क) जाति निरपेक्षता से (ख) राज निरपेक्षता से

(ग) कर्म निरपेक्षता से (घ) नेतृत्व निरपेक्षता से

529. वर्ष 2006 में तैयार की गई किस कमेटी की रिपोर्टों के अनुसार गुजरात के ग्रामीण इलाकों में मुसलमानों की औसत आय प्रति व्यक्ति ज्यादा दिखाई गई है?

(क) सर कमेटी की (ख) सौराष्ट्र कमेटी की

(ग) सच्चर कमेटी की (घ) सरदाना कमेटी की

530. सच्चर कमेटी की रिपोर्टों के अनुसार गुजरात के ग्रामीण इलाकों में हिंदुओं की प्रति व्यक्ति आय 644 रुपए है, जबकि मुसलमानों की औसत आय प्रति व्यक्ति कितनी है?

(क) 668 रुपए (ख) 66 रुपए

(ग) 628 रुपए (घ) 608 रुपए

531. तत्कालीन मोदी सरकार ने गुजरात के तटीय इलाकों में मुसलिमों के विकास के लिए कितने करोड़ रुपए खर्च किए?

(क) 11 हजार करोड़ रुपए (ख) 1 हजार करोड़ रुपए

(ग) 21 हजार करोड़ रुपए (घ) 41 हजार करोड़ रुपए

532. वर्ष 2012 के गुजरात विधानसभा चुनाव में भी करीब कितने फीसदी मुसलमानों ने मोदी के पक्ष में मतदान किया था?

(क) 20 फीसदी मुसलमानों ने (ख) 10 फीसदी मुसलमानों ने

(ग) 30 फीसदी मुसलमानों ने (घ) 40 फीसदी मुसलमानों ने

533. मोदी के हिंदुत्व के एजेंडा को आप किस चश्मे से नहीं देख सकते हैं?

(क) संघ के चश्मे से (ख) सांप्रदायिकता के चश्मे से

(ग) भाजपा के चश्मे से (घ) धार्मिकता के चश्मे से

□

उत्तर के लिए कृपया पृष्ठ सं. 198 देखें।

राजनीतिक दाँव-पेंच

534. श्री नरेंद्र मोदी के अनुसार राजनीति—
(क) बेहद खराब क्षेत्र है
(ख) अपने आप में खराब नहीं है
(ग) को समझना अच्छे-अच्छे के वश में नहीं है
(घ) को पहले समझो, फिर उस पर सवार हो जाओ

535. श्री मोदी मानते हैं कि दुर्भाग्य से आजादी के बाद स्वराज-प्राप्ति की जो ललक थी—
(क) वह कुछ स्वार्थी लोगों के कारण हाशिए पर चली गई है
(ख) वह जिंदा तो है, पर कुछ करने लायक नहीं है
(ग) वह फिर से जाग्रत होने के लिए किसी और का मुँह देख रही है
(घ) वह खत्म होती चली गई है

536. श्री मोदी के अनुसार, राजनीति की ताकत कैसी होती है?
(क) कि यहाँ बैठा व्यक्ति नीति-निर्धारण करता है
(ख) कि यहाँ बैठकर नीति-निर्धारण से एक व्यक्ति पीढ़ियों तक असर पैदा कर सकता है
(ग) कि यहाँ बैठा व्यक्ति देश ही नहीं, विदेशियों पर भी अपना जोर चला सकता है
(घ) (क) और (ख)

537. श्री मोदी के अनुसार राजनीति कैसा खेल है?
(क) एक पत्थर पर लकीर खींचनेवाला खेल है
(ख) चूहे-बिल्ली का खेल है
(ग) जिसकी लाठी उसी की भैंस का खेल है
(घ) बेहद गंदा खेल है

उत्तर के लिए कृपया पृष्ठ सं. 198 देखें।

538. श्री नरेंद्र मोदी के अनुसार राजनीति कैसा क्षेत्र है?
(क) एक ऐसा क्षेत्र है, जहाँ किसी भी ट्रेनिंग की जरूरत नहीं है
(ख) करीबन हर पेशे में हुनर की जरूरत होती है, लेकिन राजनेता होने के लिए कोई ट्रेनिंग जरूरी नहीं है
(ग) राजनेता होने के लिए कोई ट्रेनिंग जरूरी नहीं है, क्योंकि आज के अधिकांश युवा नेता वंशवाद से राजनीति में हैं, चाहे राजनीति की जमीनी समझ रखते हों या नहीं
(घ) उपर्युक्त सभी

539. श्री नरेंद्र मोदी ने निजी जीवन में राजनीति को अपने ड्राइवर की बात से भी कब जाना?
(क) जब उन्होंने अपने ड्राइवर से राजनीति के बारे में कुछ कहने के लिए कहा।
(ख) जब अपने ड्राइवर से खुद कार चलाने की इच्छा जताई।
(ग) जब उन्होंने अपने ड्राइवर से किसी नेता को अपनी कार में लाने के लिए भेजा।
(घ) जब वे तीसरी बार मुख्यमंत्री पद जीतकर घर वापस आ रहे थे।

540. ड्राइवर ने मोदी से क्या कहा था?
(क) कि वह कार से उतरना चाहता है, क्योंकि साहब यह कार है, सरकार नहीं
(ख) कि वह भी राजनीति में आना चाहता है, क्योंकि राजनीति में किसी ट्रेनिंग की जरूरत नहीं
(ग) कि वह अब ड्राइवरी छोड़ना चाहता है, क्योंकि उसे विपक्षी पार्टियाँ टिकट दे रही हैं
(घ) कि वह बेकार ही ड्राइवर बन गया, वह भी राजनेता बन सकता है

541. श्री मोदी के अनुसार, भारत में वंशवाद की राजनीतिक परंपरा के कारण क्या घाटा हो रहा है?
(क) वंशवाद से आए युवा राजनेता सर्वोच्च पद की माँग करते हैं और उन पदों तक पहुँचने के लिए राजनीति की एक खास समझ की जरूरत होती है।
(ख) वंशवाद के कारण ऊपर पहुँचे नेताओं में ट्रेनिंग का अभाव होता है।
(ग) वंशवादी राजनीति से केवल कुछ ही लोग आगे आ पाते हैं, जिसके चलते योग्य व्यक्ति पिछड़ जाते हैं।
(घ) उपर्युक्त सभी

उत्तर के लिए कृपया पृष्ठ सं. 198 देखें।

542. श्री मोदी ने पुणे के फर्ग्युसन कॉलेज में छात्रों एवं शिक्षकों को संबोधित करते हुए कहा, 'दो देशों ने दो खेलों की मेजबानी की। पहले ने ओलंपिक के माध्यम से अपने लिए सम्मान कमाया, जबकि 120 करोड़ की जनतावाले दूसरे देश ने दुनिया की नजर में अपना सम्मान खो दिया। ये दोनों देश हैं—

(क) भारत और पाकिस्तान (ख) दक्षिण कोरिया और भारत

(ग) भारत और चीन (घ) जापान और भारत

543. गुजरात में इन्फोसिस के नारायण मूर्ति की अगुवाई में कौन से केंद्र गठित किए जाने का जिक्र करते हुए मोदी ने कहा था, 'दूसरों और हममें बड़ा अंतर है। दूसरे लोगों की रुचि सत्ता में है, जबकि हम सशक्तीकरण को प्राथमिकता देते हैं। वे सत्ता चाहते हैं, हम चाहते हैं कि इस देश का प्रत्येक नागरिक सशक्त बने।'

(क) नवोदश प्रोत्साहन केंद्र

(ख) नवोदय प्रोत्साहन केंद्र

(ग) नवोन्मेष प्रोत्साहन केंद्र

(घ) नवोन्मुख प्रोत्साहन केंद्र

544. 5 सितंबर, 2013 को गांधीनगर में शिक्षक दिवस पर आयोजित एक कार्यक्रम में एक बच्चे ने उनसे क्या सवाल किया था, जिसके जवाब में मोदी ने कहा था कि वे जीवन में कभी कुछ बनने का सपना नहीं देखते?

(क) कि क्या 2014 में दिल्ली जाने के बाद भी वे उनके सवालों के जवाब देने आएँगे?

(ख) कि क्या 2014 में प्रधानमंत्री बनने के बाद भी वे उनके सवालों के जवाब देने आएँगे?

(ग) कि क्या 2014 में वे फिर से उनके सवालों के जवाब देने आएँगे?

(घ) कि क्या 2014 में वे प्रधानमंत्री बनेंगे?

545. प्रधानमंत्री पद का नाम लिये बिना उन्होंने कहा कि जो ऐसा सपना देखते हैं, वे बरबाद हो जाते हैं, इसलिए—

(क) वे कुछ बनने का नहीं, कुछ करने का सपना देखते हैं।

(ख) वे कुछ भी करने का सपना नहीं देखते।

(ग) बरबाद होने से बचने के लिए तुम भी कोई सपना मत देखना।

(घ) बनना और बिगड़ना ईश्वर के हाथ में है।

उत्तर के लिए कृपया पृष्ठ सं. 198 देखें।

546. सबसे अहम बात मोदी ने इसके बाद क्या कही?
(क) देश की जनता अगर उन्हें वर्ष 2014 से देश की सेवा करने का आदेश देगी तो उसे पूरा करना उनकी जिम्मेदारी है।
(ख) गुजरात की जनता ने उन्हें वर्ष 2017 तक प्रदेश की सेवा करने का काम दिया है। इसे पूरा करना उनकी जिम्मेदारी है।
(ग) गुजरात की जनता उन्हें वर्ष 2014 में प्रधानमंत्री पद का दावेदार बनने ही नहीं देगी।
(घ) गुजरात की जनता ने उन्हें वर्ष 2017 तक प्रदेश की सेवा करने का काम दिया है, उसे छोड़कर वे प्रधानमंत्री बन जाएँ, ये ठीक नहीं।

547. मंगोलिया के राष्ट्रपति साखियागिन एल्बेगदोरेज ने प्रधानमंत्री नरेंद्र मोदी को मंगोलिया का एक महत्त्वपूर्ण प्रतीक और वहाँ का प्रमुख वाद्ययंत्र भेंट किया। काठ से बने और सारंगी से मिलते-जुलते इस वाद्ययंत्र का क्या नाम है?
(क) मोरिन खूर (ख) सोकिन नूर
(ग) लेमन चूर (घ) दामिन दूर

548. मंगोलिया की यात्रा करनेवाले प्रधानमंत्री का नाम क्या है?
(क) पं. जवाहरलाल नेहरू
(ख) इंदिरा गांधी
(ग) अटल बिहारी वाजपेयी
(घ) नरेंद्र दामोदरदास मोदी

549. मंगोलिया के प्रधानमंत्री के साथ संयुक्त संवाददाता सम्मेलन में भारत के प्रधानमंत्री नरेंद्र मोदी ने मंगोलिया को आर्थिक क्षमता और बुनियादी ढाँचे के विकास के लिए कितने डॉलर का ऋण उपलब्ध कराने की घोषणा की?
(क) 50 करोड़ डॉलर (ख) 100 करोड़ डॉलर
(ग) 150 करोड़ डॉलर (घ) 200 करोड़ डॉलर

550. प्रधानमंत्री नरेंद्र मोदी की 2 दिवसीय मंगोलिया यात्रा के दौरान भारत और मंगोलिया के बीच सीमा की निगरानी, पुलिस एवं चौकसी और वायु सेवा के साथ साइबर सुरक्षा एवं नवीकरण ऊर्जा के क्षेत्र में सहयोग बढ़ाने जैसे कुल कितने समझौतों पर हस्ताक्षर हुए?
(क) 10 समझौतों पर (ख) 11 समझौतों पर
(ग) 12 समझौतों पर (घ) 13 समझौतों पर

उत्तर के लिए कृपया पृष्ठ सं. 198 देखें।

551. मंगोलिया के राष्ट्रपति की भाँति ही वहाँ के प्रधानमंत्री ने भी प्रधानमंत्री नरेंद्र को एक विशेष उपहार देते हुए प्रसन्नता व्यक्त की। वह विशेष उपहार क्या है?

(क) कंठक अश्व (ख) कंठक हार

(ग) कंठक हीरा (घ) कंठक पाख्ता

552. आरक्षण का अधिकार पिछड़े वर्ग में सभी को समान रूप से मिल सके, यह सुनिश्चित करने के लिए नरेंद्र मोदी सरकार ओबीसी क्लास को उनके पिछड़ेपन के आधार पर कितने ग्रुप्स में बाँटेंगी?

(क) दो ग्रुप्स में (ख) तीन ग्रुप्स में

(ग) चार ग्रुप्स (घ) पाँच ग्रुप्स में

553. 17 मई, 2015 को प्रधानमंत्री नरेंद्र मोदी ने नॉर्वेवासियों को एक विशेष अवसर की बधाई देते हुए कहा कि नॉर्वे के साथ हमारे मजबूत संबंध दोनों देशों के लिए लाभकारी हैं। नॉर्वे के इतिहास में यह विशेष अवसर क्या है?

(क) नॉर्वे का स्वतंत्रता दिवस (ख) नॉर्वे का प्रजातंत्र दिवस

(ग) नॉर्वे का संविधान दिवस (घ) नॉर्वे का महिला दिवस

□

उत्तर के लिए कृपया पृष्ठ सं. 198-199 देखें।

मोदी और उद्योग जगत्

554. "गुजरात में भारत की जनसंख्या का 5 प्रतिशत और भौगोलिक क्षेत्र का 6 प्रतिशत हिस्सा है, लेकिन भारत में इसका योगदान 3 लाख से ज्यादा लघु उद्योग इकाइयों, 2,200 बड़े और मध्यम उद्योगों, 182 औद्योगिक क्षेत्र और 33 विशेष आर्थिक क्षेत्र के चलते यह भारत का सर्वाधिक औद्योगिक राज्य बन गया है। गुजरात की श्रम-शक्ति का योगदान भी राज्य की प्रगति में सहायक बना है। भारत के औद्योगिक उत्पादन में गुजरात का हिस्सा 16.2 प्रतिशत है, जबकि गुजरात में हड़ताल के चलते कार्य दिवस हानि मात्र 0.5 प्रतिशत है, जो कि पूरे देश में सबसे कम है। गुजरात भारत के समुद्री तट के कच्चे तेल उत्पादन का 54 प्रतिशत और भारत के प्राकृतिक गैस उत्पादन का 50 प्रतिशत उत्पादन करता है।" गुजरात के संबंध में यह किसने कहा था?
(क) पूर्व राष्ट्रपति डॉ. प्रतिभा पाटिल ने
(ख) पूर्व राष्ट्रपति डॉ. रामास्वामी वेंकटरमन ने
(ग) पूर्व राष्ट्रपति डॉ. के.आर. नारायणन ने
(घ) पूर्व राष्ट्रपति डॉ. अब्दुल कलाम ने

555. गुजरात में एक उद्योगपति ने टायर की फैक्टरी ने लगाने के लिए तत्कालीन मुख्यमंत्री श्री मोदी से संपर्क किया और उनसे कहा कि वह गुजरात में टायर बनाने की फैक्टरी लगाना चाहता है। इस पर मोदीजी ने क्या कहा?
(क) हम तो परमिशन दे देंगे, लेकिन आपको इसके लिए हमारी पार्टी को चंदा देना होगा।
(ख) आपको फैक्टरी लगाने की परमिशन तब दी जाएगी, जब आप ये वादा करें कि रबड़ के पेड़ गुजरात में लगाएँगे। आपको रबड़ यहीं से मिलेगा।
(ग) आपको फैक्टरी लगाने की परमिशन तब दी जाएगी, जब आप रबड़ के

उत्तर के लिए कृपया पृष्ठ सं. 199 देखें।

पेड़ गुजरात की गरीब जनता से लगवाएँगे। इससे जनता को रोजगार भी मिलेगा।

(घ) (ख) और (ग)

556. मोदी ने रतन टाटा को एक एस.एम.एस. भेजकर नैनो प्लांट गुजरात में लगाने का न्योता दिया। उसमें क्या लिखा था?

(क) सुस्वागतम गुजरात

(ख) नैनो प्लांट गुजरात में ही लगाइए

(ग) सिंगुर को छोड़िए, साणंद को पकड़िए

(घ) एक बार गुजरात की ओर भी देखिए

557. नैनो के लिए लगभग हर पार्टी की राज्य सरकार ने पलक-पाँवड़े बिछा दिए थे। लेकिन मोदी सरकार ने इसके लिए अभूतपूर्व तेजी दिखाई और केवल कितने दिनों में इसकी सारी कागजी प्रक्रिया विशेष आदेश के तहत पूरी की गई?

(क) सिर्फ चार दिनों में (ख) सिर्फ दो दिनों में

(ग) सिर्फ तीन दिनों में (घ) सिर्फ दस दिनों में

558. टाटा मोटर्स ने वर्ष 2008 गुजरात में नैनो कार संयंत्र किस वर्ष स्थापित किया?

(क) वर्ष 2005 (ख) वर्ष 2007

(ग) वर्ष 2006 (घ) वर्ष 2008

559. मोदी सरकार ने नैनो प्रोजेक्ट की सारी कागजी प्रक्रिया किस सिस्टम के तहत पूरी की?

(क) विंडो क्लियरेंस सिस्टम के तहत

(ख) साइन विंडो क्लियरेंस सिस्टम के तहत

(ग) सिंगल विंडो क्लियरेंस सिस्टम के तहत

(घ) जीरो विंडो क्लियरेंस सिस्टम के तहत

560. गुजरात में सिंगल विंडो क्लियरेंस सिस्टम की खूबी के चलते अंबानी और अदानी जैसे उद्योगपतियों ने भारी मात्रा में निवेश किया और अस्थायी आँकड़े बताते हैं कि वर्ष 2010 में फैक्टरियों की संख्या में अत्यधिक वृद्धि हुई। यह संख्या कितनी रही है?

(क) 2,520 (ख) 25,206

(ग) 2,506 (घ) 2,52,060

उत्तर के लिए कृपया पृष्ठ सं. 199 देखें।

561. गुजरात में 369 संकुलों में कितने मध्यम और लघु उद्योग हैं?

(क) 30 हजार मध्यम और लघु उद्योग

(ख) 130 हजार मध्यम और लघु उद्योग

(ग) 1 लाख 30 हजार मध्यम और लघु उद्योग

(घ) 1 करोड़ 30 हजार मध्यम और लघु उद्योग

562. श्री नरेंद्र मोदी से मुलाकात के कुछ महीने बाद अमेरिका के किस रिपब्लिकन सांसद ने उनके 'ईमानदार, पारदर्शी एवं उदार' शासन की सराहना की और कहा कि यह भारतीय राज्य में भारी निवेश करने के लिए अमेरिकी कंपनियों को आकर्षित कर रहा है?

(क) कांग्रेस सदस्य आरोग शॉक ने

(ख) कांग्रेस सदस्य आरोब शॉक ने

(ग) कांग्रेस सदस्य आरोन शॉक ने

(घ) कांग्रेस सदस्य आरोक शॉक ने

563. रिपब्लिकन सांसद ने उनके 'ईमानदार, पारदर्शी एवं उदार' शासन की सराहना किस मैगजीन के माध्यम से की?

(क) पीगोरिया मैगजीन के

(ख) पेरिया मैगजीन के

(ग) पीओरिया मैगजीन के

(घ) पोगेरिया मैगजीन के

564. गुजरात सरकार ने सामान बाजार तक पहुँचाने हेतु सड़क निर्माण का वायदा किन कंपनियों से किया था?

(क) हुंडई और टाटा मोटर्स

(ख) फोर्ड और हुंडई मोटर्स

(ग) फोर्ड और टाटा मोटर्स

(घ) शेवरेट और मर्सिडीज मोटर्स

565. नरेंद्र मोदी के शासन में गुजरात की आर्थिक तरक्की विदेश में भी चर्चा का विषय बन गई। लंदन के औद्योगिक हिस्से सिटी ऑफ लंदन की ओर से कराए गए एक अध्ययन में भारत के इस राज्य को क्या करार किया गया?

(क) आश्चर्यजनक (ख) अफसोसजनक

(ग) कल्याणकारी (घ) प्रगतिशील

उत्तर के लिए कृपया पृष्ठ सं. 199 देखें।

566. लंदन के औद्योगिक हिस्से सिटी ऑफ लंदन की ओर से कराए गए एक अध्ययन में भारत के इस राज्य को वित्तीय रूप से विश्वसनीय बताया गया। उनके अनुसार, गुजरात सरकार किसकी मदद से इन परियोजनाओं को लागू कर रही है, जिससे उसका प्रदर्शन बेमिसाल रहा?

(क) सार्वजनिक-निजी भागीदारी पी.पी.पी. से

(ख) औद्योगिक घरानों की भागीदारी से

(ग) सरकारी और निजी भागीदारी से

(घ) निजी भागीदारी से

567. गुजरात में रसायन उद्योग का योगदान राज्य में वार्षिक निवेश का आधा है और भारत के रसायन उत्पादन का कितने प्रतिशत से अधिक का योगदान है?

(क) 2 प्रतिशत से अधिक का

(ख) 22 प्रतिशत से अधिक का

(ग) 20 प्रतिशत से अधिक का

(घ) 29 प्रतिशत से अधिक का

568. ''जैसे महात्मा गांधी ने मूल्यों और सिद्धांतों की संपत्ति बनाई, स्वर्गीय धीरूभाई अंबानी ने उद्यमशीलता की संपत्ति बनाई। अब तीसरे व्यक्ति नरेंद्रभाई मोदी हैं जो पिछले एक दशक में भारत में सबसे बड़े परिवर्तन के प्रतिनिधि रहे हैं।'' यह बात किसने श्री नरेंद्र मोदी के लिए कही?

(क) मुकेश अंबानी ने

(ख) अनिल अंबानी ने

(ग) कोकिलाबेन अंबानी ने

(घ) टीना अंबानी ने

569. ''व्यक्ति के रूप में हम नरेंद्र मोदी को जिस तरह से देखते हैं, उन्होंने राजनीति, निष्पादन और सिद्धांतों को नए सिरे से परिभाषित किया है।'' श्री मोदी के लिए किस मीडिया हाउस के अध्यक्ष ने यह कहा?

(क) जी.टी.वी. के सुभाष चंद्रा ने

(ख) सी.एन.एन.आई.बी.एन. के राजदीप सरदेसाई ने

(ग) एन.डी.टी.वी. के प्रणव राय ने

(घ) सहारा के सुब्रत राय ने

उत्तर के लिए कृपया पृष्ठ सं. 199 देखें।

570. ''गुजरात एक ऐसा राज्य है, जिसने विदेशी निवेश का स्वागत किया है और इस स्वागत से यह स्पष्ट होता है कि उसकी नीतियाँ विदेशी निवेश की आवश्यकताओं के अनुरूप हैं।'' यह कहनेवाले विक्रम सिंह मेहता किन कंपनियों के समूह के अध्यक्ष हैं?

(क) तेल कंपनियों के समूह के अध्यक्ष

(ख) शेल कंपनियों के समूह के अध्यक्ष

(ग) नेल कंपनियों के समूह के अध्यक्ष

(घ) जेल कंपनियों के समूह के अध्यक्ष

571. ''वह समय दूर नहीं, जब गुजरात के मॉडल को देश के बाहर भी अपनाया जाएगा। मैं समझता हूँ कि वह दिन अब दूर नहीं, जब हम न सिर्फ गुजरात में चीन के विकास मॉडल की बात करेंगे, बल्कि चीन में भी गुजरात के विकास मॉडल की बात होगी।'' यह बात कहनेवाले कौन से उद्यमी हैं?

(क) झेंग यिन (ख) रॉग वीरेन

(ग) वू यिजियन (घ) आनंद महिंद्रा

572. आई.सी.आई.सी.आई. बैंक की किस प्रबंध निदेशक ने कहा कि गुजरात न सिर्फ देश में सबसे तेजी से आर्थिक प्रगति करता हुआ राज्य है, बल्कि इस लिहाज से यह दुनिया का सबसे तेजी से आगे बढ़नेवाला क्षेत्र भी है?

(क) वंदना कोचर ने (ख) चंदा कोचर ने

(ग) सुनंदा कोचर ने (घ) नंदिता कोचर ने

573. किस बैंक ने अपनी एक रिपोर्ट में कहा कि औद्योगिक गतिविधियों के लिए गुजरात सर्वाधिक आकर्षक राज्य बनकर उभरा है?

(क) भारतीय रिजर्व बैंक ने (ख) स्टेट बैंक ऑफ इंडिया ने

(ग) बैंक ऑफ बड़ौदा ने (घ) बैंक ऑफ पंजाब ने

□

उत्तर के लिए कृपया पृष्ठ सं. 199 देखें।

मोदी और विवादित मुद्दे

574. गुजरात में लोकायुक्त का पद कब से खाली था?

(क) वर्ष 2010 से

(ख) वर्ष 2002 से

(ग) वर्ष 2003 से

(घ) वर्ष 2006 से

575. गुजरात के किस राज्यपाल ने राज्य में नए लोकायुक्त की नियुक्ति कर सरकार से टकराव मोल लिया?

(क) राज्यपाल कोमिला बेनीवाल ने

(ख) राज्यपाल कोकिला बेनीवाल ने

(ग) राज्यपाल कोमल बेनीवाल ने

(घ) राज्यपाल कमला बेनीवाल ने

576. गुजरात के राज्यपाल ने किसे लोकायुक्त नियुक्त किया?

(क) पूर्व न्यायाधीश आई. ए. मेहता (ख) पूर्व न्यायाधीश आर. के. मेहता

(ग) पूर्व न्यायाधीश आर. ए. मेहता (घ) पूर्व न्यायाधीश आर. आर. मेहता

577. गवर्नर ने नए लोकायुक्त की नियुक्ति कब की?

(क) 25 अगस्त, 2012 को

(ख) 20 अगस्त, 2012 को

(ग) 15 अगस्त, 2012 को

(ग) 5 अगस्त, 2012 को

578. इस नियुक्ति पर श्री मोदी को ऐतराज था। उन्होंने इसके खिलाफ कोर्ट का

उत्तर के लिए कृपया पृष्ठ सं. 199 देखें।

दरवाजा खटखटाया, जिसे खारिज कर दिया गया। वह फैसला किन जजों की बेंच ने सुनाया?

(क) जस्टिस बी.के. चौहान और जस्टिस ए.एम. इब्राहिम की दो जजों की बेंच ने

(ख) जस्टिस बी. बी. चौहान और जस्टिस ए.एफ. इब्राहिम की दो जजों की बेंच ने

(ग) जस्टिस बी.एस. चौहान और जस्टिस एफ.एम. इब्राहिम की दो जजों की बेंच ने

(घ) जस्टिस बी.ए. चौहान और जस्टिस एफ.ए. इब्राहिम की दो जजों की बेंच ने

579. गुजरात की तत्कालीन राज्यपाल डॉ. कमला बेनीवाल ने उस विधेयक को मंजूरी देने से इनकार करते हुए लौटा दिया था, जिसमें गुजरात सरकार मतदान को अनिवार्य बनाना चाहती थी और स्थानीय निकायों में महिलाओं को 50 प्रतिशत आरक्षण देना चाहती थी। यह कब की बात है?

(क) अप्रैल 2010 की (ख) अप्रैल 2012 की

(ग) अप्रैल 2011 की (घ) अप्रैल 2013 की

580. गुजरात विधानसभा ने इस विधेयक को कब पारित किया था?

(क) दिसंबर 2010 में (ख) दिसंबर 2009 में

(ग) दिसंबर 2011 में (घ) दिसंबर 2012 में

581. गुजरात में राज्यपाल डॉ. कमला बेनीवाल ने उस विधेयक को मंजूरी देने से इनकार करते हुए लौटा दिया था, उसके पीछे क्या कारण था?

(क) स्थानीय निकाय कानून संशोधन विधेयक को जब विधानसभा में ध्वनिमत से पारित किया गया था तो कांग्रेस सदन में मौजूद नहीं थी।

(ख) इस विधेयक में ग्राम पंचायत और नगर निकायों में महिलाओं को 33 प्रतिशत की जगह 50 प्रतिशत आरक्षण देने का प्रावधान किया गया था।

(ग) इसके साथ ही इसमें यह प्रावधान भी किया गया था कि मतदान को अनिवार्य कर दिया जाए और जो लोग मतदान न करें, उन्हें दंडित किया जाए।

(घ) उपर्युक्त सभी

उत्तर के लिए कृपया पृष्ठ सं. 199 देखें।

582. किस दल ने राज्यपाल को ज्ञापन देकर यह आपत्ति जताई कि मोदी सरकार ने बिना पूर्व सूचना इस विधेयक में मतदान को अनिवार्य करने का प्रावधान कर दिया?

(क) कांग्रेस ने (ख) जनता दल ने
(ग) बसपा ने (घ) आम जनता पार्टी ने

583. कांग्रेस को इस विधेयक के पारित होने पर क्यों आपत्ति थी?

(क) क्योंकि ग्राम पंचायत और नगर निकायों में महिलाओं को 33 प्रतिशत की जगह 50 प्रतिशत आरक्षण देने का प्रावधान किया गया था।

(ख) क्योंकि राज्य में 27 प्रतिशत आबादी आदिवासियों की है, जो अकसर एक जगह निवास नहीं करते और उनके लिए मतदान में हिस्सा लेना हर समय संभव नहीं होगा। ऐसे में राज्य में फर्जी मतदान को ही बढ़ावा मिलेगा।

(ग) क्योंकि स्थानीय निकाय कानून संशोधन विधेयक को जब विधानसभा में ध्वनि मत से पारित किया गया था तो कांग्रेस सदन में मौजूद नहीं थी।

(घ) ख और ग

584. इससे पहले भी राज्यपाल डॉ. कमला बेनीवाल ने किस विधेयक को दो बार लौटाया था?

(क) गुजरात संगठित अपराध विधेयक (गुजकोक) को
(ख) गुजरात संगठित आरोप विधेयक (गुजकोक) को
(ग) गुजरात संगीन अपराध विधेयक (गुजकोक) को
(घ) गुजरात संगीन आरोप विधेयक (गुजकोक) को

585. इसी तरह शिक्षा के क्षेत्र में किसके लिए एक समान कानून बनाने की सरकार की कोशिश को भी राजभवन की अनुमति नहीं मिली थी?

(क) राज्य के शिक्षकों के लिए
(ख) राज्य के विश्वविद्यालयों के लिए
(ग) राज्य के निजी विद्यालयों के लिए
(घ) राज्य के सरकारी विद्यालयों के लिए

586. गुजरात में सर्वप्रथम किस शहर के मतदाताओं को विधानसभा के उपचुनाव में 'राइट टू रिजेक्ट' का अवसर मिला?

(क) वडोदरा के (ख) अहमदाबाद के
(ग) गांधीनगर के (घ) सूरत के

उत्तर के लिए कृपया पृष्ठ सं. 199 देखें।

587. 'मैं मोदी को भगवान् मानता था, लेकिन मेरा भगवान् मौके पर खड़ा नहीं हुआ।' श्री मोदी के लिए यह किसने कहा था?

(क) अमित शाह ने (ख) डी. जी. वंजारा ने

(ग) पी.एस. पाठक ने (घ) संजीव भट्ट ने

588. 5 सितंबर, 2013 को किसके 10 पेज के लेटर बम ने श्री मोदी पर एक और आरोप लगाया?

(क) डी.जी. वंजारा के (ख) डी.जी. जारा के

(ग) डी.जी. वंजा के (घ) डी.पी. वंजारा के

589. डी.जी. वंजारा कौन रहे हैं?

(क) 1987 बैच के गुजरात काडर के आई.पी.एस. अधिकारी।

(ख) गुजरात पुलिस में उनकी छवि एनकाउंटर स्पेशलिस्ट की रही।

(ग) पहले क्राइम ब्रांच में थे और बाद में गुजरात एंटी टेररिस्ट स्क्वाड (ए.टी.एस.) के मुखिया रहे। उसके बाद पाकिस्तान सीमा से सटी बॉर्डर रेंज के आई.जी. रहे।

(घ) उपर्युक्त सभी

590. वंजारा कब से कब तक अहमदाबाद की क्राइम ब्रांच के डिप्टी कमिश्नर ऑफ पुलिस रहे?

(क) 2001 से 2006 तक (ख) 2006 से 2012 तक

(ग) 2002 से 2005 तक (घ) 2001 से 2005 तक

591. सी.बी.आई. जाँच में वंजारा की इस पोस्टिंग के दौरान करीब कितने फर्जी एनकाउंटर हुए?

(क) 20 (ख) 10

(ग) 40 (ग) 2

592. वंजारा को कब गुजरात सी.आई.डी. ने गिरफ्तार किया?

(क) 2007 में (ख) 2005 में

(ग) 2008 में (घ) 2009 में

593. वंजारा पर जिन लोगों की हत्या के आरोप हैं, उनके क्या नाम हैं?

(क) सोबरादीन, उसकी पत्नी काशी बी, तुलसी प्रजापति, सादिक जहाँ, इशरत और उसके साथ मारे गए तीन अन्य लोग शामिल हैं।

(ख) सोहराबुद्दीन, उसकी पत्नी कौसर बी, तुलसीराम प्रजापति, सादिक

उत्तर के लिए कृपया पृष्ठ सं. 199 देखें।

जमा, इशरत और उसके साथ मारे गए तीन अन्य लोग शामिल हैं।

(ग) सोबराबुद्दीन, उसकी पत्नी कौशक बी, तुजाराम प्रजापति, साकिद जमा, इशरात और उसके साथ मारे गए तीन अन्य लोग शामिल हैं।

(घ) सोनराबुद्दीन, उसकी पत्नी कौसम बी, तुलाराम प्रजापति, सदिक जमा, इमरत और उसके साथ मारे गए तीन अन्य लोग शामिल हैं।

594. फर्जी एनकाउंटर के बाद क्राइम ब्रांच ने क्या सफाई दी थी?

(क) कि ये सभी आतंकी थे

(ख) कि ये लोग गुजरात के मुख्यमंत्री नरेंद्र मोदी की जान लेना चाहते थे

(ग) कि ये लोग पाकिस्तानी थे

(घ) उपर्युक्त सभी

595. सुप्रीम कोर्ट ने सोहराबुद्दीन केस को ट्रायल के लिए गुजरात से किस राज्य में स्थानांतरित किया?

(क) महाराष्ट्र (ख) केरल

(ग) राजस्थान (घ) पंजाब

596. डी.जी. वंजारा से पहले गुजरात के कितने अन्य पुलिस अफसर जेल गए?

(क) 2 (ख) 12

(ग) 32 (घ) 23

597. डी.जी. वंजारा से पहले गुजरात के कितने अन्य पुलिस अफसरों ने इस्तीफा दया?

(क) निम्न सभी (ख) संजीव भट्ट ने

(ग) जी.ए. सिंघ ने (घ) एन.के. अमीन ने

598. सबसे पहले किस आई.पी.एस. अधिकारी ने सुप्रीम कोर्ट में हलफनामा देकर गुजरात के मुख्यमंत्री नरेंद्र मोदी पर मुसलमानों के खिलाफ दंगे में शामिल होने का आरोप लगाया?

(क) संजीव भट्ट ने (ख) डी. जी. वंजारा ने

(ग) जी.ए. सिंघ ने (घ) एन. के. अमीन ने

599. मोदी शासन के दौरान गोधरा कांड कब हुआ था?

(क) 7 फरवरी, 2002 को (ख) 7 फरवरी, 2003 को

(ग) 27 फरवरी, 2002 को (घ) 17 फरवरी, 2002 को

उत्तर के लिए कृपया पृष्ठ सं. 199-200 देखें।

600. अयोध्या से गुजरात लौटे किन लोगों को गोधरा स्टेशन पर खड़ी ट्रेन में एक हिंसक भीड़ द्वारा आग जलाकर जिंदा जला दिया गया?

(क) मुसलिमों को (ख) सिखों को

(ग) कारसेवक हिंदुओं को (घ) पारसियों को

601. म.प्र. में उस समय किसकी सरकार थी जिसने गुजरात को सहायता भेजने से इनकार कर दिया था?

(क) दिग्विजय सिंह की (ख) मोतीलाल वोरा की

(ग) अर्जुन सिंह की (घ) बाबूलाल गौर की

602. राजस्थान और महाराष्ट्र में उस समय के मुख्यमंत्री कौन थे, जिन्होंने गुजरात को दस-दस कंपनियाँ भेजने से इनकार कर दिया था?

(क) अशोक गहलौत और विलासराव देशमुख

(ख) यशवंत चौहान और वसुंधरा राजे

(ग) अशोक गहलौत और यशवंत चौहान

(घ) वसुंधरा राजे और विलासराव देशमुख

603. गुजरात के गृह विभाग के किस तत्कालीन सचिव ने मध्य प्रदेश पुलिस के महानिदेशक को पत्र लिखा और अन्य राज्य के पुलिस प्रमुखों को भी पत्र भेजा गया था। ये सभी पत्र 1 मार्च, 2002 को लिखे गए थे।

(क) श्री आर. नित्यानंदन ने

(ख) श्री के. नित्यानंदन ने

(ग) श्री के. अच्युतानंदन ने

(घ) श्री आर. अच्युतानंदन ने

604. दिग्विजय सरकार ने प्रत्युत्तर दिया कि राज्य सरकार पुलिस बल नहीं भेज सकती। पत्र का जवाब देने में मध्य प्रदेश सरकार को कितने दिन लगे?

(क) तेरह दिन (ख) तीस दिन

(ग) तीन दिन (घ) तेईस दिन

605. दिग्विजय सरकार ने अपने जवाब को कौन सा मार्क दिया था?

(क) 'गोपनीय' मार्क

(ख) पब्लिक मार्क

(ग) ओनली फॉर सी.एम.

(घ) ओनली फॉर होम मिनिस्टर

उत्तर के लिए कृपया पृष्ठ सं. 200 देखें।

606. वर्ष 2002 के दंगों में मोदी सरकार पर आरोप लगा कि मुसलिमों पर अत्याचार किए गए और उन्हें मारा गया; लेकिन इसके विपरीत तथ्य यह भी है कि—

(क) अहमदाबाद पुलिस ने नूरानी मसजिद से 5,000 मुसलिमों को बचाया और मेहसाणा जिले के सरदारपुरा में 240 लोगों को बचाया गया और सुरक्षित स्थान पर भेजा गया था।

(ख) 450 लोगों को पोरे एवं नारडीपुर गाँवों से और 200 लोगों को संजोली गाँव में बचाया गया तथा सुरक्षित स्थान पर भेजा गया।

(ग) वडोदरा जिले के फतेहपुरा गाँव से 1,500 लोगों को 3,000 लोगों को कावंत गाँव से बचाया गया और सुरक्षित स्थानों पर भेजा गया।

(घ) उपर्युक्त सभी

607. किस वर्ष में भारत के उच्चतम न्यायालय ने विशेष जाँच दल भेजकर यह जानना चाहा कि गुजरात के दंगों में कहीं नरेंद्र मोदी की साजिश तो नहीं थी?

(क) अप्रैल 2008 में (ख) अप्रैल 2004 में

(ग) अप्रैल 2009 में (घ) अप्रैल 2005 में

608. वह विशेष जाँच दल दंगों में मारे गए गुलबर्ग सोसाइटी के किस कांग्रेसी सांसद की विधवा की शिकायत पर भेजा गया था?

(क) आफताब जाफरी की (ख) एहसान जाफरी की

(ग) एहसाब जाफरी की (घ) हसन जाफरी की

609. अहमदाबाद में हिंसक भीड़ के शिकार हुए पूर्व सांसद एहसान जाफरी की पत्नी ने किससे कहा था कि अगर नरेंद्र मोदी भारत के प्रधानमंत्री बने तो गुजरात दंगा-पीड़ितों को किसी भी तरह का न्याय नहीं मिलेगा?

(क) अमेरिकी सांसदों से (ख) कांग्रेस अध्यक्ष से

(ग) विदेशी प्रतिनिधियों से (घ) भारतीय राजनीतिक दलों से

610. पूर्व सांसद एहसान जाफरी की पत्नी ने कहाँ और किससे श्री मोदी को अमेरिकी वीजा नहीं देने की नीति को बनाए रखने का अनुरोध किया था?

(क) संसद् में भारतीय सांसदों से

(ख) कैपिटल हिल में अमेरिकी सांसदों से

(ग) ग्लोबल समिट में विदेशी प्रतिनिधियों से

(घ) राजनीतिक दलों से

उत्तर के लिए कृपया पृष्ठ सं. 199-200 देखें।

611. एहसान जाफरी की पत्नी ने क्या कहा था?

(क) 'अगर मोदी भारत के प्रधानमंत्री बन जाते हैं तो भारत और पाकिस्तान का युद्ध अवश्य होगा।'

(ख) 'अगर मोदी प्रधानमंत्री बन जाते हैं तो हजारों गुजरात दंगा-पीड़ितों सहित मेरी न्याय की आशा खत्म हो जाएगी। मेरी आशा और प्रार्थना है कि ऐसा कभी नहीं होगा।'

(ग) 'अगर मोदी भारत के प्रधानमंत्री बन जाते हैं तो भारत मुसलिमों के लिए सुरक्षित देश नहीं रह जाएगा।'

(घ) 'अगर मोदी भारत के प्रधानमंत्री बन जाते हैं तो भारत में ही नहीं बल्कि पूरे विश्व में सांप्रदायिकता फैल सकती है।'

612. पूर्व सांसद एहसान जाफरी की पत्नी के बयान को किसने पढ़ते हुए कहा कि आपके द्वारा मोदी को वीजा नहीं देने की नीति मेरी आशाओं को जीवित रखने के लिए काफी महत्त्वपूर्ण है?

(क) उनके बेटे नाजिद हुसैन ने (ख) उनके दामाद नाजिद हुसैन ने

(ग) उनके भाई नाजिद हुसैन ने (घ) उनके पिता नाजिद हुसैन ने

613. गुजरात दंगा-पीड़ितों की ओर से बोलते हुए पूर्व सांसद की पत्नी और उनकी बेटी ने मोदी को वीजा नहीं देने का अनुरोध पुरजोर तरीके से किया। उनकी बेटी का नाम क्या है?

(क) निशा हुसैन (ख नुसरत हुसैन

(ग) निशरिन हुसैन (घ) नसीरन हुसैन

614. अपनी पहली एफ.आई.आर. में जकिया जाफरी ने क्या माना था?

(क) कि उन्हें दंगाइयों से पुलिस ने बचाया था।

(ख) कि उन्हें सुरक्षित बचाने में कांग्रेस के एक सांसद सामने आए थे।

(ग) कि उन्हें गुलबर्ग सोसाइटी की जनता ने बचाया था।

(घ) कि उन्हें उनके रिश्तेदारों ने बचाया था।

615. दंगों के कितने वर्षों बाद एहसान जाफरी की पत्नी ने श्री मोदी और अन्य लोगों के खिलाफ आरोप लगाए थे?

(क) एक वर्ष बाद (ख) दो वर्षों बाद

(ग) छह वर्षों बाद (घ) चार वर्ष बाद

उत्तर के लिए कृपया पृष्ठ सं. 200 देखें।

616. ये आरोप किस आई.पी.एस. अधिकारी के बयानों पर आधारित थे?
(क) श्रीकुमार (ख) श्री राजकुमार
(ग) श्री सुकुमार (घ) श्री रामकुमार

617. आई.पी.एस. श्रीकुमार के संबंध में एस.आई.टी. की राय थी—
(क) कि वे एक संदिग्ध व्यक्ति थे।
(ख) कि वे ऐसे व्यक्ति थे, जिन्होंने रिकॉर्ड में गड़बड़ी कर झूठ बोला।
(ग) कि वे ऐसे व्यक्ति थे, जिन्हें एक अविश्वसनीय गवाह घोषित कर दिया गया था।
(घ) उपर्युक्त सभी

618. गुजरात दंगों के मामले में राज्य के तत्कालीन मुख्यमंत्री नरेंद्र मोदी से उच्चतम न्यायालय द्वारा गठित विशेष जाँच दल (एस.आई.टी.) ने मार्च 2010 में पहली बार दो चरणों में कितने घंटे तक मैराथन पूछताछ की थी?
(क) दो घंटे से ज्यादा (ख) नौ घंटे से ज्यादा
(ग) एक घंटे से ज्यादा (घ) छह घंटे से ज्यादा

619. श्री मोदी गांधीनगर स्थित एस.आई.टी. के कार्यालय में जब हाजिर हुए, तब वहाँ सी.बी.आई. के किस पूर्व उपमहानिरीक्षक की अगुवाई वाले पुलिस अधिकारियों के दल ने उनसे पूछताछ की?
(क) पूर्व उपमहानिरीक्षक ए.के. मल्होत्रा की
(ख) पूर्व उपमहानिरीक्षक ए.के. मेहता की
(ग) पूर्व उपमहानिरीक्षक ए.के. गिल्होत्रा की
(घ) पूर्व उपमहानिरीक्षक ए.के. मलिक की

620. दिसंबर 2010 में उच्चतम न्यायालय ने किसकी रिपोर्ट पर यह फैसला सुनाया कि इन दंगों में नरेंद्र मोदी के खिलाफ कोई ठोस सबूत नहीं मिला है?
(क) एम.आई.टी. की (ख) आई.आई.टी. की
(ग) आर.आई.टी. की (घ) एस.आई.टी. की

621. फरवरी 2011 में किसने यह आरोप लगाया कि रिपोर्ट में कुछ तथ्य जान-बूझकर छिपाए गए हैं और सबूतों के अभाव में नरेंद्र मोदी को अपराध से मुक्त नहीं किया जा सकता?
(क) हिंदुस्तान टाइम्स (ख) टाइम्स ऑफ इंडिया
(ग) इंडियन एक्सप्रेस (घ) द हिंदू

उत्तर के लिए कृपया पृष्ठ सं. 199-200 देखें।

622. किस अन्य बड़े समाचार-पत्र में लिखा गया कि रिपोर्ट में मोदी के विरुद्ध साक्ष्य न मिलने की बात सही हो, किंतु उन्हें अपराध से मुक्त तो नहीं किया गया?

(क) हिंदुस्तान टाइम्स (ख) टाइम्स ऑफ इंडिया

(ग) इंडियन एक्सप्रेस (घ) द हिंदू

623. किसमें प्रकाशित एक रिपोर्ट के अनुसार, नरेंद्र मोदी ने न सिर्फ इतनी भयंकर त्रासदी पर पानी फेरा अपितु प्रतिक्रिया-स्वरूप उत्पन्न गुजरात के दंगों में मुसलिम उग्रवादियों के मारे जाने को भी उचित ठहराया?

(क) हिंदुस्तान टाइम्स (ख) टाइम्स ऑफ इंडिया

(ग) इंडियन एक्सप्रेस (घ) द हिंदू

624. किसने माँग की कि एस.आई.टी. की रिपोर्ट को लीक करके उसे प्रकाशित करवाने के पीछे सत्तारूढ़ कांग्रेस पार्टी का राजनीतिक स्वार्थ है। इसकी भी उच्चतम न्यायालय द्वारा जाँच होनी चाहिए?

(क) नरेंद्र मोदी ने (ख) जनता ने

(ग) संघ ने (घ) भारतीय जनता पार्टी ने

625. सुप्रीम कोर्ट ने बिना कोई फैसला दिए कहाँ के एक मजिस्ट्रेट को इसकी निष्पक्ष जाँच करके अविलंब अपना निर्णय देने को कहा?

(क) अहमदाबाद के (ख) मुंबई के

(ग) दिल्ली के (घ) पटना के

626. किस वर्ष दोबारा एक अन्य विशेष जाँच दल ने फिर बात दोहराई कि यह बात तो सच है कि ये दंगे भीषण थे, परंतु नरेंद्र मोदी का इन दंगों में कोई प्रत्यक्ष हाथ नहीं था?

(क) अप्रैल 2010 में (ख) अप्रैल 2011 में

(ग) अप्रैल 2012 में (घ) अप्रैल 2013 में

627. 7 मई, 2012 को उच्चतम न्यायालय द्वारा नियुक्त किस विशेष जज ने यह रिपोर्ट पेश की कि गुजरात के दंगों के लिए नरेंद्र मोदी पर भारतीय दंड संहिता की धारा 153 ए (1) (क) व (ख), 153 बी (1), 166 तथा 505 (2) के अंतर्गत विभिन्न समुदायों के बीच वैमनस्य की भावना फैलाने के अपराध में दंडित किया जा सकता है?

(क) विशेष जज रामू रामचंद्रन ने (ख) विशेष जज रघु रामचंद्रन ने

(ग) विशेष जज राज रामचंद्रन ने (घ) विशेष जज राजू रामचंद्रन ने

उत्तर के लिए कृपया पृष्ठ सं. 200 देखें।

628. विशेष जज की इस रिपोर्ट पर किसने आलोचना करते हुए इसे दुर्भावना एवं पूर्वग्रह से परिपूर्ण दस्तावेज बताया?

(क) विशेष जाँच दल (एस.आई.टी.) ने

(ख) भाजपा ने

(ग) नरेंद्र मोदी ने

(घ) बाबा रामदेव ने

629. जब केंद्रीय कानून मंत्री सलमान खुर्शीद से इस बाबत पूछा गया तो उन्होंने दो टूक क्या जवाब दिया—

(क) पिछले बारह वर्षों में यदि एक बार भी गुजरात के मुख्यमंत्री के खिलाफ एफ.आई.आर. दर्ज नहीं हुई तो आप उन्हें कैसे अपराधी ठहरा सकते हैं?

(ख) जब कोई अपराधी नहीं है तो उन्हें कौन फाँसी देने जा रहा है!

(ग) पहले अपराध तो साबित हो!

(घ) (क) और (ख)

630. 'नई दुनिया' के किस संपादक को दिए एक इंटरव्यू में नरेंद्र मोदी ने साफ कहा—'वर्ष 2004 में मैं पहले भी कह चुका हूँ, 2002 के सांप्रदायिक दंगों के लिए मैं क्यों माफी माँगूँ? यदि मेरी सरकार ने ऐसा किया है तो उसके लिए मुझे सरेआम फाँसी दे देनी चाहिए।'

(क) शाहिद सिद्दीकी को

(ख) शमीम सिद्दीकी को

(ग) साहिर सिद्दीकी को

(घ) शम्स सिद्दीकी को

631. किसने किससे कहा—'अगर मोदी ने अपराध किया है तो उसे फाँसी पर लटका दो। लेकिन यदि उसे राजनीतिक मजबूरी के चलते अपराधी कहा जाता है तो इसका मेरे पास कोई जवाब नहीं है।'

(क) नरेंद्र नरेंद्र मोदी ने 'नई दुनिया' के संपादक से

(ख) डी.जी. वंजारा ने 'टाइम्स ऑफ इंडिया' के संवाददाता से

(ग) संजीव भट्ट ने कांग्रेस से

(घ) नरेंद्र मोदी ने कांग्रेस से

उत्तर के लिए कृपया पृष्ठ सं. 199-200 देखें।

632. नरेंद्र मोदी ने अपने बचाव में इसके पहले क्या तर्क दिया था?
(क) गुजरात में और कब तक गुजरे जमाने को लिये बैठे रहोगे?
(ख) यह क्यों नहीं देखते कि पिछले एक दशक में गुजरात ने कितनी तरक्की की?
(ग) इससे मुसलिम समुदाय को भी तो फायदा पहुँचा है।
(घ) उपर्युक्त सभी

633. भारत की आजादी के बाद के इतिहास में सबसे भयानक दंगे कब और कहाँ हुए थे, जिसमें लगभग 5,000 मुसलमान मारे गए थे?
(क) 1996 में अहमदाबाद (गुजरात) में
(ख) 1969 में अहमदाबाद (गुजरात) में
(ग) 1960 में अहमदाबाद (गुजरात) में
(घ) 2002 में अहमदाबाद (गुजरात) में

634. उस वक्त कांग्रेस सत्ता में थी और मुख्यमंत्री थे—
(क) केशूभाई पटेल (ख) मोरारजीभाई देसाई
(ग) हितेंद्रभाई देसाई (घ) बाबूभाई देसाई

635. कांग्रेस के मुख्यमंत्री अमर सिंह चौधरी का कार्यकाल भी दंगों की चपेट से अछूता नहीं था। वह कौन सा वर्ष था, जब एक बार फिर गुजरात दंगों की आग में दहक उठा था?
(क) 1987 में (ख) 1988 में
(ग) 1989 में (घ) 1990 में

636. गोधरा कांड से पहले 1992 में हुए दंगों के समय गुजरात के मुख्यमंत्री छिमा भाई पटेल थे। वे किस राजनीतिक पार्टी के थे?
(क) भाजपा (ख) कांग्रेस
(ग) बसपा (घ) सपा

637. कुछ भारतीय सांसदों ने अमेरिकी राष्ट्रपति ओबामा को पत्र लिखकर गुजरात के पूर्व मुख्यमंत्री श्री नरेंद्र मोदी को अमेरिकी वीजा न दिए जाने की माँग की। उस पत्र पर कितने सांसदों ने हस्ताक्षर किए थे?
(क) 93 (ख) 4
(ग) 65 (घ) 56

उत्तर के लिए कृपया पृष्ठ सं. 200 देखें।

638. नरेंद्र मोदी ने 2 अक्तूबर, 2013 को दिल्ली में छात्रों को संबोधित किया था। उस कार्यक्रम का नाम क्या था?

(क) सार्थक (ख) मंथन

(ग) नवरचना (घ) आह्वान

639. उस कार्यक्रम में देश भर के कितने कॉलेजों के करीब कितने छात्रों ने हिस्सा लिया?

(क) 100 कॉलेज के 700 छात्रों ने

(ख) 900 कॉलेज के 7,000 छात्रों ने

(ग) 200 कॉलेज के 2,000 छात्रों ने

(घ) 200 कॉलेज के 7,000 छात्रों ने

640. इस कार्यक्रम में श्री मोदी का कौन सा बयान विवादास्पद माना गया?

(क) पहले देवालय, फिर शौचालय

(ख) पहले विद्यालय, फिर देवालय

(ग) पहले शौचालय, फिर देवालय

(घ) पहले शौचालय, फिर विद्यालय

□

उत्तर के लिए कृपया पृष्ठ सं. 200 देखें।

नरेंद्र मोदी के उल्लेखनीय वक्तव्य

641. किसको दिए एक इंटरव्यू में वर्ष 2002 में हुए दंगों पर पछतावा होने के बारे में पूछे जाने पर मोदी ने कहा, 'अगर कुत्ते का कोई बच्चा भी आपकी कार के नीचे आकर मारा जाता है तो आपको दु:ख होता है।'

(क) समाचार एजेंसी नाटो (ख) समाचार एजेंसी रॉटर्स

(ग) समाचार एजेंसी गिल्ड (घ) समाचार एजेंसी टीओआई

642. मोदी के इस बयान को लेकर किस पर खासी प्रतिक्रिया आई है?

(क) प्रिंट मीडिया पर (ख) इलेक्ट्रॉनिक मीडिया पर

(ग) टेली मीडिया पर (घ) ट्विटर समेत सोशल मीडिया पर

643. भाजपा की चुनाव प्रचार समिति का अध्यक्ष बनने के बाद दिए गए विरले इंटरव्यू में रायटर्स ने नरेंद्र मोदी से वर्ष 2002 के दंगों से जुड़ा और कौन सा प्रश्न पूछा था?

(क) क्या उन्हें निराशा होती है कि अब तक उन्हें वर्ष 2002 से ही जोड़कर देखा जाता है?

(ख) क्या वे स्वयं को वर्ष 2002 से ही जोड़कर देखते हैं?

(ग) वर्ष 2002 से उनको ही क्यों जोड़कर देखा जाता है?

(घ) उन्हें कौन निराश करता है?

644. जवाब में मोदी का कहना था—

(क) 'निराशा तब होगी जब मैं सोचूँ कि मैंने कुछ गलत किया है। मैंने चोरी की है, मैं पकड़ा जाऊँगा। मेरा मामला ऐसा नहीं है।'

(ख) 'नहीं, मैं खुद को 2002 की घटना से जोड़कर नहीं देखता।'

(ग) 'इसका उत्तर मुझसे नहीं, विपक्षियों से पूछिए।'

(घ) 'मैं निराश होना नहीं जानता।'

उत्तर के लिए कृपया पृष्ठ सं. 201 देखें।

645. 'लोग जानना चाहते हैं कि असली मोदी क्या हैं—हिंदू राष्ट्रवादी नेता या व्यापार-समर्थक मुख्यमंत्री', ये मोदी से किसने पूछा था?

(क) रॉयटर्स ने

(ख) प्रमुख समाचार-पत्र के संवाददाता ने

(ग) राष्ट्रीय चैनल के प्रवक्ता ने

(घ) विपक्ष के नेता ने

646. मैं राष्ट्रवादी हूँ, मैं देशभक्त हूँ। मैं एक हिंदू पैदा हुआ हूँ। इसमें कुछ भी गलत नहीं। मैं एक हिंदू राष्ट्रवादी हूँ। वह मुझे उन्नतिशील, विकास-परक, जमकर काम करनेवाला कहते हैं तो कहने दें। इन दोनों में कोई विरोध नहीं है। यह एक और समान छवि है।' श्री मोदी ने अपने बारे में यह वक्तव्य किसे दिया?

(क) रॉयटर्स को

(ख) प्रमुख समाचार-पत्र के संवाददाता को

(ग) राष्ट्रीय चैनल के प्रवक्ता को

(घ) विपक्ष के नेता को

647. मुसलमानों के प्रति मोदी की राय है—

(क) मुसलमान को भी आगे बढ़ने का उतना ही मौका मिलना चाहिए, जितना किसी हिंदू को।

(ख) अगर मन-मुटाव हो तो एक घर भी नहीं चल सकता।

(ग) एक बहू अच्छी लगे और दूसरी न लगे तो घर में सुकून नहीं हो सकता।

(घ) उपर्युक्त सभी

648. वर्ष 2000 के जनमत सर्वेक्षणों में मोदी की लोकप्रियता के बारे में क्या पता चला था?

(क) उन्हें ही सबसे अच्छा मुख्यमंत्री बताया गया।

(ख) उन्हें पसंद करनेवालों में गुजरात ही नहीं, बाहर के भी लोग थे।

(ग) उन्हें पसंद करनेवालों में युवाओं की संख्या ज्यादा थी।

(घ) उपर्युक्त तीनों

649. मोदी ने किसे चिट्ठी लिखकर आग्रह किया था—'हर बार मैं ही विजेता बन जाता हूँ, तो कृपा करके अगली बार गुजरात का नाम सूची में से हटा दें। किसी और को मौका दें, वरना मैं फिर जीत जाऊँगा। कृपया मुझे प्रतियोगिता से बाहर

उत्तर के लिए कृपया पृष्ठ सं. 201 देखें।

रखें और मेरे अलावा किसी और को भी मौका दें।'

(क) इंडिया टुडे ग्रुप के अरुण शौरी को

(ख) इंडिया टुडे ग्रुप के अरुण दवे को

(ग) इंडिया टुडे ग्रुप के अरुण मेहता को

(घ) इंडिया टुडे ग्रुप के अरुण पुरी को

650. गुजरात के निवर्तमान मुख्यमंत्री नरेंद्र मोदी ने अपने राज्य में जनता से सीधे संपर्क के लिए कौन सी मुहिम छेड़ी थी, जिसमें अलग-अलग धर्मों के प्रतिनिधियों को भी मंच पर उनसे मुलाकात के लिए लाया जाता था?

(क) समभावना मुहिम (ख) सहृदय मुहिम

(ग) सद्भावना मुहिम (घ) सर्वधर्म मुहिम

651. अलग-अलग धर्मों के प्रतिनिधि मंच पर उनसे मुलाकात के लिए आते तो वे लोग श्री मोदी को क्या भेंट करते थे?

(क) पारंपरिक पगड़ी तो कोई साफा या शॉल

(ख) अपनी संस्था का प्रतीक चिह्न

(ग) निमंत्रण-पत्र

(घ) मिठाई का डिब्बा

652. अलग-अलग धर्मों के प्रतिनिधियों में से किसने मोदी को टोपी पहनानी चाही?

(क) मजार के ट्रस्टी (ख) मंदिर के धर्मार्थी

(ग) मुसलिम शरणार्थी (घ) मुसलिम विद्यार्थी

653. टोपी देख मोदी ने क्या कहा?

(क) टोपी अपने सहायक को पहनाने के लिए कहा।

(ख) टोपी पहनाने से रोक दिया।

(ग) दूसरी टोपी लाने को कहा।

(घ) टोपी का रंग बदलने को कहा।

654. टोपी के बदले मोदी ने क्या माँग की?

(क) हरा साफा पहनाने को कहा, जो उन्होंने अपने गले में डाल रखा था।

(ख) माफी माँगने के लिए कहा।

(ग) फिर कभी आने के लिए कहा।

(घ) प्रतिनिधि से भगवा रंग का साफा पहनाने के लिए कहा।

उत्तर के लिए कृपया पृष्ठ सं. 201 देखें।

655. मोदी ने टोपी नहीं पहनी, इससे क्या संदेश गया?

(क) मुसलमान-विरोधी मानसिकता

(ख) जबरदस्त आलोचना

(ग) सांप्रदायिकता बढ़ानेवाली ताकतों को मौका

(घ) उपर्युक्त सभी

656. मोदी ने टोपी पहन ली होती तो क्या होता?

(क) वे तसवीरें उनकी परछाईं बन गई होतीं।

(ख) वही बात गुजरात के मुसलिमों में एकता की भावना भर देती।

(ग) वही तसवीर विदेशों में उनकी छवि सुधार देती।

(घ) वह तसवीर देखकर संघ से उनको अपदस्थ कर दिया जाता।

657. मोदी ने टोपी नहीं पहनी, उसका कारण था—

(क) उनकी मुसलिम-विरोधी भावना

(ख) वे दूसरे राजनेताओं की तरह कार्टून नजर नहीं आना चाहते थे

(ग) उन्हें हरा रंग पसंद नहीं

(घ) वे मुसलिमों को उनके उस प्रतीक से अलग करना चाहते थे, जिसे देख उन्हें पिछड़ा समझा जाता है

658. बीते 60 वर्षों से कांग्रेस और खुद को धर्मनिरपेक्ष कहलानेवाली समाजवादी पार्टी, राष्ट्रीय जनता दल, जनता दल यूनाइटेड और बहुजन समाज पार्टी जैसी पार्टियाँ मुसलमानों को बस एक जैसे खाँचे में ही पेश करती चली आ रही हैं। इस छवि में किसकी बहुत अहम भूमिका रही है?

(क) टोपी की (ख) धोती की

(ग) रूमाल की (घ) मूँछों की

659. मोदी के टोपी न पहनने की वजह जो भी रही हो, लेकिन यह फैसला भारत के मुसलमानों के लिए बिलकुल सही था, क्योंकि—

(क) टोपी अपने आप में एक धार्मिक प्रतीक है

(ख) यह भारत की राजनीतिक व सामाजिक पृष्ठभूमि में मुसलमानों के पिछड़ेपन की निशानी है।

(ग) यह मुख्यधारा से अलग-थलग होने और गरीबी की निशानी भी है।

(घ) उपर्युक्त सभी

उत्तर के लिए कृपया पृष्ठ सं. 201 देखें।

660. किस पार्टी ने पिछले दिनों मुसलमानों के लिए भविष्य की रूपरेखा पेश करने की घोषणा की?

(क) भारतीय जनता पार्टी ने (ख) जनता दल पार्टी ने

(ग) समाजवादी पार्टी ने (घ) बहुजन समाज पार्टी ने

661. किस पार्टी का दावा है कि वह मुसलिम विश्वविद्यालयों को उनके अल्पसंख्यक किरदार से निकालने, उर्दू को सरकारी भाषा का दर्जा देने और उसे वक्फ की राजनीति से बाहर निकालेगी?

(क) भारतीय जनता पार्टी का (ख) जनता दल पार्टी का

(ग) समाजवादी पार्टी का (घ) बहुजन समाज पार्टी का

662. किस पार्टी का एजेंडा देश की तरक्की में सभी मुसलमानों की हिस्सेदारी को सुनिश्चित करने का है?

(क) भाजपा का (ख) कांग्रेस का

(ग) जनता दल का (घ) समाजवादी पार्टी का

663. भारतीय जनता पार्टी के दावों पर संदेह क्यों किया जाता है?

(क) राष्ट्रीय स्वयंसेवक संघ जैसी धार्मिक संस्था से नजदीकी के कारण

(ख) गुजरात समेत उसके शासनवाले दूसरे राज्यों में सरकार के तौर-तरीकों को देखते हुए

(ग) पूर्व में उसकी सांप्रदायिक रुझानवाली छवि के कारण

(घ) उपर्युक्त सभी

664. बतौर गुजरात के मुख्यमंत्री नरेंद्र मोदी अमेरिका नहीं जा पाए, लेकिन गुजरात में विकास और भाईचारे का सच अमेरिका तक उनके किस दूत ने पहुँचा दिया?

(क) मौलाना इमाम लुमान तारापुरी

(ख) मौलाना इमाम लुकार तारापुरी

(ग) मौलाना इमाम लुकमान तारापुरी

(घ) मौलाना इमाम लुकरान तारापुरी

665. मौलाना इमाम लुकमान तारापुरी गुजरात में किस पद पर कार्यरत हैं?

(क) आणंद जामा मसजिद के इमाम

(ख) भारतीय इमाम संगठन के गुजरात इकाई के अध्यक्ष

(ग) तमाम गुजराती मुसलिमों के प्रतिनिधि

(घ) उपर्युक्त सभी

उत्तर के लिए कृपया पृष्ठ सं. 201 देखें।

666. गुजरात के विकास और भाईचारे का सच अमेरिका में जाकर बतानेवाले इमाम लुकमान अमेरिका क्यों गए थे?
(क) ग्लोबल गुजरात कॉन्फ्रेंस में हिस्सा लेने
(ख) ग्लोबल सेक्यूलर कॉन्फ्रेंस में हिस्सा लेने
(ग) ग्लोबल इंडियन कॉन्फ्रेंस में हिस्सा लेने
(घ) ग्लोबल मुसलिम कॉन्फ्रेंस में हिस्सा लेने

667. किस मौलाना इमाम ने कहा कि हम यह नहीं कहते कि मुसलमान वर्ष 2002 के दंगों को भूल जाएँ; लेकिन अगर मुसलमान उन दंगों को याद रखता है तो फिर आजादी के बाद से आज तक हुए हर दंगे को याद रखना चाहिए। अगर आजादी के बाद से आज तक हुए दंगों को भूल गए हैं तो फिर 2002 के दंगों को भी भूल जाना चाहिए।
(क) मौलाना इमाम लुमान तारापुरी
(ख) मौलाना इमाम लुकार तारापुरी
(ग) मौलाना इमाम लुकमान तारापुरी
(घ) मौलाना इमाम लुकरान तारापुरी

668. नरेंद्र मोदी के प्रति सकारात्मक बयान देने को लेकर विवादों में घिरने के बाद मुसलिम संगठन जमीयत उलेमा-ए-हिंद के किस कार्यकर्ता को सफाई देनी पड़ी थी?
(क) महासचिव मकसूद मदनी को
(ख) महासचिव महमूद मदनी को
(ग) महासचिव महमूद मोइनुद्दीन को
(घ) महासचिव मकसूद मोइनुद्दीन को

669. जमीयत उलेमा-ए-हिंद के मकसूद मदनी ने सफाई देते हुए क्या कहा था—
(क) कि उन्होंने सिर्फ गुजरात के मुसलमानों को ध्यान में रखकर यह बात कही थी।
(ख) कि गुजरात चुनाव में मोदी को मुसलमानों के एक वर्ग के वोट मिले थे।
(ग) कि मेरे बयान को संदर्भ से हटाकर पेश किया गया; लेकिन हालत बदले, जमाना बदला बहरहाल कुछ तो है कि मोदी को वोट मिले।
(घ) उपर्युक्त सभी

उत्तर के लिए कृपया पृष्ठ सं. 201 देखें।

670. नरेंद्र मोदी के अनुसार, आतंकवाद खत्म करने के लिए कैसा कानून बनना चाहिए?

(क) मुसलिमों के प्रति सहनशील वाले कानून

(ख) कड़ा मगर हिंदुओं के प्रति रहमदिल कानून

(ग) कड़े से कड़ा कानून

(घ) लचीला कानून

671. 18 जुलाई, 2006 को मोदी ने एक भाषण में आतंकवाद निरोधक अधिनियम जैसे कानून लाने के विरुद्ध अनिच्छा को लेकर किसकी आलोचना की?

(क) प्रधानमंत्री मनमोहन सिंह की

(ख) विपक्षी दलों की

(ग) भाजपा की

(घ) कांग्रेस अध्यक्ष की

672. श्री मोदी के शब्दों में—

(क) आतंकवाद युद्ध से भी बदतर है

(ख) आतंकवादी के कोई नियम नहीं होते

(ग) आतंकवादी का कोई मजहब या धर्म नहीं होता

(घ) उपर्युक्त सभी

673. श्री मोदी के अनुसार, एक आतंकवादी तय करता है कि—

(क) कब, कैसे, कहाँ और किसको मारना है

(ख) कब, किसे और क्यों मारना है।

(ग) कब, कैसे आतंक फैलाना है।

(घ) कौन उसका आका होगा।

674. मोदी के राजनीतिक दर्शन का मॉडल देश के किसी भी राजनेता से बिलकुल अलग है। अन्य नेताओं ने समर्थन से सत्ता हासिल की, लेकिन मोदी ने हमेशा—

(क) जोड़-तोड़ से सत्ता हासिल की

(ख) सत्ता से सत्ता हासिल की

(ग) धोखेबाजी से सत्ता हासिल की

(घ) सांप्रदायिक उन्माद फैलाकर सत्ता हासिल की

उत्तर के लिए कृपया पृष्ठ सं. 201 देखें।

675. मोदी अन्य राजनेताओं से इसलिए भी अलग हैं, क्योंकि माना जाता है कि वे—

(क) सबको साथ लेकर नहीं चलते, बल्कि सबको अपने साथ चलने के लिए मजबूर करते हैं।

(ख) उस साथी को अपने से अलग करने में देर नहीं लगाते, जो उनके काम का नहीं हो।

(ग) धर्म के प्रति इतने ज्यादा आसक्त हैं कि राजधर्म भूल जाते हैं।

(घ) केवल खुद आगे बढ़ना जानते हैं, इसलिए अकेले चलना पसंद करते हैं

676. भारतीय इतिहास में शायद यह पहली बार हुआ कि जहाँ एक ओर प्रधानमंत्री मनमोहन सिंह ने 15 अगस्त, 2013 को स्वतंत्रता दिवस पर परंपरागत तरीके से दिल्ली के लाल किले से देश को संबोधित किया, वहीं दूसरी ओर किसने और कहाँ से देश को संबोधित किया?

(क) भुज प्रांत में लालन कॉलेज के मैदान से नरेंद्र मोदी ने

(ख) छत्तीसगढ़ के अंबिकापुर से नरेंद्र मोदी ने

(ग) राजस्थान के जयपुर से नरेंद्र मोदी ने

(घ) मध्य प्रदेश के भोपाल से नरेंद्र मोदी ने

677. नरेंद्र मोदी ने अपनी वेदना व्यक्त करते हुए केंद्र सरकार पर कौन सा सीधा आरोप लगाया था?

(क) यह सरकार अब केवल एक परिवार का गुणगान करनेवाली मशीनरी भर बनकर रह गई है।

(ख) इसे देश के आम आदमी की कोई चिंता नहीं है।

(ग) इसे देश की आंतरिक व बाह्य सुरक्षा की कोई चिंता नहीं है।

(घ) उपर्युक्त तीनों

678. एक बार श्री मोदी ने चुटकी लेते हुए कहा था कि हिंदूवादी लोगों को चार धाम की यात्रा करने पर मोक्ष मिल जाता है, लेकिन बीसियों धाम घूमने पर भी जिस को मोक्ष नहीं मिलता है, वह कौन है?

(क) नेताओं को (ख) पापियों को

(ग) फाइलों को (घ) मुद्दों को

679. श्री नरेंद्र मोदी के अनुसार, तुष्टीकरण और दबाव के तहत योजना और संस्थाओं का निर्माण न करके कौन सी सोच के साथ निर्माण करना चाहिए?

(क) समेकितकृत सोच के साथ (ख) एकीकृत सोच के साथ

(ग) एकाकीकृत सोच के साथ (घ) एकमकृत सोच के साथ

उत्तर के लिए कृपया पृष्ठ सं. 201-202 देखें।

680. श्री मोदी किसे लोकतंत्र का पाँचवाँ स्तंभ कहते हैं?

(क) प्रिंट मीडिया को (ख) इलेक्ट्रॉनिक मीडिया को

(ग) सोशल मीडिया को (घ) एडवरटाइजिंग मीडिया को

681. श्री मोदी को वैश्विक नेता बतानेवाले इन्फोसिस के कार्यकारी सह-अध्यक्ष, उद्योग संगठन सी.आई.आई. के अध्यक्ष का नाम क्या है?

(क) ग्रिस गोपालकृष्णन

(ख) क्रिस गोपालकृष्णन

(ग) क्रिक गोपालकृष्णन

(घ) क्रेसी गोपालकृष्णन

682. गुजरात के तत्कालीन मुख्यमंत्री नरेंद्र मोदी ने 2012 के चुनावों से पहले प्रधानमंत्री मनमोहन सिंह को पत्र लिखकर पाकिस्तान से सरक्रीक वार्त्ता बंद करने और क्षेत्र को पड़ोसी देश को न सौंपने की माँग की थी। यह सरक्रीक विवाद क्या है?

(क) यह विवाद अरब सागर स्थित कच्छ के रण में 6 किलोमीटर लंबे मुहाने को लेकर है, जो गुजरात को पाकिस्तान के सिंध प्रांत से अलग करता है।

(ख) यह विवाद अरब सागर स्थित कच्छ के रण में 69 किलोमीटर लंबे मुहाने को लेकर है, जो गुजरात को पाकिस्तान के सिंध प्रांत से अलग करता है।

(ग) यह विवाद अरब सागर स्थित कच्छ के रण में 60 किलोमीटर लंबे मुहाने को लेकर है, जो गुजरात को पाकिस्तान के सिंध प्रांत से अलग करता है।

(घ) यह विवाद अरब सागर स्थित कच्छ के रण में 96 किलोमीटर लंबे मुहाने को लेकर है जो गुजरात को पाकिस्तान के सिंध प्रांत से अलग करता है।

683. नरेंद्र मोदी द्वारा उठाए सरक्रीक मुद्दे का यह जल क्षेत्र कहाँ स्थित है?

(क) यह गुजरात के भुज जिले और सिंध की सीमा के पास स्थित है।

(ख) यह गुजरात के कच्छ जिले और पाकिस्तान की सीमा के पास स्थित है।

(ग) यह गुजरात के कच्छ जिले और सिंध की सीमा के पास स्थित है।

(घ) यह गुजरात के भुज जिले और पाकिस्तान की सीमा के पास स्थित है।

उत्तर के लिए कृपया पृष्ठ सं. 202 देखें।

684. नरेंद्र मोदी ने सरक्रीक के मुद्दे पर केंद्र सरकार को पत्र क्यों लिखा?

(क) यह मुद्दा गुजरात के मछुआरों से जुड़ा था।

(ख) यह मुद्दा राजनीतिक तौर पर बहुत संवेदनशील था।

(ग) अंतरराष्ट्रीय तौर पर इस मुद्दे को भारत बहुत आगे ले जा सकता था।

(घ) इससे पाकिस्तानी सरहद का मामला जुड़ा था।

685. मोदी ने वर्ष 2012 के गुजरात विधानसभा चुनावों के ठीक पहले तत्कालीन प्रधानमंत्री मनमोहन सिंह को पत्र लिखकर सनसनी फैला दी थी। उस पत्र में क्या लिखा गया था?

(क) 'सरक्रीक को पाकिस्तान को सौंपे जाने पर हो रही वार्त्ता को लेकर मैं लिख रहा हूँ। इस तरह की कोई भी कोशिश बड़ी रणनीतिक भूल होगी। मैं निवेदन करता हूँ कि इस संबंध में पड़ोसी देश के साथ हो रही चर्चा पर तुरंत रोक लगाई जानी चाहिए।

(ख) 'मुझे पता चला है कि 15 दिसंबर, 2012 को सरक्रीक मुद्दे पर फैसला लिया जाएगा। पाकिस्तान के गृह मंत्री रहमान मलिक 14-16 दिसंबर, 2012 तक भारत में रहेंगे।'

(ग) 'पाकिस्तान के साथ सीमा पर तनाव के चलते गुजरात के सीमावर्ती लोग असुरक्षित रहते हैं। उत्तर गुजरात के सीमावर्ती इलाकों में व्यापक तेल व गैस के भंडार मिलने की भी संभावना है। सरक्रीक के निकट पाकिस्तान सैन्य तैयारियों में जुटा है। इस क्षेत्र को पाकिस्तान को सौंपे जाने से बड़ा खतरा पैदा हो जाएगा।'

(घ) उपर्युक्त तीनों

□

उत्तर के लिए कृपया पृष्ठ सं. 202 देखें।

वक्तव्य और वक्ता

686. ''एक समय था, जब दुनिया में भारतीय रुपया खनकता था। आज यह आवाज खो चुकी है। इसी प्रकार हमें अपने प्रधानमंत्री की भी आवाज सुनाई नहीं पड़ती। दोनों मौन हो चुके हैं।'' यह बात किसने कब कही थी?
(क) सुशील मोदी ने सौराष्ट्र क्षेत्र में आयोजित एक कार्यक्रम में
(ख) नरेंद्र मोदी ने सौराष्ट्र क्षेत्र में आयोजित एक कार्यक्रम में
(ग) लाल कृष्ण आडवाणी ने सौराष्ट्र क्षेत्र में आयोजित एक कार्यक्रम में
(घ) लालू प्रसाद यादव ने सौराष्ट्र क्षेत्र में आयोजित एक कार्यक्रम में

687. एक वक्तव्य के दौरान किसने नरेंद्र मोदी की तुलना चंद्रगुप्त मौर्य से की थी?
(क) स्वामी रामदेव ने
(ख) विश्व हिंदू परिषद् के अंतरराष्ट्रीय महासचिव प्रवीण तोगड़िया ने
(ग) विश्व हिंदू परिषद् के अध्यक्ष अशोक सिंघल ने
(घ) रामविलास वेदांती ने

688. पंजाब के किस नेता ने कहा था, ''हम जीते तो विकास के गुजरात मॉडल को अपनाएँगे।''
(क) पंजाब कांग्रेस अध्यक्ष अमरिंदर सिंह ने
(ख) पंजाब कांग्रेस अध्यक्ष अमरीक सिंह ने
(ग) पंजाब कांग्रेस अध्यक्ष अमरेंद्र सिंह ने
(घ) पंजाब कांग्रेस अध्यक्ष अमरजीत सिंह ने

689. 'गुजरात ने महात्मा गांधी को जन्म दिया। इस धरती ने हमें सरदार पटेल दिया और अब इसने हमारे देश को 'सरदार' मोदी दिया है।'' प्रधानमंत्री पद के लिए

उत्तर के लिए कृपया पृष्ठ सं. 202 देखें।

मोदी की दावेदारी का समर्थन जतानेवाले किस दल के नेता ने यह कहा था?

(क) अकाली दल के नेता प्रकाश सिंह बादल ने

(ख) राष्ट्रीय जनता दल के नेता लालू प्रसाद यादव ने

(ग) कांग्रेस की बिहार इकाई नेता साधु यादव ने

(घ) तृणमूल कांग्रेस की नेता ममता बनर्जी ने

690. ''वोटिंग ट्रेंड बदल गया है। विकास पर फोकस करनेवालों को ही सत्ता मिल रही है। इसमें कोई दो राय नहीं कि गुजरात में विकास हो रहा है। यही वजह है कि सरकार बनी। वे (नरेंद्र मोदी) क्यों बार-बार सत्ता में आ रहे हैं, क्योंकि उन्होंने विकास को सुनिश्चित किया है।'' यह वक्तव्य किसने दिया था?

(क) महाराष्ट्र के तत्कालीन मुख्यमंत्री पृथ्वीराज चव्हाण ने

(ख) बिहार के पूर्व मुख्यमंत्री नीतीश कुमार ने

(ग) दिल्ली की तत्कालीन मुख्यमंत्री शीला दीक्षित ने

(घ) उत्तर प्रदेश के मुख्यमंत्री अखिलेश यादव ने

691. ''मोदी के श्रोताओं में उनके समर्थक ही नहीं, बड़ी संख्या में विरोधी भी हैं, जो मानते हैं कि मोदी मीडिया की 'क्रिएशन' हैं।'' यह किसने कहा था?

(क) शरद पवार ने (ख) जदयू नेता नीतीश कुमार ने

(ग) राम जेठमलानी ने (घ) अखिलेश यादव ने

692. ''देश मजबूत नेता चाहता है। नरेंद्र मोदी के रूप में भाजपा को प्रधानमंत्री अटल बिहारी वाजपेयी के बाद पहली बार कोई मजबूत नेता मिला है। आडवाणीजी बड़े नेता बन गए थे, लेकिन वे इस स्तर तक नहीं उठ पाए।'' मोदी के लिए ऐसा किसने कहा?

(क) महाराष्ट्र के तत्कालीन मुख्यमंत्री पृथ्वीराज चव्हाण ने

(ख) बिहार के पूर्व मुख्यमंत्री नीतीश कुमार ने

(ग) दिल्ली की पूर्व मुख्यमंत्री शीला दीक्षित ने

(घ) उत्तर प्रदेश के मुख्यमंत्री अखिलेश यादव ने

693. ''श्री नरेंद्र मोदी के कद और कार्यों की तुलना सिर्फ सरदार पटेल से की जा सकती है।'' ऐसा कहनेवाले कौन थे?

(क) रमन सिंह (ख) शिवराज सिंह चौहान

(ग) नीतीश कुमार (घ) शरद पवार

उत्तर के लिए कृपया पृष्ठ सं. 202 देखें।

694. ''सोनिया गांधी से कौन डरता है? क्या सोनिया गांधी देश चला रही हैं? यह देश मनमोहन सिंह चला रहे हैं और मुझे यह बताइए कि कितने लोग यह जानते हैं कि मनमोहन सिंह हमारे प्रधानमंत्री हैं? जबकि देश का बच्चा-बच्चा नरेंद्र मोदी को जानता है।'' यह वक्तव्य किसने दिया?
(क) लालू प्रसाद यादव ने
(ख) साधु यादव ने
(ग) ममता बनर्जी ने
(घ) मुलायम सिंह ने

695. ''देश की जनता में असुरक्षा की भावना है और वह मोदी को एक मजबूत नेता के रूप में देखती है।'' यह किसने और कहाँ कहा?
(क) मुख्यमंत्री वसुंधरा राजे ने जयपुर की रैली में
(ख) मेनका गांधी ने नागपुर में
(ग) उमा भारती ने भोपाल में
(घ) सुषमा स्वराज ने संसद् में

696. ''गुजरात के मुख्यमंत्री नरेंद्र मोदी प्रधानमंत्री पद के अच्छे उम्मीदवार हैं, पर पार्टी में इस पद के कई और दावेदार हैं। इसमें कोई दो राय नहीं कि भाजपा के अंदर पी.एम. की कुरसी पर बैठने का ख्वाब देखनेवाले बहुत नेता हैं।'' यह वक्तव्य किसने दिया था?
(क) मेनका गांधी ने नागपुर में
(ख) सुषमा स्वराज ने संसद् में
(ग) स्वामी रामदेव ने एक योग शिविर में
(घ) वसुंधरा राजे ने जयपुर की रैली में

697. ''गुजरात का नमक सबने खाया है, परंतु नमक खाकर भी मोदी ने गुजरात का ही खून बहाया है।''
(क) श्रीमती सोनिया गांधी ने गुजरात की एक आम सभा में
(ख) कांग्रेस नेता शशि थरूर ने फेसबुक पर
(ग) कांग्रेस नेता बेनी प्रसाद वर्मा ने एक न्यूज चैनल पर
(घ) कांग्रेस नेता शकील अहमद ने ट्विटर पर

698. ''मोदी एक फकीर हैं। वह कभी बेईमान नहीं हो सकते, कभी भ्रष्टाचारी नहीं

उत्तर के लिए कृपया पृष्ठ सं. 202 देखें।

हो सकते, कभी बिक नहीं सकते और देश को लूट नहीं सकते।'' यह किसने कब कहा?

(क) मोहन भागवत ने एक आम सभा में

(ख) अटल बिहारी वाजपेयी ने भाजपा की वार्षिक बैठक में

(ग) स्वामी रामदेव ने जंतर-मंतर पर धरने के समय

(घ) नरेंद्र मोदी की माताजी ने एक इंटरव्यू में कहा

699. ''नरेंद्र मोदी ने अभी तक गुजरात में लोकायुक्त की नियुक्ति नहीं की, जो इस बात को दरशाता है कि वे हिटलर की तरह लोकतंत्र में विश्वास नहीं रखते। भले ही वे गुजरात विधानसभा का चुनाव जीत गए हों, लेकिन उनके दामन पर लगे दाग कभी नहीं धुल सकते। मैं मोदी को हिटलर नहीं कह रहा, बल्कि उनके काम करने का तरीका ही कुछ ऐसा है।'' यह किसने कब कहा?

(क) कांग्रेस नेता मंत्री वीरप्पा मोइली ने एक प्रेस कॉन्फ्रेंस में

(ख) कांग्रेस नेता दिग्विजय सिंह ने गुजरात की एक जनसभा में

(ग) गुजरात की राज्यपाल कमला बेनीवाल ने एक प्रेस विज्ञप्ति में

(घ) केशूभाई पटेल ने सांसदों से

700. ''अगर नरेंद्र मोदी दोषी हैं तो न्याय तंत्र उन्हें दोषी ठहराएगा, लेकिन कुछ लोग यह चाह रहे हैं कि देश में लोगों के बीच नफरत की दीवार बनी रहे। आज अगर मोदी हर समाज को साथ लेकर चलने की बात कर रहे हैं तो उसमें गलत क्या है? यह तो अच्छी बात है।'' यह बात किसने किससे कही?

(क) मौलाना इमाम लुकमान तारापुरी ने मुसलिम समुदाय के लोगों से

(ख) लालकृष्ण आडवाणी ने एक न्यूज चैनल को दिए इंटरव्यू में

(ग) अटल बिहारी वाजपेयी ने एक जनसभा को संबोधित करते हुए

(घ) राजनाथ सिंह ने जयपुर की रैली को संबोधित करते हुए

701. किस अमेरिकी समाचार-पत्र ने वर्ष 2014 में श्री नरेंद्र मोदी के प्रधानमंत्री बनने की संभावनाओं को स्वीकारा था?

(क) एरीजोना रिपब्लिक (ख) मियामी हेरॉल्ड

(ग) न्यूयॉर्क पोस्ट (घ) लॉस एंजिल्स टाइम्स

702. ''नेता की नैतिकता, नीयत और नीति नहीं है।'' यह बात मोदी ने किसके संदर्भ में कही थी?

(क) विपक्षी दलों के (ख) कांग्रेस सरकार के

(ग) जनता दल के (घ) बसपा के

उत्तर के लिए कृपया पृष्ठ सं. 202 देखें।

703. ''भ्रष्टाचार-मुक्त कांग्रेस बनाना कठिन है, इसलिए एकमात्र विकल्प है—कांग्रेस-मुक्त भारत बनाना,'' यह किसने किससे कहा?
(क) मोदी ने हैदराबाद की जनता से
(ख) मोदी ने छत्तीसगढ़ की जनता से
(ग) मोदी ने जयपुर की जनता से
(घ) मोदी ने पंजाब की जनता से

704. ''कांग्रेस में भ्रष्टाचार तोहफे की तरह है। जो ज्यादा भ्रष्टाचार करता है, वह पदोन्नति पाता है।'' ऐसा कहकर श्री मोदी ने किसे कठघरे में खड़ा किया?
(क) मनमोहन सिंह को
(ख) दिग्विजय सिंह को
(ग) सोनिया गांधी को
(घ) राहुल गांधी को

705. ''यदि खेलकूद आपके जीवन का हिस्सा नहीं है तो आपका व्यक्तित्व सर्वांगीण नहीं कहा जा सकता। मैं निश्चित तौर पर मानता हूँ कि बिना खेलकूद के खेल भावना का विकास नहीं होता है।'' ऐसा श्री मोदी ने कब कहा?
(क) गांधीनगर में खेल महाकुंभ की शुरुआत के अवसर पर
(ख) जयपुर की महारैली के अवसर पर
(ग) रेवाड़ी में पूर्व सैनिकों को संबोधित करते हुए
(घ) अंबिकापुर की आम सभा में

706. नरेंद्र मोदी ने, राहुल गांधी पर निशाना साधते हुए उन्हें राष्ट्रीय नहीं बल्कि अंतरराष्ट्रीय नेता बताया था क्योंकि—
(क) उनके अनुसार, राहुल चाहें तो भारत और इटली दोनों जगहों से चुनाव लड़ सकते हैं।
(ख) उनके अनुसार, राहुल की तुलना किसी और नेता से हो नहीं सकती।
(ग) उनके अनुसार, राहुल गांधी भारत के ही नहीं, इटली के भी बेटे हैं।
(घ) उनके अनुसार, राहुल गांधी को जाननेवाले देश-विदेश में हैं।

707. मोदी के अनुसार, उनका विश्वास कृषि-पूजा में है, जबकि कांग्रेस पिछले 50 वर्षों से किस पूजा को ही अपना ध्येय बनाए हुए है?
(क) व्यक्ति पूजा को (ख) कुरसी पूजा को
(ग) धन पूजा को (घ) परिवार पूजा को

उत्तर के लिए कृपया पृष्ठ सं. 202 देखें।

708. ''मोदीजी ए.सी. कमरे से नहीं, लेकिन धूप और धूल में अपने लोगों के बीच जाकर शासन करते हैं।'' मोदी के कार्यकलापों के संबंध में यह टिप्पणी किसने की थी?

(क) ममता बनर्जी ने (ख) जयललिता ने

(ग) सुषमा स्वराज ने (घ) मायावती ने

709. श्री नरेंद्र मोदी को अपना भाई माननेवाले किस नेता ने उनके गुणों की तारीफ करते हुए कहा कि ''मैं कई सालों से नरेंद्रभाई के दो गुणों से प्रभावित हुआ हूँ—कल्पना और नवीनता। और वे इन गुणों का उपयोग करके जो कुछ भी योजना बनाते हैं, उसे अच्छी तरह से कार्यान्वित भी करते हैं।''

(क) अरुण जेटली ने (ख) मुरली मनोहर जोशी ने

(ग) लालकृष्ण आडवाणी ने (घ) राजनाथ सिंह ने

710. महाराष्ट्र के किस पूर्व मुख्यमंत्री, पूर्व केंद्रीय मंत्री और शिवसेना के वरिष्ठ नेता ने कहा कि ''नरेंद्र मोदी हमारे देश के सबसे सक्षम नेताओं और प्रशासकों में से एक हैं।''

(क) मनोहर जोशी ने (ख) उद्धव ठाकरे ने

(ग) राज ठाकरे ने (घ) बाला साहेब ठाकरे ने

711. भाजपा के किस नेता ने गुजरात के पूर्व मुख्यमंत्री नरेंद्र मोदी की कामकाज करने की एक विशिष्ट शैली की प्रशंसा करते हुए कहा था कि उन्होंने गुजरात को दुनिया के नक्शे पर रख दिया है?

(क) कलराज मिश्र ने

(ख) अरुण जेटली ने

(ग) आरिफ मुहम्मद खान ने

(घ) मुरली मनोहर जोशी ने

☐

उत्तर के लिए कृपया पृष्ठ सं. 202 देखें।

वक्तव्य और वक्ता

712. मोदी के अनुसार, भाषा अनेक—
(क) भाव एक (ख) व्यक्ति एक
(ग) देश एक (घ) अर्थ एक

713. मोदी का मानना है कि राज्य अनेक—
(क) देश एक (ख) देश अनेक
(ग) राष्ट्र अनेक (घ) राष्ट्र एक

714. मोदी कहते हैं कि पंथ अनेक—
(क) मार्ग एक (ख) लक्ष्य एक
(ग) धर्म एक (घ) संप्रदाय एक

715. मोदी के अनुसार, बोली अनेक—
(क) भाषा एक (ख) स्वर एक
(ग) लिपि एक (घ) भाव एक

716. मोदी कहते हैं कि समाज अनेक—
(क) भारत एक (ख) संप्रदाय अनेक
(ग) जाति अनेक (घ) धर्म अनेक

717. मोदी के अनुसार, रिवाज अनेक—
(क) संस्कार अनेक (ख) परंपरा अनेक
(ग) त्योहार एक (घ) संस्कार एक

718. मोदी कहते हैं कि योजना अनेक, पर—
(क) ध्यान एक (ख) सम्मान एक
(ग) ध्येय एक (घ) विश्वास एक

उत्तर के लिए कृपया पृष्ठ सं. 203 देखें।

719. मोदी कहते हैं कि कार्य अनेक—
(क) विकल्प एक (ख) विकास एक
(ग) उद्देश्य एक (घ) संकल्प एक

720. मोदी के अनुसार, राह अनेक, पर—
(क) मंजिल एक (ख) मंजिल कठिन
(ग) राही एक (घ) राह कठिन

721. मोदी का मानना है कि पहनावे अनेक—
(क) रंग एक (ख) रंग अनेक
(ग) प्रतिभा एक (घ) अवसर अनेक

722. मोदी के अनुसार, चेहरे अनेक—
(क) भाव एक (ख) रंगत अनेक
(ग) मुसकान एक (घ) मुसकान अनेक

723. मोदी के अनुसार, रंग अनेक, पर—
(क) इंद्रधनुष एक (ख) पतंगें रंग-बिरंगी
(ग) गुजरात के रंग अनेक (घ) तिरंगा एक

724. एक साक्षात्कार में पूछे जाने पर कि आपको अहंकारी कहें तो कैसा लगता है, पर मोदी ने क्या कहा था?
(क) मैं स्वभाव से कठोर हूँ (ख) मैं स्वभाव को नहीं मानता
(ग) मेरे स्वभाव में फरियादें हैं (घ) मेरे स्वभाव में मस्ती है

725. मोदी ने निम्न में से किस पुस्तक का अनुवाद किया है?
(क) मराठी पुस्तक का गुजराती में (ख) गुजराती पुस्तक का मराठी में
(ग) गुजराती पुस्तक का हिंदी में (घ) हिंदी पुस्तक का गुजराती में

726. नरेंद्र मोदी की सुबह की आदत में शामिल है—
(क) एक कप दूध पीना (ख) एक कप नींबू-पानी पीना
(ग) एक कप ग्रीन टी पीना (घ) एक कप चाय पीना

727. नरेंद्र मोदी की आदत में शामिल नहीं है—
(क) सुबह का भ्रमण (ख) सुबह का नाश्ता
(ग) सुबह का अखबार (घ) सुबह का स्नान

728. मोदी अधिक-से-अधिक कितने घंटे पूजा-पाठ करते हैं?
(क) 1 (ख) 3
(ग) 2 (घ) आधा

उत्तर के लिए कृपया पृष्ठ सं. 203 देखें।

729. नरेंद्र मोदी किस दैवी शक्ति की आराधना करते है?
(क) अंबाजी (ख) दुर्गाजी
(ग) संतोषी माँ (घ) काली

730. मोदी को किस प्रकार की पुस्तकें पढ़ना पसंद हैं?
(क) दुनिया भर के लिए उपयोगी (ख) मानव जाति के लिए उपयोगी
(ग) भारत के लिए उपयोगी (घ) समाज के लिए उपयोगी

731. निम्न में से कौन सी पुस्तक नरेंद्र मोदी का लिखा कहानी-संग्रह है?
(क) रामतीर्थ (ख) विवेकतीर्थ
(ग) धर्मतीर्थ (घ) प्रेमतीर्थ

732. निम्न से कौन सा मोदी का लिखा काव्य-संग्रह है?
(क) माँ, तू धन्य छे (ख) धरती माँ, तू महान् छे
(ग) आँख आ धन्य छे (घ) भारत देश महान् छे

733. निम्न में से कौन सी पुस्तक मोदी ने 23 दिनों में लिख डाली थी?
(क) प्रेमतीर्थ (ख) संघर्ष में गुजरात
(ग) संघ और संघर्ष (घ) कमल और भाजपा

734. मोदी को निम्न में से क्या करना अच्छा लगता है?
(क) ड्राइविंग (ख) तैराकी
(ग) फोटोग्राफी (घ) तबला बजाना

735. चैत्र नवरात्र में उपवास के दौरान मोदी खाने में क्या ग्रहण करते हैं?
(क) केवल फल (ख) फल व जल
(ग) केवल जल (घ) एक समय भोजन

736. आश्विन मास में पड़नेवाले नवरात्र उपवास के दौरान खाने में मोदी क्या ग्रहण करते हैं?
(क) केवल फल (ख) केवल जल
(ग) फल व जल (घ) एक समय भोजन

737. नरेंद्र मोदी की याददाश्त कैसी है?
(क) बुरी (ख) औसत
(ग) मध्यम (घ) तीव्र

738. मोदी के अनुसार, मेरा भाग्य-विधाता—
(क) मेरी होशियारी है (ख) मेरा विश्वास है
(ग) मेरी जिम्मेदारी है (घ) मेरा हौसला है

उत्तर के लिए कृपया पृष्ठ सं. 203 देखें।

739. मोदी का कहना है कि मेरी हर जिम्मेदारी ही—

(क) मेरा भाग्य तय करती है (ख) मेरी आय तय करती है

(ग) मेरा हौसला तय करती है (घ) मेरा विश्वास है

740. मोदी का मनपसंद फिल्मी गाना कौन सा है?

(क) ये दुनिया, ये महफिल मेरे काम की नहीं···

(ख) कुछ तो लोग कहेंगे, लोगों का काम है कहना···

(ग) जीना यहाँ मरना यहाँ, इसके सिवा जाना कहाँ···

(घ) मेरा जूता है जापानी, ये पतलून इंगलिशतानी, सिर पे लाल टोपी रूसी फिर भी दिल है हिंदुस्तानी···

741. नरेंद्र मोदी रोजाना सुबह किसका स्मरण करते हैं?

(क) गायत्री मंत्र का (ख) महामृत्युंजय मंत्र का

(ग) ओमकार का (घ) शिव स्तोत्रम् का

742. मोदी को किस प्रकार की फिल्में पसंद आती हैं?

(क) एक्शन प्रधान फिल्में (ख) प्रेम प्रधान फिल्में

(ग) हिंसक फिल्में (घ) कलात्मक या स्लो फिल्में

743. मोदी के अनुसार, उन्हें सबसे अधिक आनंद अपनी किस योजना से हासिल हुआ?

(क) चिरंजीवी योजना से (ख) शाला प्रवेशोत्सव से

(ग) पंचामृत योजना से (घ) जन-शक्ति योजना से

744. मोदी के अनुसार, सफलता के लिए सच्ची ताकत कौन सी है?

(क) अकेले संघर्ष और सफलता पाना

(ख) भीतरी ऊर्जा

(ग) मन की ताकत

(घ) टीम बनना और सफलता पाना

745. नरेंद्र मोदी के लिए 'सी.एम.' का अर्थ क्या रहा था?

(क) चीफ मिनिस्टर (ख) कमिटेड मिनिस्टर

(ग) कॉमन मैन (घ) कमिटेड मैन

746. मोदी के लिए राजनीति क्या है?

(क) महत्त्वाकांक्षा (ख) मिशन

(ग) पॉवर (घ) सत्ता

उत्तर के लिए कृपया पृष्ठ सं. 203 देखें।

747. मोदी के अनुसार, कड़ी मेहनत क्या लाती है?

(क) थकान (ख) कमजोरी

(ग) हौसला (घ) संतोष

748. नरेंद्र मोदी के अनुसार, समाज की सेवा करने का अवसर हमें क्या प्रदान करता है?

(क) धन बनाने का मौका (ख) ऋण चुकाने का मौका

(ग) देश बनाने का मौका (घ) समाज बनाने का मौका

749. मोदी का मानना है—इच्छा + स्थिरता = संकल्प और संकल्प + कड़ी मेहनत = ...?

(क) नौकरी (ख) भरोसा

(ग) सफलता (घ) आर्थिक अवसर

750. हम किसी व्यक्ति की सनक के हिसाब से सरकार नहीं चलाते। हमारा विकास सुधारों द्वारा संचालित है। हमारे सुधार नीति द्वारा संचालित हैं और हमारी नीतियाँ—

(क) सरकार द्वारा संचालित हैं (ख) विश्व बैंक द्वारा संचालित हैं

(ग) 'ब्रिक' द्वारा संचालित हैं (घ) लोगों द्वारा संचालित हैं

751. मोदी ने एक बार कहा था, ''मेरे लिए पूरा गुजरात ही एस.ई.जेड. (सेज) है; एस = स्पिरिचुएलिटी, ई = एंटरप्राइज तथा जेड = ?

(क) जीरो (Zero) (ख) जील (Zeal)

(ग) जीस्ट (Zest) (घ) जोन (Zone)

752. मोदी के अनुसार, हममें से हर किसी के अंदर अच्छे और बुरे गुण होते हैं। जो अच्छे पर ध्यान केंद्रित करने का निर्णय लेते हैं, वे ही—

(क) सक्षम होते हैं (ख) इनसान होते हैं

(ग) जीवन में सफल होते हैं (घ) कर्मयोगी होते हैं

753. मोदी के अनुसार, ''काम का कोई भी अवसर मिलना मेरे लिए सौभाग्य की बात है। मैं उसमें अपनी आत्मा डाल देता हूँ। ऐसा हर एक अवसर अगले अवसर का..............खोल देता है।''

(क) द्वार (ख) भाग्य

(ग) ताला (घ) मुँह

उत्तर के लिए कृपया पृष्ठ सं. 203 देखें।

754. मोदी के अनुसार, "केवल वे, जो निरंतर चलते रहते हैं, उन्हीं को बदले में मिलता है......"

(क) मिठाई (ख) मीठा शरबत

(ग) धन (घ) मीठा फल

755. "मेरे जीवन में मिशन सबकुछ है, …………… कुछ भी नहीं।" खाली स्थान में क्या आएगा?

(क) कमिशन (ख) करप्शन

(ग) एंबिशन (घ) ऑप्शन

756. "मैं खुश हूँ कि मुझे उम्मीदों के पैमाने पर आँका गया है, न कि………के पैमाने पर।" इस कथन में रिक्त स्थान पर मोदी ने क्या शब्द कहे थे?

(क) यश-अपयश (ख) भाग्य-दुर्भाग्य

(ग) हर्ष-विषाद (घ) सुख-दुःख

757. मोदी का कथन है कि राजनीति में कोई नहीं होता—

(क) अर्द्ध विराम (ख) प्रश्नवाचक

(ग) पूर्ण विराम (घ) आश्चर्यवाचक

758. मोदी के अनुसार, लोकतंत्र में हमेशा क्या निर्णायक होता है?

(क) प्रजातंत्र (ख) जनमत

(ग) प्रधानमंत्री (घ) संसद्

759. "हर एक नीति के लिए उनके पास एक मिसाल है। मेरी दादी ने यह किया, मेरे पिता ने वो किया और मेरे परदादा ने कुछ और किया। क्या ऐसे ही आप देश चलाते हैं।" यह कथन मोदी ने किसे उदधृत करते हुए कहा था?

(क) सोनिया गांधी (ख) वरुण गांधी

(ग) राहुल गांधी (घ) मेनका गांधी

760. "मेरे लिए धर्म काम के प्रति निष्ठा है और निष्ठापूर्वक काम करना……… होना है।" मोदी के इस कथन में रिक्त स्थान पर कौन सा शब्द इस्तेमाल हुआ था?

(क) सामाजिक (ख) राजनीतिज्ञ

(ग) राष्ट्रवादी (घ) धार्मिक

761. मोदी काम को क्या बना दिए जाने की सीख देते हैं?

(क) महत्त्वाकांक्षा (ख) धर्म

(ग) जीवन-दर्शन (घ) संघर्ष

उत्तर के लिए कृपया पृष्ठ सं. 203 देखें।

762. मोदी का कथन है, ''मेरा संघर्ष 'फाइल' में .... लाना है।'' रिक्त स्थान में उन्होंने कौन सा शब्द प्रयुक्त किया था?

(क) गति (ख) प्रगति

(ग) निबटारा (घ) लाइफ

763. मोदी की दृष्टि में—मन समस्या नहीं है, बल्कि समस्या है—

(क) आसक्ति (ख) मानसिकता

(ग) दुर्भावना (घ) पूर्वग्रह

764. मोदी का कहना है कि सरकार का केवल एक ही धर्म है—

(क) सर्वोपरि भारत (ख) आर्थिक विकास

(ग) सुदृढ़ लोकतंत्र (घ) जन-विकास

765. मोदी का मानना है कि सरकार के लिए सिर्फ एक ही धर्मग्रंथ है—

(क) लोकसभा (ख) राज्यसभा

(ग) विधि-विधान (घ) संविधान

766. मोदी के अनुसार, सरकार की एकमात्र शक्ति क्या है?

(क) सत्ता की शक्ति (ख) संसद् की शक्ति

(ग) जनशक्ति (घ) मंत्रिमंडलीय शक्ति

767. मोदी के अनुसार, सरकार की एकमात्र आचार-संहिता क्या होनी चाहिए?

(क) सांसद निधि का खर्च (ख) सबका साथ, सबका विश्वास

(ग) जन-जन का साथ (घ) अपनों का साथ, पार्टी का विश्वास

768. मोदी ने कहा था, ''मैं हिंदुस्तान की तिजोरी पर कोई 'पंजा' नहीं पड़ने दूँगा, आप मुझे प्रधानमंत्री नहीं.....बनाइए।''

(क) चौकीदार (ख) जमादार

(ग) बेलदार (घ) सेवादार

769. झाँसी की एक सभा में मोदी ने गरीबों की झोंपड़ियों को किसके पूर्वजों के पराक्रम का परिणाम बताया था?

(क) सोनिया गांधी (ख) राजीव गांधी

(ग) मनमोहन सिंह (घ) राहुल गांधी

770. मोदी के अनुसार, कांग्रेस को आधी रोटी से पूरी तक पहुँचने में कितने साल लग गए?

(क) 65 (ख) 60

(ग) 63 (घ) 57

उत्तर के लिए कृपया पृष्ठ सं. 203-204 देखें।

771. मोदी के कथनानुसार, पेट भर रोटी के लिए कांग्रेस कितने साल लगा देगी?

(क) 175 (ख) 75

(ग) 100 (घ) 150

772. मोदी ने एक जनसभा में जनता से कहा कि उसने कांग्रेस को 60 साल दिए। उन्होंने जनता से अपने लिए कितना समय माँगा?

(क) 62 महीने (ख) 60 महीने

(ग) 75 महीने (घ) 120 महीने

773. मोदी ने बतौर प्रधानमंत्री कितने साल में देश की तसवीर और जनता की तकदीर बदलने का वादा किया?

(क) 50 महीने में (ख) 12 साल में

(ग) 10 साल में (घ) 5 साल में

774. 'सबका' सफाया करो। इस कथन से 'सबका' से मोदी का क्या अभिप्राय था?

(क) स—समस्या, ब—बदइंतजामी, का—काहिली

(ख) स—सपा, ब—बसपा-का—कांग्रेस

(ग) स—संप्रदाय, ब—बनावटीपन, का—कामकाज

(घ) स—सजातीयता, ब—बयानबाजी, का—कामचोरी

775. "इतनी नदियों के बाद भी बुंदेलखंड प्यासा क्यों है, जमीन सूखी क्यों है? यहाँ किसान आत्महत्या क्यों करता है?" अपने भाषण में ये उद्‌गार मोदी ने कहाँ पर व्यक्त किए थे?

(क) झाँसी में (ख) महोबा में

(ग) ललितपुर में (घ) चिरगाँव में

776. मोदी ने एक जनसभा के दौरान कहा, "सात तारीख को सब मतदान करें। पहले मतदान फिर......"

(क) धूम्रपान (ख) पान-सुपारी

(ग) जलपान (घ) दान-पुण्य

777. वर्ष 2014 के आम चुनाव के दौरान मोदी ने लगभग कितनी चुनावी सभाओं को संबोधित किया?

(क) 217 (ख) 450

(ग) 309 (घ) 523

उत्तर के लिए कृपया पृष्ठ सं. 204 देखें।

778. वर्ष 2014 के आम चुनाव के दौरान मोदी ने कितने स्थानों पर मतदाताओं के साथ संपर्क किया?

(क) 150 (ख) 277

(ग) 2,523 (घ) 5,800

779. वर्ष 2014 के आम चुनाव के दौरान नरेंद्र मोदी ने कुल कितने कि.मी. की यात्रा की?

(क) 3 लाख किलोमीटर से ज्यादा

(ख) डेढ़ लाख किलोमीटर

(ग) ढाई लाख किलोमीटर से कम

(घ) 2 लाख किलोमीटर से ज्यादा

780. वर्ष 2014 के आम चुनाव के दौरान मोदी कितने स्थानों पर 'चाय पर चर्चा' के जरिए जनता से रू-बरू हुए?

(क) 2,500 स्थानों पर (ख) 4,000 स्थानों पर

(ग) 150 स्थानों पर (घ) एक लाख स्थानों पर

781. वर्ष 2014 के आम चुनाव के दौरान नरेंद्र मोदी ने थ्रीडी तकनीक के जरिए कितने स्थानों पर जनता को संबोधित किया?

(क) 290 (ख) 1,800

(ग) 2,623 (घ) 1,300

782. वर्ष 2014 के आम चुनाव में मोदी ने अपना चुनाव अभियान किस जगह से आरंभ किया था?

(क) जम्मू (ख) ऊधमपुर

(ग) झाँसी (घ) पटना

783. मोदी ने वर्ष 2014 के आम चुनाव में चुनावी अभियान का आरंभ किसका आशीर्वाद लेकर आरंभ किया?

(क) दुर्गा का (ख) अंबाजी का

(ग) वैष्णो देवी का (घ) काली माँ का

784. वर्ष 2014 के आम चुनाव के दौरान मोदी ने अपने चुनाव अभियान का समापन किस शहर में किया?

(क) बलिया (ख) बस्ती

(ग) गोरखपुर (घ) गोंडा

उत्तर के लिए कृपया पृष्ठ सं. 204 देखें।

785. वर्ष 2014 के आम चुनाव में मोदी ने किन दो स्थानों से चुनाव लड़ा था?
(क) वाराणसी-अहमदाबाद (ख) वडोदरा-राजकोट
(ग) वाराणसी-वडोदरा (घ) वडनगर-वाराणसी

786. नरेंद्र मोदी ने मैनेजमेंट और पब्लिक रिलेशन से संबंधित तीन महीने का कोर्स निम्न में से किस स्थान से किया है?
(क) अमेरिका (ख) ऑस्ट्रेलिया
(ग) कनाडा (घ) भारत

787. नरेंद्र मोदी इनमें में से क्या हैं?
(क) मांसाहारी (ख) सर्वाहारी
(ग) शाकाहारी (घ) उपर्युक्त सभी

788. नरेंद्र मोदी को इनमें में से किसका शौक है?
(क) तलवारबाजी (ख) मुक्केबाजी
(ग) तीरंदाजी (घ) पतंगबाजी

789. नरेंद्र मोदी के एक कथनानुसार, 'जितना अधिक आप मेरे ऊपर कीचड़ फेंकेंगे, उतना अधिक .... खिलेगा।' खाली स्थान में क्या बोला गया था?
(क) नमो (ख) फूल
(ग) कमल (घ) भाजपा

790. "आप मुझे एक मजबूत सरकार दीजिए, मैं आपको एक मजबूत .... दूँगा।"
(क) पार्टी (ख) भारत
(ग) देश (घ) लोकतंत्र

791. मोदी के अनुसार, वे एक 'स्किल्ड इंडिया' चाहते हैं, लेकिन कांग्रेस ने अपने शासनकाल के दौरान 10 साल में उसे क्या बना दिया?
(क) कांग्रेस इंडिया (ख) सोनिया इंडिया
(ग) ग्लोबल इंडिया (घ) स्कैम इंडिया

792. मोदी ने अपने भाषण के दौरान एक बार कहा था, "मैंने चाय बेची है, लेकिन कभी अपना .... नहीं बेचा।" खाली स्थान में कौन सा शब्द प्रयोग किया गया?
(क) कोयला (ख) देश
(ग) ईमान (घ) स्वाभिमान

793. मोदी के अनुसार, लोकतंत्र का दुशमन निम्न में से कौन है?
(क) संसद् (ख) विधानसभा
(ग) सांसद (घ) राजवंश

उत्तर के लिए कृपया पृष्ठ सं. 204 देखें।

794. मोदी के अनुसार, किसी भी राजनीतिक पार्टी के लिए उसका घोषणा-पत्र किसकी तरह होना चाहिए?
(क) धर्मग्रंथ की तरह (ख) गीता, कुरान और बाइबिल की तरह
(ग) संविधान की तरह (घ) रूलबुक की तरह

795. वर्ष 2014 के आम चुनाव में एक सभा में मोदी ने कहा था, ''पाकिस्तान के पास 3 एकेज हैं—ए.के. 47, ए.के. अंटोनी तथा, ए.के.-49; यहाँ ऐ.के.-49 से उनका इशारा किसकी ओर था?
(क) अरविंद केजरीवाल (ख) कांग्रेस
(ग) सोनिया गांधी (घ) राहुल गांधी

796. वर्ष 2014 के आम चुनाव के दौरान एक चुनावी सभा में मोदी ने किसे जुड़वाँ बहनें कहा था?
(क) कांग्रेस एवं सोनिया गांधी को (ख) सोनिया एवं मेनका गांधी को
(ग) सोनिया गांधी एवं करप्शन को (घ) कांग्रेस एवं करप्शन को

797. निम्न में से कौन सा मोदी का एक लोकप्रिय नारा रहा है?
(क) भारत विजय की ओर बढ़ो (ख) अच्छे दिन आने वाले हैं
(ग) तुम्हारे दिन आने वाले हैं (घ) आशा और उम्मीद भरोसा है

798. मोदी के अनुसार, उन्होंने वडोदरा में कितने मिनट बिताकर 5 लाख वोटों से जीत हासिल की?
(क) सिर्फ 35 मिनट (ख) सिर्फ 25 मिनट
(ग) सिर्फ 120 मिनट (घ) सिर्फ 50 मिनट

799. मोदी के एक वक्तव्य के अनुसार वे क्या हैं?
(क) मजदूर नंबर वन (ख) प्रधानमंत्री नंबर वन
(ग) राष्ट्रभक्त नंबर वन (घ) राष्ट्रवादी नंबर वन

800. मोदी का मूल मंत्र क्या है?
(क) देश-दुनिया का विकास (ख) सबका साथ, सबका विकास
(ग) हम सबका विकास (घ) साथ-साथ करो विकास

801. मोदी को निम्न में से क्या संज्ञा दी जाती है?
(क) 'वज्र पुरुष' (ख) 'धर्मवीर'
(ग) 'धीर वीर' (घ) 'विकास पुरुष'

उत्तर के लिए कृपया पृष्ठ सं. 204 देखें।

802. अमेरिका ने किस वर्ष बतौर गुजरात के मुख्यमंत्री नरेंद्र मोदी को वीजा देने से इनकार कर दिया था?

(क) 2005 (ख) 2003

(ग) 2007 (घ) 2012

803. गुजरात के मुख्यमंत्री रहते हुए मोदी ने किस पड़ोसी देश का चार बार दौरा किया?

(क) भूटान (ख) चीन

(ग) नेपाल (घ) श्रीलंका

804. एक साक्षात्कार में मोदी ने कहा कि "..........के बाद भाजपा सबसे सशक्त स्थायी सरकार बनाने जा रही है।" खाली स्थान में उन्होंने किसका नाम लिया था?

(क) मनमोहन सिंह (ख) पी.वी. नरसिम्हाराव

(ग) अटल बिहारी वाजपेयी (घ) राजीव गांधी

805. इनमें से किस विवाद में मोदी का नाम घसीटा गया?

(क) कांग्रेस की जासूसी (ख) मंत्रियों की जासूसी

(ग) लड़की की जासूसी (घ) बच्चे की जासूसी

806. मोदी ने अपनी कई चुनावी सभाओं में 'दामादजी' कहकर चुटकी ली। उनका संकेत किस व्यक्ति की ओर था?

(क) रॉबर्ट वाड्रा (ख) अमित शाह

(ग) राहुल गांधी (घ) वरुण गांधी

807. मोदी पर निम्न में से किसका पक्षधर होने के आरोप पिछले दिनों लगाए गए?

(क) टाटा (ख) अदानी

(ग) बिड़ला (घ) इन्फोसिस

808. मई 2014 में दूरदर्शन को दिए एक साक्षात्कार में नरेंद्र मोदी ने प्रियंका गांधी को किसके समान बताया था?

(क) अपनी बहन के समान (ख) अपनी प्रतिद्वंद्वी के समान

(ग) अपनी बेटी के समान (घ) उपर्युक्त में से कोई नहीं

809. नरेंद्र मोदी किस जाति से संबंधित हैं?

(क) अगड़ी जाति (ख) अनुसूचित जाति

(ग) अनुसूचित जनजाति (घ) पिछड़ी जाति

उत्तर के लिए कृपया पृष्ठ सं. 204 देखें।

810. ''अगर मोदी ने गुनाह किया है तो उसे फाँसी पर लटका दो।'' मोदी ने यह बात किस संदर्भ में कही थी?

(क) गोधरा दंगों के (ख) सहारनपुर दंगों के

(ग) मुजफ्फरनगर दंगों के (घ) मुरादाबाद दंगों के

811. नरेंद्र मोदी ने वर्ष 2014 के आम चुनाव को कैसा चुनाव बताया था?

(क) निराशा का चुनाव (ख) जनता का चुनाव

(ग) आशा का चुनाव (घ) संप्रदाय का चुनाव

812. सपने के बारे में मोदी का क्या विचार है?

(क) कुछ बनने का सपना देखना चाहिए

(ख) कुछ करने का सपना देखना चाहिए

(ग) सपना नहीं देखना चाहिए

(घ) सपने कभी सच नहीं होते

813. किस डेवलपमेंट को मोदी सारी दुनिया की एक प्राथमिकता मानते हैं?

(क) ह्यूमन (ख) क्रॉप्स

(ग) इलेक्ट्रॉनिक्स (घ) स्किल

814. मोदी के अनुसार, लॉ लेसनेस एक हकीकत है, लेकिन.........यह बहुत जरूरी है।

(क) लेस लॉ (ख) फोर्स्ड लॉ

(ग) हार्ड लॉ (घ) सॉफ्ट लॉ

815. मोदी के अनुसार, हमारी सरकारों में 'फाइलें 40 धाम की यात्रा पूरी करें, तब भी फाइलों का क्या नहीं होता है—

(क) खात्मा (ख) काम

(ग) मोक्ष (घ) उपर्युक्त सभी

816. मोदी के अनुसार, उनका थिंक टैंक कौन है?

(क) सवा सौ करोड़ देशवासी (ख) हजारों साल की विरासत

(ग) नई-नई टेक्नोलॉजी रिसर्च (घ) उपर्युक्त सभी

817. मोदी के अनुसार, रिसर्च और.........यह हमारी प्राथमिकता होनी चाहिए?

(क) रोजगार (ख) टेक्नोलॉजी

(ग) इनोवेशन (घ) खेती

उत्तर के लिए कृपया पृष्ठ सं. 204 देखें।

818. मोदी के अनुसार, वे देश के लिए तीन चीजों की सबसे बड़ी आवश्यकता है। वे ठीक हुईं तो जनता भी अच्छा सोचती है।'' वे तीन चीजें क्या हैं?

(क) जनता, सांसद और संसद् (ख) नेता, नीति और नीयत

(ग) नेता, संसद् और राजनीति (घ) कानून, अदालत और पुलिस

819. वर्ष 2014 के आम चुनाव में नरेंद्र मोदी ने एक चुनावी रैली में 'खूनी पंजा' का संबोधन किया। वह संबोधन किसके लिए था?

(क) समाजवादी पार्टी (ख) लालू प्रसाद यादव

(ग) नीतीश कुमार (घ) कांग्रेस

820. चुनावी रैलियों में मोदी अकसर 'शहजादा' शब्द का संबोधन करते रहे। वह संबोधन किसके लिए था?

(क) राहुल गांधी (ख) अखिलेश यादव

(ग) रॉबर्ट वाड्रा (घ) उमर अब्दुल्ला

821. मोदी से संबद्ध किस नारे पर देश भर में खूब विवाद हुआ?

(क) तू भी मोदी, मैं भी मोदी (ख) बोल बम, मोदी बम

(ग) हर-हर मोदी, घर-घर मोदी (घ) बम-बम मोदी

822. ''भारत में कोई सबसे सुखी सी.एम. है तो............की सी.एम. है। रिबन काटने के सिवा उनके पास कोई काम नहीं है।'' मोदी ने एक चुनावी रैली में यह चुटकी किसके संबंध में ली थी?

(क) दिल्ली की सी.एम. शीला दीक्षित

(ख) तमिलनाडु की सी.एम. जयललिता

(ग) पश्चिम बंगाल की सी.एम. ममता बनर्जी

(घ) महाराष्ट्र के सी.एम. पृथ्वीराज चौहान

823. दिल्ली की चुनावी रैली में भाषण देते हुए मोदी ने कहा था, ''इस सरकार का एक ही मकसद है—गांधी-भक्ति करना।'' 'गांधी-भक्ति' से उनका इशारा किस ओर था?

(क) गांधी के विचारों की भक्ति (ख) गांधी को ईश्वर मानकर भक्ति

(ग) गांधी की उपेक्षा (घ) गांधी छाप नोटों की भक्ति

824. गोधरा दंगों पर किसने मोदी को राजधर्म का पालन करने की नसीहत दी थी?

(क) लालकृष्ण आडवाणी (ख) सोनिया गांधी

(ग) अटल बिहारी वाजपेयी (घ) मुरली मनोहर जोशी

□

उत्तर के लिए कृपया पृष्ठ सं. 204 देखें।

प्रधानमंत्री नरेंद्र मोदी

825. वर्ष 2014 के आम चुनाव में वडोदरा से मोदी के खिलाफ कौन खड़ा हुआ था?

(क) अरविंद केजरीवाल (ख) शंकर सिंह वाघेला

(ग) मधुसूदन मिस्त्री (घ) केशूभाई पटेल

826. वर्ष 2014 के आम चुनाव में वडोदरा संसदीय सीट से जनता ने किसे विजय प्रदान की?

(क) मधुसूदन मिस्त्री (ख) नरेंद्र मोदी

(ग) शंकर सिंह वाघेला (घ) अरविंद केजरीवाल

827. वर्ष 2014 में वडोदरा संसदीय सीट पर मोदी को कुल कितने वोट हासिल हुए?

(क) 8,45,464 (ख) 4,85,972

(ग) 5,27,857 (घ) 9,20,198

828. नरेंद्र मोदी ने वर्ष 2014 के आम चुनाव में वडोदरा सीट पर अपने निकटतम प्रतिद्वंद्वी कांग्रेस के मधुसूदन मिस्त्री को कितने वोटों के अंतर से पराजित किया?

(क) 6,20,298 (ख) 1,98,209

(ग) 7,20,403 (घ) 5,70,128

829. वर्ष 2014 के आम चुनाव में वाराणसी से मोदी के खिलाफ मुख्य प्रतिद्वंद्वी कौन था?

(क) विजय प्रकाश जायसवाल (ख) अरविंद केजरीवाल

(ग) अजय राय (घ) कैलाश चौरसिया

उत्तर के लिए कृपया पृष्ठ सं. 205 देखें।

830. वर्ष 2014 के आम चुनाव में वाराणसी संसदीय सीट से किसे जीत हासिल हुई?

(क) अरविंद केजरीवाल (ख) मधुसूदन मिस्त्री

(ग) अजय राय (घ) नरेंद्र मोदी

831. वर्ष 2014 के आम चुनाव में वाराणसी संसदीय सीट पर मोदी को कुल कितने वोट हासिल हुए?

(क) 5,81,022 (ख) 4,83,700

(ग) 7,59,182 (घ) 8,95,274

832. नरेंद्र मोदी ने वर्ष 2014 के आम चुनाव में वाराणसी सीट पर अपने निकटतम प्रतिद्वंद्वी आम आदमी पार्टी के अरविंद केजरीवाल को कितने वोटों के अंतर से पराजित किया?

(क) 2,59,578 (ख) 6,20,893

(ग) 3,71,783 (घ) 1,99,827

833. वर्ष 2014 के लोकसभा चुनावों में वाराणसी और वडोदरा दोनों लोकसभा सीटें जीतकर मोदी ने किस सीट को छोड़ दिया?

(क) वाराणसी (ख) वडोदरा

(ग) दोनों (घ) कोई नहीं

834. मोदी के नेतृत्व में लड़े गए वर्ष 2014 के आम चुनाव में भाजपा को कुल कितनी सीटें हासिल हुईं?

(क) 326 (ख) 178

(ग) 282 (घ) 291

835. वर्ष 2014 के आम चुनाव में वाराणसी और वडोदरा दोनों सीटों से जीत हासिल करके अपना पहला भाषण मोदी ने कहाँ दिया?

(क) वाराणसी (ख) अहमदाबाद

(ग) दिल्ली (घ) वडोदरा

836. लोकसभा सदस्य निर्वाचित होने के पश्चात् कब नरेंद्र मोदी ने गुजरात के सी.एम. पद से इस्तीफा दे दिया?

(क) 14 मई, 2014 को (ख) 18 मई, 2014 को

(ग) 21 मई, 2014 को (घ) 23 मई, 2014 को

उत्तर के लिए कृपया पृष्ठ सं. 205 देखें।

837. गुजरात विधानमंडल के भाजपा विधायकों ने बतौर सी.एम. किसे मोदी का उत्तराधिकारी चयनित किया?
(क) आनंदी बेन पटेल (ख) नितिनभाई पटेल
(ग) बाबूभाई सुखाड़िया (घ) रमनलाल वोरा

838. मोदी कितने साल बतौर गुजरात के मुख्यमंत्री कार्यरत रहे?
(क) 14 (ख) 12
(ग) 13 (घ) 11

839. वर्ष 2014 के आम चुनाव में अपने दम पर, बहुमत हासिल करने के पश्चात् कब भाजपा ने मोदी को संसदीय दल का नेता चुना?
(क) 21 मई, 2014 को (ख) 18 मई, 2014 को
(ग) 13 मई, 2014 को (घ) 20 मई, 2014 को

840. भाजपा संसदीय दल के नेता के लिए मोदी के नाम का प्रस्ताव सबसे पहले किसने रखा?
(क) मुरली मनोहर जोशी (ख) लालकृष्ण आडवाणी
(ग) सुषमा स्वराज (घ) अमित शाह

841. 20 मई, 2014 को पहली बार संसद् पहुँचकर मोदी ने क्या किया?
(क) गंगाजल का छिड़काव किया (ख) ठहाका लगाया
(ग) संसद् की सीढ़ी पर मत्था टेका (घ) सीढ़ी पर लोट गए

842. संसदीय दल के नेता निर्वाचित होने के बाद मोदी ने किसके पैर छूकर आशीर्वाद लिया?
(क) लालकृष्ण आडवाणी (ख) मुरली मनोहर जोशी
(ग) सुषमा स्वराज (घ) वेंकैया नायडू

843. संसदीय दल की बैठक के दौरान किसके 'भाजपा पर नरेंद्रभाई की कृपा' कह दिए जाने पर मोदी अपने भाषण के दौरान भावुक हो गए और मुश्किल से आँसू रोक पाए?
(क) मुरली मनोहर जोशी (ख) यशवंत सिन्हा
(ग) लालकृष्ण आडवाणी (घ) अमित शाह

844. संसदीय दल की बैठक के दौरान मोदी को किसकी कमी खली और वे बोले कि 'वे यहाँ मौजूद होते तो सोने पर सुहागा होता?'
(क) पं. दीनदयाल उपाध्याय (ख) डॉ. श्यामा प्रसाद मुखर्जी
(ग) जसवंत सिंह (घ) अटल बिहारी वाजपेयी

उत्तर के लिए कृपया पृष्ठ सं. 205 देखें।

845. देश के 15वें प्रधानमंत्री के रूप में नरेंद्र मोदी ने कब शपथ ग्रहण की?
(क) 22 मई, 2014 को (ख) 26 मई, 2014 को
(ग) 18 मई, 2014 को (घ) 27 मई, 2014 को

846. शपथ ग्रहण समारोह में मोदी ने कुल कितने देश के नेताओं को आमंत्रित किया था?
(क) 10 (ख) 4
(ग) 5 (घ) 8

847. मोदी के शपथ ग्रहण समारोह में इनमें से किस नेता ने भाग नहीं लिया था?
(क) पाकिस्तान—नवाज शरीफ (ख) श्रीलंका—महेंद्र राजपक्षे
(ग) मॉरीशस—नवीन रामगुलाम (घ) चीन—वेन जियाबाओ

848. मोदी के शपथ ग्रहण समारोह में इनमें से किस नेता ने भाग लिया था?
(क) रूस—पुतिन (ख) सं.रा.अ.—ओबामा
(ग) अफगानिस्तान—हामिद करजई (घ) इजरायल—बेंजामिन नेतन्याहू

849. इनमें से कौन सा जोड़ा मोदी के शपथ ग्रहण समारोह के लिए अप्रासंगिक है?
(क) पाकिस्तान-बांग्लादेश (ख) नेपाल-भूटान
(ग) अफगानिस्तान-श्रीलंका (घ) मॉरीशस-चीन

850. नरेंद्र मोदी से पहले देश के प्रधानमंत्री कौन थे?
(क) अटल बिहारी वाजपेयी (ख) मनमोहन सिंह
(ग) पी.वी. नरसिम्हाराव (घ) चंद्रशेखर

851. 26 मई, 2014 को कितने बजे नरेंद्र मोदी ने देश के 15वें प्रधानमंत्री के रूप में शपथ ग्रहण की?
(क) सायं 6.10 (ख) अपराह्न 12.35
(ग) रात्रि 10.10 (घ) प्रात: 8.10

852. नरेंद्र मोदी का शपथ ग्रहण समारोह किस स्थान पर आयोजित हुआ?
(क) लोकसभा में (ख) राज्यसभा में
(ग) राष्ट्रपति भवन में (घ) सर्वोच्च न्यायालय में

853. नरेंद्र मोदी को प्रधानमंत्री की शपथ किसने दिलाई?
(क) सोनिया गांधी ने (ख) राष्ट्रपति प्रणव मुखर्जी ने
(ग) मनमोहन सिंह ने (घ) सुप्रीम कोर्ट के मुख्य न्यायाधीश ने

उत्तर के लिए कृपया पृष्ठ सं. 205 देखें।

854. मोदी के साथ कितने कैबिनेट मंत्रियों ने शपथ ली?
(क) 23 (ख) 13
(ग) 33 (घ) 43

855. मोदी के साथ कितने स्वतंत्र प्रभारवाले मंत्रियों ने शपथ ली?
(क) 13 (ख) 23
(ग) 10 (घ) 9

856. मोदी के साथ उनके कितने राज्य मंत्रियों ने शपथ ग्रहण की?
(क) 12 (ख) 13
(ग) 8 (घ) 22

857. मोदी के साथ उनके अतिरिक्त कुल कितने मंत्रियों ने शपथ ग्रहण की?
(क) 46 (ख) 44
(ग) 47 (घ) 45

858. मोदी का शपथ ग्रहण समारोह कितने बजे समाप्त हुआ?
(क) सायं 7.28 (ख) सायं 7.32
(ग) सुबह 9.29 (घ) दोपहर 12.51

859. इनमें से कौन मोदी के शपथ ग्रहण समारोह में सम्मिलित नहीं था?
(क) सलमान खान (ख) श्री श्री रविशंकर
(ग) नवीन पटनायक (घ) मुकेश अंबानी

860. इनमें से कौन नरेंद्र मोदी के शपथ ग्रहण समारोह में सम्मिलित था?
(क) जयललिता (ख) उद्धव ठाकरे
(ग) ममता बनर्जी (घ) ओमान चांडी

861. इनमें से किसे लोकसभा का चुनाव हारने के बावजूद मोदी ने अपने मंत्रिमंडल में जगह दी?
(क) अरुण जेटली (ख) शत्रुघ्न सिन्हा
(ग) विनोद खन्ना (घ) राजीव प्रताप रूडी

862. इनमें से किसे किसी भी सदन का सदस्य न होने के बावजूद मोदी ने अपने मंत्रिमंडल में जगह दी?
(क) साध्वी ऋतंभरा (ख) राम माधव
(ग) गौतम अदानी (घ) निर्मला सीतारमण

उत्तर के लिए कृपया पृष्ठ सं. 205 देखें।

863. मोदी मंत्रिमंडल में इनमें से कौन गृहमंत्री हैं?
(क) राजनाथ सिंह (ख) अरुण जेटली
(ग) रविशंकर प्रसाद (घ) वेंकैया नायडू

864. मोदी मंत्रिमंडल में सुषमा स्वराज को इनमें से कौन सा मंत्रालय मिला है?
(क) कानून (ख) कार्मिक
(ग) विदेश (घ) जल-संसाधन

865. मोदी सरकार में वित्त मंत्रालय की कमान किसे मिली है?
(क) अरुण जेटली (ख) सुषमा स्वराज
(ग) राजनाथ सिंह (घ) नितिन गडकरी

866. मोदी सरकार में केंद्रीय शहरी विकास मंत्रालय का नेतृत्व कौन करते हैं?
(क) नितिन गडकरी (ख) रामविलास पासवान
(ग) कलराज मिश्र (घ) एम. वेंकैया नायडू

867. मोदी मंत्रिमंडल में नितिन गडकरी को किस मंत्रालय का कैबिनेट मंत्री बनाया गया है?
(क) कानून (ख) कृषि
(ग) परिवहन (घ) रसायन एवं उर्वरक

868. मोदी मंत्रिमंडल में रेल मंत्री कौन हैं?
(क) अरुण जेटली (ख) सुरेश प्रभु
(ग) सुषमा स्वराज (घ) रामविलास पासवान

869. अपने मंत्रिमंडल में नरेंद्र मोदी ने जल संसाधन, नदी विकास तथा गंगा जीर्णोद्धार का कैबिनेट मंत्री किसे बनाया?
(क) उमा भारती (ख) नजमा हेपतुल्ला
(ग) मेनका गांधी (घ) रविशंकर प्रसाद

870. मोदी ने अपने मंत्रिमंडल में नजमा हेपतुल्ला को किस मंत्रालय का कैबिनेट मंत्री बनाया?
(क) मानव संसाधन (ख) अल्पसंख्यक मामलों
(ग) स्वास्थ्य एवं परिवार कल्याण (घ) श्रम एवं रोजगार

871. उपभोक्ता मामलों, खाद्य एवं सार्वजनिक वितरण मंत्रालय का कैबिनेट मंत्री नरेंद्र मोदी ने किसे नियुक्त किया?
(क) राधा मोहन सिंह (ख) नरेंद्र सिंह तोमर
(ग) रामविलास पासवान (घ) डॉ. हर्ष वर्धन

उत्तर के लिए कृपया पृष्ठ सं. 205 देखें।

872. सूक्ष्म, लघु एवं मध्यम उद्योग मंत्रालय का प्रभार मोदी द्वारा किसे दिया गया?
(क) जनरल वी.के. सिंह (ख) स्मृति ईरानी
(ग) अनंत गीते (घ) कलराज मिश्र

873. मोदी मंत्रिमंडल में मेनका गांधी किस मंत्रालय की कैबिनेट मंत्री हैं?
(क) महिला एवं बाल विकास (ख) नागरिक उड्डयन
(ग) कानून और न्याय (घ) रसायन एवं उर्वरक

874. मोदी ने अपने मंत्रिमंडल में रसायन एवं उर्वरक मंत्री किसे बनाया?
(क) अशोक गणपति राजू (ख) कलराज मिश्र
(ग) अनंत कुमार (घ) मेनका गांधी

875. मोदी मंत्रिमंडल में संचार एवं सूचना प्रौद्योगिकी के साथ-साथ कानून मंत्रालय का अतिरिक्त प्रभार किसे सौंपा गया?
(क) रविशंकर प्रसाद (ख) रामविलास पासवान
(ग) अरुण जेटली (घ) अनंत गीते

876. मोदी मंत्रिमंडल में नागरिक उड्डयन मंत्री किसे बनाया गया?
(क) राजनाथ सिंह (ख) जनरल वी.के. सिंह
(ग) अशोक गणपति राजू (घ) डॉ. हर्ष वर्धन

877. मोदी ने अपने मंत्रिमंडल में भारी उद्योग मंत्रालय का कैबिनेट मंत्री किसे बनाया?
(क) राव इंद्रजीत सिंह (ख) स्मृति ईरानी
(ग) डॉ. जितेंद्र सिंह (घ) अनंत गीते

878. हरसिमरत कौर बादल को मोदी ने बतौर कैबिनेट मंत्री किस मंत्रालय की कमान सौंपी?
(क) खनन मंत्रालय (ख) खाद्य एवं आपूर्ति
(ग) महिला एवं बाल विकास (घ) मानव संसाधन

879. मोदी मंत्रिमंडल में खनन एवं इस्पात मंत्रालय के कैबिनेट मंत्री कौन हैं?
(क) धर्मेंद्र प्रधान (ख) निर्मला सीतारमण
(ग) नरेंद्र सिंह तोमर (घ) जुएल ओराम

880. जनजातीय मामलों का कैबिनेट मंत्री मोदी द्वारा किसे नियुक्त किया गया?
(क) जुएल ओराम (ख) थावर चंद गहलौत
(ग) अशोक प्रधान (घ) जनरल वी.के. सिंह

उत्तर के लिए कृपया पृष्ठ सं. 205 देखें।

881. थावर चंद गहलौत को मोदी मंत्रिमंडल में किस विभाग का कैबिनेट मंत्री बनाया गया?

(क) मानव संसाधन विकास

(ख) रेलवे

(ग) सामाजिक न्याय एवं अधिकारिता

(घ) परिवहन

882. मोदी ने इनमें से किसे मानव संसाधन विकास मंत्रालय की कमान सौंपी?

(क) निर्मला सीतारमण

(ख) स्मृति ईरानी

(ग) नजमा हेपतुल्ला

(घ) हरसिमरत कौर बादल

883. नरेंद्र मोदी मंत्रिमंडल में डॉ. हर्ष वर्धन को किस विभाग का कैबिनेट मंत्री बनाया गया?

(क) वित्त (ख) रक्षा

(ग) विदेश (घ) स्वास्थ्य एवं परिवार कल्याण

884. राधा मोहन सिंह नरेंद्र मोदी मंत्रिमंडल में किस मंत्रालय के कैबिनेट मंत्री बनाए गए?

(क) ऊर्जा (ख) पर्यटन

(ग) कृषि (घ) पेट्रोलियम एवं प्राकृतिक गैस

885. मोदी मंत्रिमंडल में उत्तर-पूर्वी क्षेत्र विकास मंत्रालय का राज्यमंत्री (स्वतंत्र प्रभार) किसे बनाया गया?

(क) पीयूष गोयल (ख) जनरल वी.के. सिंह

(ग) संतोष कुमार गंगवार (घ) प्रकाश जावडेकर

886. योजना मंत्रालय का राज्य मंत्री (स्वतंत्र प्रभार) मोदी ने किसे मनोनीत किया?

(क) डॉ. इंद्रजीत सिंह (ख) डॉ. हर्ष वर्धन

(ग) मनोज सिन्हा (घ) राव इंद्रजीत सिंह

887. नरेंद्र मोदी मंत्रिमंडल में कपड़ा राज्य मंत्री (स्वतंत्र प्रभार) का दायित्व किसे दिया गया?

(क) उपेंद्र कुशवाहा (ख) संतोष कुमार गंगवार

(ग) निहाल चंद (घ) थावर चंद गहलौत

उत्तर के लिए कृपया पृष्ठ सं. 205-206 देखें।

888. मोदी मंत्रिमंडल में स्वतंत्र प्रभार वाला पर्यटन राज्य मंत्री एवं संस्कृति राज्य मंत्री किसे बनाया गया?

(क) निर्मला सीतारमण (ख) जनरल वी.के. सिंह

(ग) स्मृति ईरानी (घ) पाद येस्सों नाइक

889. मोदी द्वारा धर्मेंद्र प्रधान को किस मंत्रालय का राज्य मंत्री (स्वतंत्र प्रभार) नियुक्त किया गया?

(क) पेट्रोलियम एवं प्राकृतिक गैस (ख) ऊर्जा

(ग) मानव संसाधन विकास (घ) रसायन एवं उर्वरक

890. पर्यावरण, वन एवं जलवायु परिवर्तन सहित सूचना प्रसारण मंत्रालयों का राज्य मंत्री (स्वतंत्र प्रभार) नरेंद्र मोदी मंत्रिमंडल में किसे बनाया गया?

(क) पीयूष गोयल (ख) धर्मेंद्र प्रधान

(ग) प्रकाश जावडेकर (घ) संतोष कुमार गंगवार

891. मोदी मंत्रिमंडल में पीयूष गोयल किस मंत्रालय के राज्यमंत्री (स्वतंत्र प्रभार) हैं?

(क) पर्यटक (ख) ऊर्जा

(ग) नागरिक उड्डयन (घ) सूचना एवं प्रसारण

892. निर्मला सीतारमण को किसी भी सदन का सदस्य न होने के बावजूद मोदी ने किस मंत्रालय का राज्यमंत्री (स्वतंत्र प्रभार) नियुक्त किया?

(क) वाणिज्य एवं उद्योग (ख) वित्त

(ग) पृथ्वी विज्ञान (घ) विज्ञान एवं प्रौद्योगिकी

893. नरेंद्र मोदी ने रेल राज्य मंत्री इनमें से किसे बनाया?

(क) उपेंद्र कुशवाहा (ख) जी.एम. सिद्धेश्वर

(ग) मनोज सिन्हा (घ) धनजीभाई वासवा

894. उपेंद्र कुशवाहा मोदी मंत्रिमंडल में किस मंत्रालय के राज्य मंत्री हैं?

(क) खाद्य संसाधन (ख) ग्रामीण विकास

(ग) खनन (घ) इस्पात

895. मोदी मंत्रिमंडल में गृह राज्य मंत्री किसे बनाया गया?

(क) किशन पाल (ख) किरण रिजिजू

(ग) उपेंद्र कुशवाहा (घ) विष्णु देव साय

उत्तर के लिए कृपया पृष्ठ सं. 206 देखें।

896. मोदी मंत्रिमंडल में डॉ. संजीव कुमार बालियान किस मंत्रालय के राज्य मंत्री बनाए गए?

(क) ऊर्जा (ख) वित्त

(ग) रेलवे (घ) कृषि

897. मोदी ने अपने मंत्रिमंडल में सामाजिक न्याय एवं अधिकारिता राज्यमंत्री किसे मनोनीत किया?

(क) जनरल वी.के. सिंह (ख) सुदर्शन भगत

(ग) डॉ. संजीव कुमार बालियान (घ) थावर चंद गहलौत

898. जनजातीय मामलों का राज्यमंत्री मोदी ने अपने मंत्रिमंडल में किसे बनाया?

(क) रावोसाहब दादाराव दानवे (ख) कृष्णपाल

(ग) पाद येस्सो नाइक (घ) मनसुखभाई धनजीभाई वासवा

899. मोदी मंत्रिमंडल में श्रम एवं रोजगार राज्य मंत्री इनमें से किसे बनाया गया?

(क) सुदर्शन भगत (ख) विष्णु देव साय

(ग) उपेंद्र कुशवाहा (घ) किरण रिजिजू

900. प्रधानमंत्री बनने के बाद नरेंद्र मोदी अपनी पहली विदेश यात्रा में कहाँ गए थे?

(क) श्रीलंका (ख) ब्राजील

(ग) भूटान (घ) फ्रांस

901. अपनी पहली विदेश यात्रा में मोदी ने भूटान में कितने दिन बिताए?

(क) तीन दिन—12 से 14 जुलाई, 2014

(ख) दो दिन—15 व 16 जून, 2014

(ग) एक दिन—13 जून, 2014

(घ) पाँच दिन—2 जून से 6 जून, 2014

902. प्रधानमंत्री बनने के बाद पहली विदेश यात्रा में नरेंद्र मोदी के साथ कौन गया था?

(क) वित्त मंत्री अरुण जेटली (ख) रेल मंत्री सदानंद गौड़ा

(ग) कानून मंत्री रविशंकर प्रसाद (घ) विदेश मंत्री सुषमा स्वराज

903. भारत से प्राप्त आर्थिक सहायता द्वारा बनी किस इमारत का मोदी ने भूटान में विमोचन किया?

(क) सुप्रीम कोर्ट बिल्डिंग (ख) हाई कोर्ट बिल्डिंग

(ग) संसद् भवन (घ) बौद्ध मठ

उत्तर के लिए कृपया पृष्ठ सं. 206 देखें।

904. अपनी पहली विदेश यात्रा में प्रधानमंत्री मोदी ने भूटान की संसद् के संयुक्त सत्र को संबोधित करते हुए कहा कि.........दोनों देशों की साझी विरासत है।

(क) नदियाँ (ख) जलवायु

(ग) संस्कृति (घ) हिमालय

905. भूटान यात्रा के दौरान प्रधानमंत्री मोदी ने कहा कि.........दुनिया को बाँटता है, जबकि.........दुनिया को जोड़ता है।

(क) समाज/देश (ख) संप्रदाय/धर्म

(ग) आतंकवाद/पर्यटन (घ) पर्यटन/आतंक

906. भूटान प्रवास के दौरान मोदी ने इनमें से कौन सा नारा दिया?

(क) भारत फॉर भूटान, भूटान फॉर भारत

(ख) भारत इज भूटान, भूटान इज भारत

(ग) भारत एंड भूटान फॉर ईच अदर

(घ) भारत-भूटान, भाई-भाई

907. प्रधानमंत्री मोदी के अनुसार, आखिरी छोर पर बैठे व्यक्ति की खुशहाली ही असली—

(क) ताकत है (ख) विकास है

(ग) कमाई है (घ) आनंद है

908. 29 जून, 2014 को श्रीहरिकोटा में विकसित पोलर सैटेलाइट लॉन्च व्हिकल (पी.एस.एल.वी.) के प्रक्षेपण के बाद भारतीय अंतरिक्ष वैज्ञानिक की सराहना करते हुए मोदी ने इनमें से क्या कहा था?

(क) 'वंस अपॉन ए टाइम' (ख) 'स्पेस इज मनी'

(ग) 'ये दिल माँगे मोर' (घ) 'दिल है कि मानता नहीं'

909. 4 जुलाई, 2014 को प्रधानमंत्री मोदी ने कटरा से किस ट्रेन को हरी झंडी दिखाई थी?

(क) कटरा-ऊधमपुर ट्रेन (ख) जम्मू-श्रीनगर ट्रेन

(ग) कटरा-बनिहाल ट्रेन (घ) जम्मू-कुपवाड़ा ट्रेन

910. प्रधानमंत्री नरेंद्र मोदी ने 9 जून, 2014 को पहली बार संसद् में बोलते हुए कहा कि गरीबी से लड़ने का सबसे कारगर हथियार है—

(क) धन (ख) संघर्ष

(ग) शिक्षा (घ) रोजगार

उत्तर के लिए कृपया पृष्ठ सं. 206 देखें।

911. प्रधानमंत्री मोदी ने संसद् में अपने पहले भाषण में देश की 'स्केम इंडिया' की छवि को किसमें बदलने की बात कही?

(क) 'इकोनॉमिक इंडिया' में (ख) 'स्पीड इंडिया' में

(ग) 'स्टैंडअप इंडिया' में (घ) 'स्किल इंडिया' में

912. प्रधानमंत्री मोदी ने संसद् में अपने पहले भाषण में कहा कि वे राज्यों से यह कहते सुनना चाहते हैं कि उन्होंने—

(क) दिल्ली को पीछे छोड़ दिया (ख) गुजरात को पीछे छोड़ दिया

(ग) आतंकवाद को हरा दिया (घ) बेरोजगारी हटा दी

913. प्रधानमंत्री मोदी ने हर परिवार के पास घर, बिजली और पानी की व्यवस्था कब तक पूरा करने का लक्ष्य रखा है—

(क) वर्ष 2018 तक (ख) वर्ष 2025 तक

(ग) वर्ष 2022 तक (घ) वर्ष 2020 तक

914. राष्ट्रपति के अभिभाषण पर चर्चा करते हुए प्रधानमंत्री मोदी ने कहा कि······ बूढ़ा हो रहा है और हम जवान। खाली स्थान में क्या कहा गया?

(क) पाकिस्तान (ख) चीन

(ग) अमेरिका (घ) रूस

915. बतौर प्रधानमंत्री संसद् में अपने पहले भाषण में किसे नरेंद्र मोदी ने 'लकीर का फकीर' बताया?

(क) संसद् को (ख) सांसदों को

(ग) अस्पतालों को (घ) रेलवे को

916. नरेंद्र मोदी ने संसद् में बतौर प्रधानमंत्री पहली बार बोलते हुए कहा कि यदि टमाटर और मारबल भेजना हो तो वह मारबल पहले भेजती है। इसमें किसका जिक्र है?

(क) जहाज का (ख) रेलवे का

(ग) हवाई जहाज का (घ) ट्रक परिवहन का

917. प्रधानमंत्री मोदी के अनुसार, देश और सरकार पर सबसे पहला अधिकार किसका है?

(क) अमीरों का (ख) शिक्षितों का

(ग) गरीबों का (घ) बीमारों का

उत्तर के लिए कृपया पृष्ठ सं. 206 देखें।

918. प्रधानमंत्री मोदी के कथनानुसार शहर की सुविधा तथा गाँव की आत्मा होने पर क्या बनता है?

(क) अर्बन (URBAN) (ख) महानगर

(ग) मेट्रो (घ) उपनिवेश

919. प्रधानमंत्री मोदी देश के हर किसान को क्या देना चाहते हैं?

(क) कर्ज से मुक्ति (ख) अच्छी खाद

(ग) सॉइल हेल्थ कार्ड (घ) अच्छे बीज

920. प्रधानमंत्री मोदी के अनुसार, कुपोषण से लड़ने के लिए किसमें प्रोटीन करेंट बढ़ाना होगा?

(क) अंडों में (ख) सब्जियों में

(ग) दूध में (घ) दालों में

921. प्रधानमंत्री मातृ-शक्ति अर्थात् महिलाओं को किससे जोड़ने की बात करते हैं?

(क) सामाजिक प्रगति से (ख) आर्थिक प्रगति से

(ग) प्रौद्योगिकी से (घ) रोजगार से

922. प्रधानमंत्री मोदी किस मंत्र को चरितार्थ करने की बात करते हैं?

(क) अहं ब्रह्मास्मि (ख) सत्यमेव जयते

(ग) तमसो मा ज्योतिर्गमय (घ) श्रमेव जयते

923. प्रधानमंत्री नरेंद्र मोदी के अनुसार, डिग्री से ज्यादा जरूरी क्या है?

(क) नौकरी (ख) हुनर

(ग) पैसा (घ) विकास

924. प्रधानमंत्री मोदी के अनुसार, हमें शिक्षकों को निर्यात करना होगा। व्यापारी विदेश जाकर सिर्फ डॉलर लाएगा, लेकिन शिक्षक विदेश जाकर पूरी········ला सकता है।

(क) तिजोरी (ख) यूनिवर्सिटी

(ग) संस्कृति (घ) पीढ़ी

925. 14-15 जुलाई, 2014 को आयोजित 'ब्रिक्स' (BRICS)शिखर सम्मेलन में भाग लेने के लिए प्रधानमंत्री नरेंद्र मोदी ने किस देश की यात्रा की?

(क) ब्राजील (ख) जर्मनी

(ग) फ्रांस (घ) ब्रिटेन

उत्तर के लिए कृपया पृष्ठ सं. 206 देखें।

926. दक्षिण अमेरिकी नेताओं के साथ 'ब्रिक्स' बैठक में प्रधानमंत्री मोदी ने इनमें से कौन सा वक्तव्य नहीं दिया?

(क) दूरी अवसरों के मार्ग में कोई रुकावट नहीं है

(ख) एक-दूसरे की सफलता में हम सभी की भागीदारी है

(ग) हम सभी की नियतियाँ परस्पर संबद्ध हैं

(घ) ब्रिक्स समाप्त कर देना चाहिए

927. प्रधानमंत्री मोदी के कथनानुसार, सदियों पहले कौन सी गाय गुजरात से ब्राजील आई थी?

(क) कजरी (ख) गिर

(ग) मीठी (घ) सफेदा

928. प्रधानमंत्री मोदी के अनुसार, दक्षिण अमेरिका के साथ भारत के कुल व्यापार में गुजरात की हिस्सेदारी कितनी है?

(क) चौथाई की (ख) तीन-चौथाई की

(ग) आधे से अधिक की (घ) एक-तिहाई की

929. ब्रिक्स (BRICS) शिखर सम्मेलन में अपने वक्तव्य में प्रधानमंत्री मोदी ने आतंकवाद के संबंध में इनमें से कौन सी बात नहीं कही?

(क) आतंकवाद युद्ध जैसा रूप धारण कर चुका है

(ख) आतंकवादियों से बात करें

(ग) आतंकवाद मानवता के विरुद्ध है

(घ) आतंकवादियों को पनाह व समर्थन न दें

930. प्रधानमंत्री मोदी के अनुसार, साइबर स्पेस जहाँ एक ओर बड़ा अवसर है, वहीं ....का बहुत बड़ा विषय है।

(क) चिंता (ख) प्रगति

(ग) उम्मीद (घ) आनंद

931. प्रधानमंत्री मोदी सहित ब्रिक्स नेताओं ने इनमें से किस नए विकास बैंक की स्थापना में समझौते पर हस्ताक्षर किए?

(क) ब्रिक्स बैंक

(ख) ब्रिक्स डेवलपमेंट बैंक

(ग) बैंक ऑफ ब्रिक्स

(घ) स्टेट बैंक ऑफ ब्रिक्स

उत्तर के लिए कृपया पृष्ठ सं. 206 देखें।

932. ब्रिक्स डेवलपमेंट बैंक का पहला अध्यक्ष कौन सा देश होगा? जिसके लिए प्रधानमंत्री मोदी ने प्रयास किया?
(क) चीन (ख) दक्षिण अफ्रीका
(ग) ब्राजील (घ) भारत

933. ब्रिक्स शिखर सम्मेलन में अपने उद्‌गार में प्रधानमंत्री मोदी ने कहा कि 'इस 'खूबसूरत खेल' ने पूरी दुनिया को एक सूत्र में पिरो दिया' मोदी का इशारा किस खेल की ओर था?
(क) क्रिकेट (ख) टेनिस
(ग) फुटबॉल (घ) ओलंपिक

934. 16 मई, 2014 को प्रधानमंत्री नरेंद्र मोदी ने ब्रासीलिया, ब्राजील में भारतीय दूतावास के लिए किसका उद्‌घाटन किया?
(क) नई इंटरनेट सेवा का (ख) नए कार्यालय भवन का
(ग) नई डाक सेवा का (घ) नई हवाई सेवा का

935. छठे ब्रिक्स सम्मेलन के दौरान 16 जुलाई, 2014 को प्रधानमंत्री मोदी दक्षिण अफ्रीका के किस नेता से मिले?
(क) ओलांता हुमाला से (ख) डोनाल्ड रामोटर से
(ग) डिल्मा रूसेफ से (घ) राष्ट्रपति जैकब जुमा से

936. ब्रिक्स सम्मेलन के दौरान प्रधानमंत्री मोदी पेरु गणराज्य के किस राजनेता से मिले?
(क) राष्ट्रपति ओलांता हुमाला से (ख) डेजी बूटेरेसी से
(ग) डिल्मा रूसेफ से (घ) डोनाल्ड रामोटर से

937. गुयाना को-ऑपरेटिव गणराज्य के किस नेता ने ब्रिक्स सम्मेलन के दौरान प्रधानमंत्री मोदी से मुलाकात की?
(क) ओलांता हुमाला ने (ख) डेजी बूटेरेसी ने
(ग) जैकब जुमा ने (घ) राष्ट्रपति डोनाल्ड रामोटर ने

938. राष्ट्रपति डेजी बूटेरेसी किस देश के राष्ट्रपति हैं, जिन्होंने ब्रिक्स सम्मेलन के दौरान 16 जुलाई, 2014 को प्रधानमंत्री नरेंद्र मोदी से भेंट की?
(क) चिली के (ख) सूरीनाम गणराज्य के
(ग) अर्जेंटिना के (घ) बोलीविया के

उत्तर के लिए कृपया पृष्ठ सं. 206 देखें।

939. ब्रिक्स सम्मेलन के दौरान प्रधानमंत्री मोदी ने ब्राजील की किस नेता के साथ द्विपक्षीय बैठक की?
(क) ओलांता हुमाला के साथ
(ख) डोनाल्ड रामोटर के साथ
(ग) राष्ट्रपति सुश्री डिल्मा रूसेफ के साथ
(घ) जैकब जुमा के साथ

940. 15 जुलाई, 2014 को प्रधानमंत्री मोदी ब्राजील में रूस के किस राजनेता से मिले थे?
(क) विक्टर जुबकोव से
(ख) मेदवेदेव से
(ग) मिखाइल येफिमोविच फ्रादकोव से
(घ) राष्ट्रपति व्लादिमीर पुतिन से

941. चीन के किस नेता ने 14 जुलाई, 2014 को छठे ब्रिक्स शिखर सम्मेलन के दौरान प्रधानमंत्री मोदी के साथ द्विपक्षीय बैठक की?
(क) माओ जेडोंग ने
(ख) राष्ट्रपति शी जिनपिंग ने
(ग) हू जिंताओं ने
(घ) जिआंग जेमिन ने

942. ब्राजील के फोर्टलेजा में भारत के किस अधिकारी ने प्रधानमंत्री नरेंद्र मोदी का स्वागत किया?
(क) विकास भगत ने (ख) किसन स्वरूप ने
(ग) राजदूत अशोक तोमर ने (घ) बलराज खोसला ने

943. ब्राजील की यात्रा के दौरान 13 जुलाई, 2014 को प्रधानमंत्री मोदी इनमें से किस जगह रुके थे?
(क) बर्लिन (ख) पेरिस
(ग) लंदन (घ) रोम

944. प्रधानमंत्री मोदी ने भारतीय कृषि अनुसंधान परिषद् (आई.सी.ए.आर.) के 86वें स्थापना दिवस के अवसर पर कौन सा नया नारा दिया?
(क) लैब टू क्रॉप (ख) लैब टू फील्ड
(ग) लैंड टू लैब (घ) लैब टू लैंड

उत्तर के लिए कृपया पृष्ठ सं. 206-207 देखें।

945. आई.सी.ए.आर. के स्थापना दिवस के मौके पर प्रधानमंत्री मोदी ने 'कम जमीन और कम वक्त' में कृषि उपज बढ़ाने में मदद हेतु किसके इस्तेमाल पर जोर दिया?

(क) उन्नत बीज (ख) यूरिया खाद
(ग) साइंटिफिक टेक्नोलॉजी (घ) कंप्यूटर विज्ञान

946. आई.सी.ए.आर. के स्थापना दिवस के मौके पर प्रधानमंत्री मोदी ने मछली-पालन के क्षेत्र में किस क्रांति का आह्वान किया?

(क) नील (ख) लाल
(ग) श्वेत (घ) हरित

947. कृषि जिंसों के मामले में आत्मनिर्भर होने के लिए प्रधानमंत्री मोदी के अनुसार, हमारा ध्येय वाक्य क्या होना चाहिए?

(क) ये दिल माँगे मोर (ख) हर बूँद, ज्यादा फसल
(ग) मोर कॉप, मोर ग्रोथ (घ) जहाँ बूँद, वहाँ फसल

948. आई.सी.ए.आर. के 86वें स्थापना दिवस के अवसर पर प्रधानमंत्री मोदी ने इनमें से किस कृषि वैज्ञानिक को सम्मानित किया?

(क) डॉ. ए. अरुणाचलम (ख) पी.आर. राव
(ग) सुरेंद्र प्रसाद उनियाल (घ) इनमें से कोई नहीं

949. प्रधानमंत्री मोदी किस सोशल साइट पर ज्यादा सक्रिय हैं?

(क) फेसबुक (ख)फ्लिकर
(ग) ट्विटर (घ) ऑरकुट

950. अगस्त 2014 के पहले सप्ताह में कौन सा अमेरिकी नेता भारत आकर प्रधानमंत्री मोदी से मिला?

(क) राष्ट्रपति बराक ओबामा (ख) विदेश मंत्री जॉन केरी
(ग) रक्षा मंत्री चुक हेगेल (घ) वाणिज्य मंत्री पेनी प्रिज्केर

951. अमेरिकी विदेश मंत्री जॉन केरी ने प्रधानमंत्री नरेंद्र मोदी की किस अवधारणा को उनका महत्त्वपूर्ण दृष्टिकोण बताया?

(क) अच्छे दिन आएँगे (ख) शाइनिंग इंडिया
(ग) सबका साथ, सबका विकास (घ) लैब टू लैंड

952. प्रधानमंत्री मोदी ने अगस्त के पहले सप्ताह में किस देश की यात्रा की?

(क) नेपाल (ख) भूटान
(ग) बँगलादेश (घ) चीन

उत्तर के लिए कृपया पृष्ठ सं. 207 देखें।

953. नेपाल में प्रधानमंत्री नरेंद्र मोदी कितने दिन रुके?
(क) 1 व 2 अगस्त, 2014 (ख) 3 व 4 अगस्त, 2014
(ग) 2 व 3 अगस्त, 2014 (घ) 4 व 5 अगस्त, 2014

954. किसी भारतीय प्रधानमंत्री की यह कितने साल बाद पहली नेपाल यात्रा थी?
(क) 22 (ख) 18
(ग) 15 (घ) 17

955. प्रधानमंत्री मोदी ने अपनी नेपाल यात्रा के दौरान किस सभा को संबोधित किया?
(क) जनसभा को (ख) संविधान सभा को
(ग) विधानसभा को (घ) शोकसभा को

956. प्रधानमंत्री मोदी ने नेपाल की संविधान सभा में किस भाषा में भाषण दिया?
(क) अंग्रेजी (ख) नेपाली
(ग) हिंदी (घ) भोजपुरी

957. नेपाल यात्रा के दौरान प्रधानमंत्री मोदी की अगवानी किसने की?
(क) रामबरन यादव ने (ख) परमानंद झा ने
(ग) कमल थापा ने (घ) प्रधानमंत्री सुशील कोइराला ने

958. प्रधानमंत्री मोदी ने नेपाल की संविधान सभा में बोलते हुए कहा कि वे नेपाल को करना चाहते हैं—
(क) पॉपुलर (ख) हिट (HIT)
(ग) फ्लॉप (घ) फिट (FIT)

959. प्रधानमंत्री मोदी के अनुसार, नेपाल के संदर्भ में हिट (HIT) में हिट 'H' का क्या अर्थ है?
(क) हाइएस्ट (ख) हायर
(ग) हैल्थ (घ) हाइवेज

960. प्रधानमंत्री मोदी के अनुसार, नेपाल के संदर्भ में हिट (HIT) में हिट 'I' का क्या अर्थ है?
(क) आई-विल (ख) आई-वेज
(ग) आई-लव (घ) आई-एम

961. प्रधानमंत्री मोदी के अनुसार, नेपाल के संदर्भ में हिट (HIT) में हिट 'T' का क्या अर्थ है?
(क) ट्रांस-वेज (ख) ट्रांसलेट
(ग) ट्रांसमीटर (घ) ट्रांस-रिवर

उत्तर के लिए कृपया पृष्ठ सं. 207 देखें।

962. नेपाल यात्रा के दौरान प्रधानमंत्री मोदी एक नेपाली लड़के को भी अपने साथ लेकर गए। वे उसे अपना क्या मानते हैं?

(क) दोस्त (ख) नौकर
(ग) सहयोगी (घ) धर्मपुत्र

963. मोदी के नेपाली 'धर्मपुत्र' का नाम क्या है?

(क) प्रेम बहादुर (ख) जीत बहादुर
(ग) थापा (घ) बहादुर

964. जीत बहादुर कितने साल पहले प्रधानमंत्री मोदी को असहाय अवस्था में मिला था?

(क) 12 (ख) 5
(ग) 18 (घ) 9

965. जीत बहादुर को प्रधानमंत्री मोदी ने नेपाल में किससे मिलवाया?

(क) उसकी पत्नी से (ख) उसके भाई से
(ग) उसके माता-पिता से (घ) उसकी बहन से

966. मोदी अपनी पहली नेपाल यात्रा में जब एक व्यस्त बाजार से निकले तो लोगों ने क्या नारा लगाया?

(क) हर-हर मोदी, घर-घर मोदी (ख) हर घर मोदी
(ग) नरेंद्र मोदी जिंदाबाद (घ) जीते मोदी, जीता भारत

967. अपनी नेपाल यात्रा के दौरान नेपाली संसद् को संबोधित करनेवाले मोदी कौन से प्रधानमंत्री हैं?

(क) दूसरे (ख) पहले
(ग) पाँचवें (घ) दसवें

968. मोदी ने नेपाली संसद् में कहा कि 'हनुमानजी यहाँ..........लेने आए थे तो नेपाल हर्बल औषधियों का सबसे बड़ा निर्यातक क्यों नहीं बन सकता।' खाली स्थान में उन्होंने कौन सा शब्द बोला था?

(क) मूर्ति (ख) वैद्य
(ग) संजीवनी (घ) उपचार

969. नेपाली संसद् में प्रधानमंत्री मोदी ने किस राजा का जिक्र किया, जो शांति की तलाश में निकले और बौद्ध धर्म की तरफ मुड़ गए?

(क) सम्राट् अकबर (ख) महाराणा प्रताप
(ग) सम्राट् अशोक (घ) शिवाजी

उत्तर के लिए कृपया पृष्ठ सं. 207 देखें।

970. अपनी नेपाल यात्रा के दौरान 3 अगस्त, 2014 को प्रधानमंत्री मोदी ने दोपहर के खाने में क्या खाया?

(क) राजमा-चावल (ख) कढ़ी-चावल

(ग) मुगलई व्यंजन (घ) दाल-रोटी-सब्जी

971. नेपाल यात्रा के दौरान 3 अगस्त, 2014 को प्रधानमंत्री का लंच किस भारतीय शेफ के नेतृत्व में तैयार किया गया?

(क) सुरेंद्र प्रसाद उनियाल (ख) नंद कुमार गोपी

(ग) पी.आर. राव (घ) अरुण भनोट

972. प्रधानमंत्री मोदी ने अपनी नेपाल यात्रा के दौरान 2 अगस्त, 2014 को डिनर किसके साथ किया?

(क) नेपाली प्रधानमंत्री सुशील कोइराला

(ख) रामबरन यादव

(ग) कमल थापा

(घ) परमानंद झा

973. 4 अगस्त, 2014 को लंच प्रधानमंत्री मोदी ने किसके साथ किया?

(क) नेपाली पी.एम. सुशील कोइराला के साथ

(ख) राजदूत राष्ट्रपति राय के साथ

(ग) नेपाली रंजीत रामबरन यादव के साथ

(घ) धर्मपुत्र जीत बहादुर के साथ

974. मोदी को उनकी पहली नेपाल यात्रा के दौरान एयरपोर्ट पर कितनी तोपों की सलामी दी गई?

(क) 18 (ख) 21

(ग) 31 (घ) 51

975. नेपाल यात्रा के दौरान प्रधानमंत्री मोदी ने नेपाल के किस विपक्षी नेता से भेंट की?

(क) प्रचंड से (ख) गिरिजा प्रसाद कोइराला से

(ग) माधव कुमार नेपाल से (घ) शेर बहादुर देउबा से

976. नेपाल यात्रा में मोदी के साथ कितने लोगों का शिष्टमंडल गया?

(क) 125 (ख) 51

(ग) 100 (घ) 101

उत्तर के लिए कृपया पृष्ठ सं. 207 देखें।

977. नेपाल यात्रा के दौरान प्रधानमंत्री काठमांडू के किस होटल में ठहरे?
(क) ताज (ख) हयात
(ग) मौर्या (घ) अशोक

978. नेपाल यात्रा के दौरान प्रधानमंत्री मोदी ने सबसे पहले किस नेपाली नेता से औपचारिक मुलाकात की?
(क) प्रधानमंत्री सुशील कोइराला से (ख) राष्ट्रपति रामबरन यादव से
(ग) विपक्षी नेता प्रचंड से (घ) विदेश मंत्री महेंद्र पांडे से

979. भारत और नेपाल के प्रधानमंत्रियों की पहली औपचारिक वार्ता कहाँ पर हुई?
(क) लोकसभा में
(ख) हयात होटल में
(ग) नेपाल के प्रधानमंत्री कार्यालय सिंह दरबार में
(घ) राष्ट्रपति भवन में

980. नेपाली संसद् में प्रधानमंत्री मोदी ने नेपाल को कितने करोड़ नेपाली रुपए की मदद की घोषणा की?
(क) दस हजार करोड़ (ख) पचास हजार करोड़
(ग) पाँच हजार करोड़ (घ) एक हजार करोड़

981. नेपाल की संसद् में मोदी ने इनमें से कौन सा उपग्रह प्रक्षेपित करने की बात कही?
(क) नेपाल उपग्रह (ख) हिमालय उपग्रह
(ग) सार्क उपग्रह (घ) ब्रिक्स उपग्रह

982. प्रधानमंत्री मोदी से पहले किस प्रधानमंत्री ने 17 साल पहले जून, 1997 में नेपाल की यात्रा की थी?
(क) पी.वी. नरसिम्हाराव ने (ख) इंद्र कुमार गुजराल ने
(ग) एच.डी. देवगौड़ा ने (घ) चंद्रशेखर ने

983. प्रधानमंत्री मोदी की यात्रा से ठीक पहले उनके मंत्रीमंडल के किस मंत्री ने नेपाल यात्रा की थी?
(क) वित्त मंत्री अरुण जेटली ने
(ख) कानून मंत्री रविशंकर प्रसाद ने
(ग) विदेश मंत्री सुषमा स्वराज ने
(घ) मानव संसाधन मंत्री स्मृति इरानी ने

उत्तर के लिए कृपया पृष्ठ सं. 207 देखें।

984. अपने नेपाल दौरे के दौरान 4 अगस्त, 2014 को प्रधानमंत्री नरेंद्र मोदी ने काठमांडू के किस विश्व-प्रसिद्ध मंदिर में पूजा-अर्चना की?

(क) पशुपतिनाथ (ख) जैसी देवल

(ग) तुलजा भवानी (घ) अढरनारायण

985. पशुपतिनाथ मंदिर की विशेष पूजा-अर्चना के बाद प्रधानमंत्री मोदी ने मंदिर को कितने करोड़ रुपए का अनुदान दिया?

(क) 50 (ख) 21

(ग) 31 (घ) 25

986. प्रधानमंत्री मोदी ने पशुपतिनाथ मंदिर को 25 करोड़ रुपए का अनुदान किस कार्य के लिए दिया?

(क) अस्पताल निर्माण हेतु

(ख) 400 बिस्तरोंवाली धर्मशाला के निर्माण हेतु

(ग) मंदिर परिसर के निर्माण हेतु

(घ) मूर्ति के अभिषेक हेतु

987. प्रधानमंत्री नरेंद्र मोदी ने पशुपतिनाथ मंदिर में विशेष पूजा-अर्चना के पश्चात् रुपए के अतिरिक्त और क्या अर्पित किया?

(क) चंदन की लकड़ी (ख) शिवजी की मूर्ति

(ग) भस्म-भभूत (घ) गंगाजल

988. पशुपतिनाथ मंदिर में अर्चना के पश्चात् प्रधानमंत्री नरेंद्र मोदी ने मंदिर को चंदन की कितनी लकड़ी अर्पित की?

(क) 2,100 किलोग्राम

(ख) 3,100 किलोग्राम

(ग) 2,500 किलोग्राम

(घ) 5,100 किलोग्राम

989. अगस्त 2014 में नई दिल्ली में प्रधानमंत्री मोदी ने किस देश के रक्षा मंत्री से भेंट कर सामरिक महत्त्व के मुद्दों पर बात की?

(क) अमेरिकी रक्षा मंत्री चक हेगल से

(ख) नेपाली मंत्री गिरिजा प्रसाद कोइराला से

(ग) रूसी प्रधानमंत्री से

(घ) श्रीलंकाई रक्षा मंत्री से

उत्तर के लिए कृपया पृष्ठ सं. 207 देखें।

990. अगस्त 2014 में नई दिल्ली में आयोजित भाजपा राष्ट्रीय परिषद् की बैठक में प्रधानमंत्री नरेंद्र मोदी ने इनमें से किसे चुनाव जीतनेवाली टीम का 'मैन ऑफ द मैच' बताया?

(क) राजनाथ सिंह (ख) अमित शाह

(ग) लालकृष्ण आडवाणी (घ) अरुण जेटली

991. भारत में जीडीपी की विकास दर 2013-14 में 6.9 प्रतिशत थी, जो नरेंद्र मोदी के प्रधानमंत्रित्व में 2014-15 में बढ़कर कितनी हो गई?

(क) 7.1 प्रतिशत (ख) 7.2 प्रतिशत

(ग) 7.3 प्रतिशत (घ) 8.4 प्रतिशत

992. अपना कार्यकाल शुरू करते समय प्रधानमंत्री नरेंद्र मोदी ने किस तरह के भारत का सपना देखा था?

(क) घर वापसी करते भारत का सपना

(ख) सांस्कृतिक उत्थान करते भारत का सपना

(ग) डिजिटल भारत का सपना

(घ) विश्व-विजेता भारत का सपना

993. साफ-स्वच्छ शासन का सशक्त उदाहरण बनी केंद्रीय सरकार के मुखिया नरेंद्र मोदी ने सरकार गठन करते समय एक नारा दिया था, जिसे उन्होंने भलीभाँति चरितार्थ भी किया। वह नारा क्या था?

(क) न्यूनतम सरकार, अधिकतम शासन

(ख) अब चमकेगा भारत

(ग) अच्छे दिन आनेवाले हैं

(घ) अच्छी सरकार, अच्छा शासन

994. प्रधानमंत्री नरेंद्र मोदी की चीन यात्रा के दौरान भारत और चीन ने कितने दस्तावेजों पर हस्ताक्षर किए?

(क) 24 सहयोग दस्तावेजों पर (ख) 14 सहयोग दस्तावेजों पर

(ग) 34 सहयोग दस्तावेजों पर (घ) 44 सहयोग दस्तावेजों पर

995. प्रधानमंत्री नरेंद्र मोदी ने अपनी तीन दिन की चीन यात्रा के दूसरे दिन अपने चीनी समकक्ष ली की क्यांग के साथ 90 मिनट तक कहाँ पर वार्त्तालाप किया?

(क) ग्रेट हॉल ऑफ चाइना (ख) ग्रेट हॉल ऑफ पीपुल्स

(ग) ग्रेट हॉल ऑफ तुंग (घ) ग्रेट हॉल ऑफ सांग ली

उत्तर के लिए कृपया पृष्ठ सं. 207-208 देखें।

996. प्रधानमंत्री नरेंद्र मोदी ने 22 फरवरी, 2015 को ऑल इंडिया रेडियो पर देश भर के छात्रों को संबोधित करते हुए उन्हें परीक्षा के तनाव व चिंता से मुक्त होकर सकारात्मक व्यवहार अपनाने का संदेश दिया। यह प्रोग्राम किस शीर्षक से प्रसारित हुआ?

(क) मोदी की बात छात्रों के साथ (ख) मन की बात
(ग) चिंता छोड़ो मन से पढ़ो (घ) खूब पढ़ो, खूब पढ़ो

997. 22 मार्च, 2015 को प्रधानमंत्री नरेंद्र मोदी ने 'मन की बात' कार्यक्रम में देश के किस प्रमुख वर्ग की समस्याओं पर अपना ध्यान केंद्रित किया?

(क) बुनकर वर्ग की (ख) किसान वर्ग की
(ग) व्यापारी वर्ग की (घ) पिछड़ा वर्ग की

998. किसानों से मन की बात करते हुए प्रधानमंत्री नरेंद्र मोदी ने कहा कि इस बिल पर एक भ्रम फैलाया जा रहा है कि आपको कानूनी हक नहीं मिलेगा, आप कोर्ट में नहीं जा सकते—यह सरासर झूठ है। मोदीजी इस संबोधन में किस बिल की बात कर रहे थे?

(क) भूमि अधिग्रहण बिल की (ख) किसान विकास बिल की
(ग) किसान ऋण बिल की (घ) किसान-कृषि बिल की

999. 27 जनवरी, 2015 को 'मन की बात' करते हुए प्रधानमंत्री नरेंद्र मोदी ने देशवासियों को संबोधित किया, किंतु उस समय उनके साथ किसी अन्य देश के राष्ट्राध्यक्ष भी विद्यमान थे और उन्होंने भी देशवासियों को संबोधित किया था। वे कौन थे?

(क) चीन के प्रधानमंत्री ली की क्यांग
(ख) पाकिस्तान के प्रधानमंत्री नवाज शरीफ
(ग) अमेरिका के राष्ट्रपति बराक ओबामा
(घ) रूस के राष्ट्रपति ब्लादीमीर पुतिन

1000. प्रधानमंत्री नरेंद्र मोदी की चीन यात्रा के दौरान चीन के चेंगदू और भारत के एक महानगर में वाणिज्य दूतावास स्थापित करने पर सहमति बनी। भारत का वह महानगर कौन सा है?

(क) चेन्नई (ख) दिल्ली
(ग) मुंबई (घ) कोलकाता

□

उत्तर के लिए कृपया पृष्ठ सं. 208 देखें।

उत्तरमाला

व्यक्तित्व

1. (क) कठोर प्रशासक और कड़े अनुशासन के आग्रही की
2. (ग) शिक्षा-व्यवस्था में
3. (क) शिक्षा-व्यवस्था
4. (ख) विज्ञान और प्रौद्योगिकी में
5. (घ) उपर्युक्त सभी
6. (घ) 'स्वागत ऑनलाइन' और 'टेली फरियाद' नामक प्रयासों से
7. (क) पाँच लाख कर्मचारियों की
8. (ख) 'कर्मयोगी महाअभियान' नाम से
9. (ग) 'असरकारी कर्मयोगियों' में बदलने में
10. (क) यथार्थवाद
11. (ग) कि असफलता नहीं, बल्कि उद्‍देश्य का न होना अपराध है।
12. (घ) सी.एन.बी.सी. टी.वी.-18 पुरस्कार से
13. (ग) 'ई-रत्न' पुरस्कार
14. (क) 'स्वागत'
15. (घ) 2003 में शुरू हुई
16. (ग) 'संयुक्त राष्ट्र लोक्सेवा पुरस्कार
17. (घ) सी.एक्स.ओ.-2011
18. (घ) उपर्युक्त तीनों के लिए
19. (ग) पर्यटन अभियान 'खुशबू गुजरात की' को
20. (ग) अमिताभ बच्चन
21. (क) सफलता के लिए
22. (ग) नरेंद्र मोदी का उद्‍देश्य है कि 21वीं सदी का गुजरात अपने सुदृढ़ विकास के साथ-साथ औद्योगिक विकास, विश्व स्तरीय संस्थान, ऊर्जावान् युवाओं की क्षमता की ऐसी तसवीर पेश करे कि दुनिया देखे।
23. (क) फायर ब्रांड नेता
24. (ख) मितेश पटेल
25. (ग) रॉकी मित्तल ने
26. (ख) 'पी.एम. बनेगा नरेंद्र मोदी'

27. (ग) 400 से भी अधिक
28. (क) सी.ए.एस.ए. ने
29. (ग) विपक्षी नेताओं के बीच
30. (घ) क और ख दोनों
31. (क) 'विकास पुरुष' के नाम से
32. (ग) नवीन विचार-युक्त एक युवा और ऊर्जावान् जननेता के तौर पर
33. (क) 6 करोड़ से ज्यादा लोगों
34. (ख) आम आदमी को उसके नाम से बुलाने की उनकी स्मरण-शक्ति के कारण
35. (क) विभिन्न धर्मों के बीच सेतु
36. (घ) सासाकावा पुरस्कार
37. (ग) कॉमनवेल्थ एसोसिएशन फॉर पब्लिक एडमिनिस्ट्रेशन ऐंड मैनेजमेंट (सी.ए.पी.एम.)
38. (घ) वाइब्रेंट गुजरात
39. (घ) 120 देशों ने
40. (ग) नए विचार और आदर्श के
41. (घ) उनका सशक्त, साहस, समर्पण और दूरदर्शिता से परिपूर्ण चरित्र
42. (घ) उपर्युक्त तीनों
43. (ग) मितव्ययी और मिताहारी के तौर पर
44. (क) केवल तीन लोग
45. (क) उन्होंने राज्य में बिना सरकारी अनुमति के बने बहुत सारे मंदिरों को भी गिराने का आदेश दिया था
46. (ग) गोवा में
47. (घ) (क) और (ख)
48. (क) शाकाहारी भोजन
49. (घ) उदारता, परोपकार और सामाजिक सेवा जैसे तीनों मूल्यों का
50. (क) उनके छोटे भाई प्रह्लाद मोदी ने
51. (क) 2012 के विधानसभा चुनावों में
52. (ख) थ्री डी तकनीक से
53. (घ) 53 स्थानों पर
54. (घ) 10 दिसंबर, 2012 को
55. (क) पहले कभी नहीं किया गया था।
56. (क) क्योंकि विश्व में पहली बार इस तकनीक का इस्तेमाल किया गया।
57. (ख) गेम चेंजर
58. (घ) उपर्युक्त सभी
59. (क) फिटिंग के कुरते के साथ महँगे चश्मे उनके व्यक्तित्व के अंग बन गए।
60. (क) दिल्ली में संगठन महामंत्री
61. (ग) श्री प्रमोद महाजन ने
62. (घ) 14 अप्रैल, 2009 से
63. (ख) डॉ. बाबा साहेब अंबेडकर की 118वीं जयंती पर
64. (घ) 2002 की प्रचंड जीत के बाद

65. (क) कुछ सियासी दाँव-पेंच चलने के साथ
66. (ग) उनके सिर पर बाल कम थे और पहनावा बेहद सामान्य।
67. (घ) उपर्युक्त तीनों
68. (ग) जेड ब्लू स्टोर से
69. (क) झोले में अधिक कपड़ों की जगह बनाने के लिए कुरते की बाँहें काटकर उन्हें छोटा बनाया गया।
70. (घ) (क) और (ख)
71. (क) उनके अपने फैसलों से
72. (ख) युवाओं और महिलाओं की अभिरुचियों के मुताबिक
73. (क) वर्ष 1991 में जब तत्कालीन भाजपा अध्यक्ष डॉ. मुरली मनोहर जोशी ने कन्याकुमारी से कश्मीर तक एकता यात्रा निकाली।
74. (घ) मोदी एकता यात्रा के प्रबंधक और सारथि थे। उसी समय मोदी की प्रमुखता से फोटो छपनी शुरू हुई।
75. (क) फोटो सेंस
76. (क) एच.डी. देवगौड़ा
77. (ग) मुखौटों को
78. (क) मार्केटिंग में
79. (ख) महिंद्रा ऐंड महिंद्रा
80. (ग) आधुनिक प्रगतिवादी
81. (घ) उपर्युक्त सभी
82. (क) सबसे संभावना भरा नेता।
83. (घ) वार्टन इंडिया इकोनॉमिक फोरम
84. (क) गांधीनगर से
85. (ख) 'स्टेच्यू ऑफ यूनिटी'
86. (ख) देश के अधिकांश गाँवों में से खेती में इस्तेमाल किए हुए लोहे के औजारों के टुकड़े एकत्रित किए जाएँगे और उसे गलाकर उसका
87. (घ) अपनी माता का
88. (ग) सद्भावना मिशन
89. (क) 5 पैसे
90. (ग) अपने सशक्त व्यक्तित्व और साहस की बदौलत
91. (ख) उच्च शिक्षा हासिल करने के लिए महाविद्यालय एवं विश्वविद्यालय में
92. (ग) हार मानना या पराजित होना उन्होंने कभी स्वीकार नहीं किया
93. (घ) उपर्युक्त सभी
94. (ख) सेना में
95. (ग) कक्षा 4
96. (ख) 2 रुपए
97. (क) वे प्रवेश परीक्षा का खर्च उठाने की स्थिति में नहीं हैं
98. (क) फ्लोरिडा के टेंपा में
99. (ख) वाजपेयी सरकार के विजन से

100. (ग) 8.4 फीसदी पर
101. (ग) गुजरात के समावेशी विकास मॉडल
102. (घ) विरोधियों के
103. (ग) लघु नादाम उत्सव
104. (ग) 25 सितंबर 2013 को
105. (ख) पाँच हजार से ज्यादा
106. (ग) मिनिस्टर्स नेशनल सेंटर फॉर स्किल डेवलपमेंट
107. (ख) कौशल विकास बोर्ड
108. (ग) सलाहकार कार्यालय
109. (क) राष्ट्रीय कौशल विकास एजेंसी
110. (क) भंग कर दिया
111. (ग) कौशल वरदान केंद्रों (के.वी.के.) को
112. (क) पचास लाख
113. (ग) गाइहेड ने
114. (घ) (क) और (ख)
115. (ग) 'मिशन बाम सुखम्' का
116. (ग) जागृति परमार ने
117. (क) मोदी रन
118. (ख) मोबाइल एप्स डेवलपर कंपनी डेग्जैटी
119. (ख) स्मार्टनमो सैफरोन वन तथा स्मार्टनमो सैफरोन टू

परिवार

120. (ख) मोध, घाँची, वणिक, तेली
121. (घ) जन्म 17 सितंबर, 1950
122. (क) उत्तर गुजरात के मेहसाणा जिले में
123. (ग) श्री दामोदरदास मूलचंद मोदी
124. (घ) श्रीमती हीराबेन मोदी
125. (ख) श्री मगध लाल रणछोड़ दास
126. (ग) बनासकाँठा के नवगोत्रा गाँव से
127. (ख) किराने की दुकान शुरू की।
128. (ग) श्री मूलचंद मोदी
129. (क) 1915 में
130. (ग) छह संतानों में तीसरे नंबर पर
131. (क) श्री सोम मोदी
132. (ख) श्री अमृत मोदी
133. (ग) श्रीमती वसंती
134. (ख) श्री प्रह्लाद मोदी और श्री पंकज मोदी
135. (क) चाय की दुकान
136. (ग) वडनगर के रेलवे स्टेशन के सामने
137. (क) केवल छह साल की
138. (घ) शर्मिष्ठा तालाब में
139. (क) मगरमच्छ के बच्चे को
140. (क) मौन व्रत
141. (ख) पास की लाइब्रेरी में

शिक्षा

142. (ख) भगवताचार्य नारायणाचार्य हाई स्कूल से
143. (क) प्रह्लाद पटेल
144. (घ) वे उन छात्रों में थे, जो रोज बहस में हिस्सा लेते थे।

145. (ग) सुधीर जोशी
146. (ग) जमशेद खान पठान
147. (क) विज्ञान के
148. (घ) स्कूल की प्रयोगशाला में केमिकल रिएक्शन देखना
149. (ख) उन्होंने मॉनीटर को लिखकर दिखाने से मना कर दिया, क्योंकि उनकी नजरों में मॉनीटर भी एक छात्र ही था
150. (क) जो लड़के पढ़ना नहीं चाहते, उन्हें ब्रह्मा भी नहीं पढ़ा सकते
151. (ख) डॉ. सुधीर जोशी ने
152. (ख) चारों की शर्ट पर फाउंटेन पेन की स्याही छिड़क दी
153. (क) अहाते की एक ओर की दीवार बनवाने में
154. (ख) एक नाटक खेल
155. (ख) पीलू फूल
156. (क) श्री नरेंद्र मोदी
157. (क) एक अछूत महिला के बीमार बेटे
158. (ख) मंदिर से पीले फूलवाला प्रसाद लाने के लिए
159. (क) मंदिर में
160. (ख) डॉ. वसंतभाई पारिख
161. (क) विस नगर के कॉलेज में
162. (क) 1 वर्ष
163. (घ) 18 साल
164. (क) हरगोवनभाई पटेल
165. (ग) एन.डी.
166. (क) एक वकील के घर नौकरी, जहाँ उन पर घर की साग-सब्जी से लेकर खाना बनाने और साफ-सफाई का पूरा दायित्व था
167. (घ) उपर्युक्त तीनों
168. (ग) करीब 15 साल के
169. (क) सैनिकों की
170. (ग) भयंकर बाढ़ में
171. (क) 1 रुपया
172. (ख) मेले में चाय का ठेला लगाया
173. (ग) बाढ़-पीड़ितों की सहायता के लिए रकम भेजी
174. (ख) स्नातकोत्तर
175. (क) राजनीति विज्ञान में
176. (क) जब वे कम उम्र में गुजरात से दिल्ली आ रहे थे
177. (ख) मेरा नियम है कि मैं बगैर घूस लिये सीट नहीं देता। फिर अपना नियम तोड़कर आपको कैसे सीट दे दूँ।

वैवाहिक जीवन

178. (क) 1968 में
179. (ख) महज 18 वर्ष
180. (ख) श्रीमती जशोदा
181. (ग) रसोसणा गाँव
182. (घ) श्री अशोक
183. (ग) देश-सेवा की लगन के कारण
184. (घ) घर छोड़कर चल पड़े

185. (क) पिता भारत और माँ भारती की सेवा के लिए
186. (क) देश-सेवा की
187. (ग) एक गुजराती मैगजीन के माध्यम से
188. (घ) सन् 1984 में
189. (क) इंटरव्यू द्वारा
190. (क) पिता की किराने की दुकान में हाथ में तराजू लिये बैठी दिखाई दीं।
191. (ग) वे उनको घर बुलाएँगे
192. (क) शिक्षिका का
193. (ग) पेंशन से
194. (क) 10,000 रुपए की
195. (क) एक किताब
196. (क) उस किताब का, जिसे श्री मोदी ने अपनी पत्नी को उपहार में दिया।
197. (ग) तसवीरें फाड़ डालीं
198. (क) क्योंकि वे नहीं चाहते थे कि शादी से जुड़ी कोई तसवीर उनकी पत्नी के पास रहे।
199. (ग) 'ओपन' मैगजीन
200. (क) पढ़ाई पूरी करने के लिए
201. (ख) साले साहब ने
202. (ग) सिर्फ दो बार
203. (क) मेरा 24 घंटा सिर्फ देश के लिए ही है। 5 मिनट भी मैं किसी सगे को नहीं दे सकता।
204. (ग) (क) और (ख) दोनों के लिए
205. (क) छोटी बहन
206. (ख) बचपन का दोस्त
207. (क) श्री मोदी के चचेरे भाई ने उनके मित्र से
208. (ग) श्री मोदी के मित्र ने उनके चचेरे भाई से
209. (ख) उनकी पत्नी ने एक पत्रिका में

राष्ट्रीय स्वयंसेवक संघ (आर.एस.एस.) और मोदी

210. (घ) निस्स्वार्थता, सामाजिक जवाबदारी, समर्पण एवं राष्ट्रवाद की भावना को
211. (ख) बाबूभाई नायक ने
212. (क) महागुजरात आंदोलन
213. (ख) रसिकभाई दवे
214. (ख) वकील साहब की प्रेरणा से
215. (ग) लक्ष्मण राव इनामदार
216. (घ) पहले प्रांत प्रचारक
217. (ग) 8 साल की उम्र में
218. (क) दीपावली के दिन
219. (ख) संन्यास की ओर
220. (ख) आर.एस.एस. के
221. (क) युवा लड़के
222. (ख) घर छोड़ने का
223. (ग) अज्ञातवास में
224. (घ) हिमालय चले गए थे
225. (घ) 17 वर्ष

226. (ख) श्रीमती इंदिरा गांधी
227. (ग) स्वामी माधवानंद से
228. (ख) साधु परंपरा में
229. (क) राजकोट
230. (ग) स्वामी आत्मस्थानंद से
231. (ख) तुम दाढ़ी रखो, इतना भर करके मोदी की साधु बनने की बात को अनसुना कर दिया।
232. (ख) चाय की दुकान
233. (क) राष्ट्रीय स्वयंसेवक संघ के लोग
234. (क) संघ की सेवा में
235. (ग) नमक और तेल खाना बंद कर दिया
236. (क) उनकी माँ और भाई प्रह्लाद मोदी
237. (क) बँगलादेश और पूर्वी बंगाल के मुसलिमों पर पाकिस्तानी सेना के अत्याचार और जन-संहार के विरुद्ध संघर्ष करते हुए सत्याग्रह करने पर
238. (ख) एम.वी. कामथ
239. (घ) हेडगेवार भवन में
240. (क) आठ-नौ कमरों की सफाई और वकील साहब के कपड़े धोने की जिम्मेदारी
241. (क) एकनाथ रानाडे और दत्तोपंत ठेंगड़ी
242. (ख) कन्याकुमारी में विवेकानंद स्मारक की स्थापना करने के
243. (ग) भारतीय मजदूर संघ की स्थापना करने के
244. (क) तत्कालीन सरसंघचालक बालासाहब देवरस
245. (ग) एन. गुरुमूर्ति
246. (ख) मैनेजमेंट का
247. (ग) ट्रेन और बस में रिजर्वेशन का
248. (घ) हर चिट्ठी को खोलने का काम
249. (क) नरेंद्र मोदी का मैनेजमेंट और उनके काम करने के तरीके
250. (ग) नागपुर
251. (घ) एक महीने के विशेष प्रशिक्षण शिविर हेतु
252. (ख) गुजरात आर.एस.एस. प्रचारक
253. (ग) गुजरात राज्य सड़क परिवहन कॉरपोरेशन की स्टाफ कैंटीन में काम
254. (ग) प्रभारी
255. (क) इमरजेंसी के दौरान
256. (क) कि मोदी रात में देर से सोने के चलते अकसर संघ की सुबह की शाखा के लिए लेट हो जाया करते थे।
257. (क) नरेंद्र मोदी हाफ स्लीव का कुरता पहनते थे
258. (ग) सफेद रंग की
259. (क) वे दाढ़ी रखते थे और ट्रिम भी करवाते थे
260. (ख) माधवराव गोलवलकर ने

261. (ग) बाढ़-पीड़ितों की
262. (ख) उत्कृष्ट संगठनात्मक सामर्थ्य और मनोविज्ञान की
263. (ख) वसंत गजेंद्र गडकर और नाथ लाल जाघड़ा के
264. (घ) सामाजिक-राजनीतिक आंदोलनों में
265. (ग) भ्रष्टाचार-विरोधी नव-निर्माण आंदोलन में
266. (ग) भारतीय जनता पार्टी में
267. (ग) भ्रष्टाचार-विरोधी नव-निर्माण आंदोलन में
268. (घ) चिमनभाई पटेल को

राजनीतिक जीवन

269. (ग) सांकेश गाँव
270. (क) बरसात के कारण
271. (ग) उनको बेंच पर अलग से बैठने के लिए कहा और वह बैठ गए
272. (घ) उपर्युक्त सभी
273. (घ) उपर्युक्त सभी
274. (घ) उपर्युक्त तीनों
275. (घ) श्री चंद्रकांत महेरवड़े
276. (घ) उपर्युक्त सभी
277. (ग) भारतीय जनता पार्टी
278. (ख) शंकर सिंह वाघेला
279. (घ) मेहनती कार्यकर्ता के रूप में
280. (क) शंकर सिंह वाघेला के साथ
281. (घ) गुजरात भाजपा के कार्यकर्ताओं में
282. (ख) मजबूत कार्यकर्ताओं की
283. (क) लोकप्रिय नेता के रूप में
284. (ग) शंकर सिंह वाघेला के
285. (क) वर्ष 1974 में
286. (ग) सभी पार्टियों को मिलाकर एक कर दिया गया
287. (क) मोरारजी देसाई
288. (ख) 19 महीने (जून 1975 से जनवरी 1977)
289. (घ) भूमिगत रहते हुए
290. (ग) संघ की विचारधारा को दरशानेवाले परचे और पोस्टर
291. (ग) संघ की विचारधारा को दरशानेवाले परचे और पोस्टर
292. (क) एक सभा संचालन की जिम्मेदारी
293. (घ) चंदे के तौर पर जमा हुई बड़ी रकम को लेकर
294. (क) एक गड्ढा खोदकर सारी रकम दबा दी
295. (घ) खुद गड्ढे के ऊपर अपना गद्दा बिछाकर लेट गए
296. (ग) सत्याग्रह करने का
297. (क) विवाह की तारीख पक्की हो गई है
298. (क) वे एक स्त्री के वेश में जेल के अंदर गए, जो अकसर अपने पति से मिलने जाती थी
299. (क) राष्ट्रीय स्वयंसेवक संघ के उन

कार्यकर्ताओं, नेताओं के परिवारों की मदद के लिए पैसा इकट्ठा करने की, जो जेल में थे।

300. (ग) 1987 में
301. (क) एक
302. (ग) कुशल संगठक के रूप में
303. (ख) वी.वी. सिंह के नेतृत्व में गठबंधन सरकार
304. (ग) दो-तिहाई बहुमत के साथ
305. (क) भाजपा के
306. (घ) कुशल रणनीतिकार के रूप में
307. (ख) दो महत्त्वपूर्ण राष्ट्रीय घटनाओं के आयोजन की
308. (क) न्याय यात्रा
309. (ख) चार
310. (ख) अकाल-पीड़ित लोगों की
311. (ग) 115 तालुकों और लगभग 15,000 गाँवों से होकर
312. (घ) राज्यपाल को
313. (क) लोकशक्ति रथयात्रा
314. (क) केशूभाई पटेल ने
315. (ख) जनता कोष तैयार करने में
316. (क) सोमनाथ से अयोध्या तक
317. (ग) डॉ. मुरली मनोहर जोशी के
318. (घ) एकता यात्रा
319. (घ) भाजपा के
320. (ख) राष्ट्रीय सचिव के
321. (ग) डॉ. मुरली मनोहर जोशी ने
322. (ग) मोदी अनंत कुमार के साथ गायब हो गए
323. (ग) डॉ. मुरली मनोहर जोशी ने
324. (क) केशूभाई पटेल और शंकर सिंह वाघेला के
325. (ख) शंकर सिंह वाघेला को
326. (क) केशूभाई पटेल को
327. (क) शंकर सिंह वाघेला ने
328. (घ) नरेंद्र मोदी को
329. (घ) नरेंद्र मोदी को
330. (ख) 9 अशोक रोड के
331. (घ) देश के पाँच महत्त्वपूर्ण राज्यों की
332. (ख) महासचिव (संगठन) के
333. (ग) जम्मू एवं कश्मीर
334. (घ) उपर्युक्त सभी
335. (घ) उपर्यूक्त सभी
336. (क) अक्तूबर 2001 तक
337. (ग) 1995 के विधानसभा चुनावों के बाद
338. (क) लाल चौक पर तिरंगा झंडा फहराने की
339. (क) हम देखते हैं, कौन यहाँ लाल चौक पर झंडा फहराकर वापस जाएगा
340. (ख) हम 26 जनवरी को श्रीनगर के लाल चौक आएँगे बिना बुलेट प्रूफ जैकेट और गाड़ी के। देखते हैं कौन माई का लाल है, जो हमें मारेगा।

341. (क) वर्ष 2001 की
342. (ग) अटल बिहारी वाजपेयी ने
343. (ख) अटल बिहारी वाजपेयी
344. (ग) अटल बिहारी वाजपेयी से
345. (ग) अटल बिहारी वाजपेयी ने
346. (क) मैं गुजरात से छह साल दूर रहा हूँ, तमाम मुद्दों से दूर हूँ, ये कैसे होगा
347. (क) अटल बिहारी वाजपेयी
348. (ख) क्योंकि माधवराव सिंधिया का दुर्घटना में निधन हो गया था। उसमें उनके साथ एक पत्रकार गोपाल की भी मृत्यु हो गई थी। श्री मोदी गोपाल के क्रियाकर्म में यह सोचकर गए थे कि माधवराव जी के क्रियाकर्म में तो सब जाएँगे, लेकिन गोपाल के क्रियाकर्म में कौन जाएगा
349. (ग) दिल्ली से गुजरात फोन मिलाया
350. (क) अपनी पार्टी के दफ्तर में
351. (ख) चिंता मत कीजिए, हम सर्किट हाउस में एक कमरा बुक करा देंगे

मुख्यमंत्री श्री नरेंद्र मोदी

352. (ख) 7 अक्तूबर, 2001 को
353. (ख) केशूभाई पटेल को
354. (क) रविना नरेश कुमार जाधव
355. (ख) भारत का सबसे ज्यादा विकास करनेवाला राज्य
356. (ख) 4,000 दिन
357. (ग) 20 हजार से ज्यादा
358. (ख) पाँच महीने बाद ही
359. (घ) (क) और (ख)
360. (घ) वर्ष 2002 में
361. (क) राजधर्म का
362. (ग) ब्रिटेन ने
363. (क) अमेरिका ने
364. (क) जन दरबार का
365. (क) पीने के लिए पानी और रात में आराम से सोने के लिए बिजली की।
366. (घ) उपर्युक्त सभी
367. (क) उन इलाकों में, जो दंगों से सबसे ज्यादा प्रभावित हुए थे।
368. (क) जनवरी 2001 में आया विनाशक भूकंप
369. (घ) कुछ नहीं
370. (ग) भूकंप-प्रभावित इलाकों के पुनर्निर्माण और पुनर्वास की
371. (क) भुज
372. (ख) भुज
373. (ग) रिसर्जेंट गुजरात बिजनेस समिट
374. (ख) पुनर्निर्माण एवं पुनर्वास
375. (क) सामाजिक क्षेत्र पर
376. (ख) पंचामृत योजना
377. (घ) उपर्युक्त तीनों क्षेत्रों में

378. (ग) 100 दिनों के
379. (क) दिसंबर 2002 के
380. (ख) 128 सीटें जीतकर
381. (ग) वर्ष 2007 के चुनावों में
382. (ग) 115 सीटें
383. (ग) 26 दिसंबर, 2012 को
384. (ख) पाँचवीं जीत
385. (क) मणिनगर सीट से
386. (ख) श्वेता भट्ट को
387. (ग) संजीव भट्ट की
388. (क) 86 हजार से अधिक वोटों से
389. (ग) हरेन पांड्या की
390. (ग) जागृति पांड्या
391. (ग) एलिस ब्रिज निर्वाचन क्षेत्र
392. (ग) एलिस ब्रिज निर्वाचन क्षेत्र
393. (ख) राकेश शाह ने
394. (ख) कमलेश शाह के
395. (ग) दो बार 1995 तथा 1998 में
396. (क) डेल
397. (ख) तीरंदाजी
398. (घ) एलिस ब्रिज
399. (ख) मणिनगर से
400. (घ) (क) और (ख)
401. (क) गुजरात
402. (घ) सी.बी.आई. की
403. (घ) उपर्युक्त सभी
404. (क) सौराष्ट्र से
405. (ग) केशूभाई पटेल ने
406. (क) मोदी से असंतुष्ट संघ एवं विहिप की
407. (क) केशूभाई पटेल
408. (क) कांग्रेस
409. (क) भाजपा
410. (घ) सौराष्ट्र ने
411. (ख) 37
412. (क) 38
413. (ग) सोशल हेल्थ कार्ड, रोमिंग राशन कार्ड
414. (घ) 121.9 मीटर
415. (क) सुजलाम् सुफलाम् योजना जल संरक्षण
416. (क) नर्मदा व साबरमती नदी को मिलाने का
417. (ग) खारी नदी में
418. (घ) 765
419. (घ) उपर्युक्त तीनों
420. (ख) सबसे बड़ा सोलर एनर्जी पार्क
421. (ख) 30 लाख यूनिट बिजली प्रतिदिन
422. (क) 10 लाख
423. (घ) 3,000 एकड़
424. (ख) दो-तिहाई हिस्से का
425. (क) विंड और सोलर एनर्जी के हाईब्रिड पावर का
426. (ग) 21 अंतरराष्ट्रीय सोलर पावर कंपनियाँ
427. (ख) महज एक वर्ष के रिकॉर्ड समय में
428. (ग) 80 लाख टन
429. (ग) 9 लाख टन

430. (घ) 9,000 करोड़ का
431. (ख) 500 मिलियन डॉलर की
432. (क) कोयला और गैस पर आधारित
433. (घ) उपर्युक्त सभी
434. (क) अपनी जिंदगी अपनी शर्तों पर जीने के
435. (क) व्यक्तिगत पहल और उद्यमशीलता के लिए
436. (ग) सबसे बड़े प्रतीक पुरुष
437. (क) भाजपा के
438. (क) प्रो-इन्कंबेंसी फैक्टर
439. (ग) अमेरिका
440. (ख) 90 किलो
441. (क) 15 अगस्त, 2013 को

श्री नरेंद्र मोदी : विदेशी देशों से संबंध

442. (ख) पाकिस्तान
443. (क) सुनील शरण
444. (ग) दक्षिण कोरिया
445. (क) क्योंकि इसके एक ओर रेगिस्तान तो दूसरी ओर पाकिस्तान है
446. (क) यूसुफ रजा गिलानी
447. (क) चीन के कई नेताओं एवं व्यापारियों से
448. (ख) एक बड़े निवेश केंद्र के तौर पर
449. (घ) 22
450. (ग) 55
451. (क) 24 जुलाई, 2012 को
452. (ग) दाहेज में हिताची का संयंत्र तथा मेहसाणा जिले में मारुति सुजुकी की कार निर्माण परियोजना।
453. (ख) समुद्री खारे पानी को मीठे जल में तब्दील करनेवाला एशिया का सबसे बड़ा संयंत्र
454. (घ) उपर्युक्त सभी
455. (क) पोलैंड

गुजरात और मोदी

456. (क) 'बदलता गुजरात, विकास की ओर उन्मुख गुजरात'
457. (क) 'फोर्ब्स' मैगजीन ने
458. (ख) एक कुशल वक्ता और एक निपुण मंत्रणाकार के रूप में
459. (घ) उपर्युक्त सभी
460. (ख) गुजरात पैटर्न
461. (घ) चितरिया गाँव
462. (ख) समरस ग्राम
463. (क) पावन गाँव योजना
464. (ग) तीर्थ गाँव योजना के तहत
465. (क) 408 गाँवों को
466. (क) निर्मल गुजरात वर्ष के रूप में
467. (ग) नवलगढ़ ने
468. (घ) लोचकड़ी के
469. (ग) मुफ्त बीमा पॉलिसी देने की

470. (क) क्रेडिट कार्ड
471. (क) गोकुल ग्राम योजना
472. (क) उपजाऊ भूमि के लिए शोध प्रयोगशालाओं हेतु
473. (क) उस लड़की का वैवाहिक खर्च भरती है
474. (क) नवजात शिशु की मृत्यु-दर में कमी लाने हेतु
475. (ख) जच्चा-बच्चा के स्वास्थ्य की रक्षा
476. (ग) भ्रूण-हत्या और लिंगानुपात से
477. (क) सखी मंडल
478. (ग) ज्योतिग्राम योजना का शुभारंभ
479. (क) 56,000
480. (घ) कर्मयोगी अभियान
481. (घ) कन्या कावाणी योजना
482. (क) निर्धन छात्रों को
483. (ग) हरेक राजनीतिक दल का कर्तव्य है
484. (क) नीरोगी बाल वर्ष
485. (घ) चॉकलेट
486. (ख) साक्षर दीप योजना
487. (ख) गुजरात में ग्लोबल समिट करवाकर
488. (क) ग्लोबल
489. (ग) 25 लाख
490. (क) विकास के एजेंडे पर
491. (घ) प्रो पीपुल गुड गवर्नेंस
492. (ख) कृषि महोत्सव
493. (क) सॉइल हेल्थ कार्ड
494. (ख) कॉटन के लिए टेक्सटाइल पॉलिसी फॉर्मूला
495. (ख) लैब टू लैंड
496. (क) गुजरात फॉरेंनसिकी साइंस यूनिवर्सिटी खोली
497. (ग) रक्षा शक्ति यूनिवर्सिटी बनाई
498. (क) शिक्षा के
499. (ग) टीचर एक्सपोर्ट करना
500. (घ) (क) और (ख) दोनों होने चाहिए
501. (ख) ऑप्टिक फाइबर की लाइन गुजरे
502. (घ) 76 प्रतिशत घरों में
503. (क) गुजरात की राजधानी गांधीनगर में
504. (ग) 100 एकड़ में
505. (ख) 14 माह में
506. (ख) 29 मंजिला
507. (ग) 'दिल्ली इंडस्ट्रियल कॉरीडोर'
508. (क) 40 प्रतिशत
509. (ख) पैट्रिक सकलिंग ने

देश का युवा और मोदी

510. (घ) उपर्युक्त सभी
511. (ख) हमारे नौजवानों ने
512. (क) नहीं, हमारी पीढ़ी माउस चार्मर है
513. (ख) सूचना प्रौद्योगिकी के कारण
514. (घ) उपर्युक्त सभी
515. (क) स्वयं को प्राप्त उपहारों की

नीलामी से

516. (घ) उपर्युक्त सभी
517. (क) खेलभावना के स्वस्थ वातावरण का
518. (घ) खेलकूद के साथ
519. (क) ये गिलास भरा हुआ है, आधा पानी से आधा हवा से।
520. (क) जीरो डिफेक्ट और पैकेजिंग का
521. (क) अहमदाबाद में

धर्मनिरपेक्षता और मोदी

522. (ख) मेरा भारत सबसे पहले
523. (क) भारत ने
524. (ग) सबको साथ लेकर चलने की भावना
525. (ख) वोट बैंक की
526. (घ) योचिन
527. (क) उन्हें अपने हिंदू होने पर गर्व है
528. (ग) कर्म निरपेक्षता से
529. (ग) सच्चर कमेटी की
530. (क) 668 रुपए
531. (क) 11 हजार करोड़ रुपए खर्च किए
532. (ग) 30 फीसदी मुसलमानों ने
533. (ख) सांप्रदायिकता के चश्मे से

राजनीतिक दाँव-पेंच

534. (ख) अपने आप में खराब नहीं है
535. (घ) वह खत्म होती चली गई है
536. (घ) (क) और (ख)
537. (क) एक पत्थर पर लकीर खींचनेवाला खेल है
538. (घ) उपर्युक्त सभी
539. (ख) जब अपने ड्राइवर से खुद कार चलाने की इच्छा जताई
540. (क) कि वह कार से उतरना चाहता है, क्योंकि साहब यह कार है, सरकार नहीं
541. (घ) उपर्युक्त सभी
542. (ख) दक्षिण कोरिया और भारत
543. (ग) नवोन्मेष प्रोत्साहन केंद्र
544. (ख) कि क्या वर्ष 2014 में प्रधानमंत्री बनने के बाद भी वे उनके सवालों के जवाब देने आएँगे?
545. (क) वे कुछ बनने का नहीं, कुछ करने का सपना देखते हैं
546. (ख) गुजरात की जनता ने उन्हें वर्ष 2017 तक प्रदेश की सेवा करने का काम दिया है। इसे पूरा करना उनकी जिम्मेदारी है।
547. (क) मोरिन खूर
548. (घ) नरेंद्र दामोदरदास मोदी
549. (ख) 100 करोड़ डॉलर।
550. (घ) 13 समझौतों पर
551. (क) कंठक अश्व
552. (ख) तीन ग्रुप्स

553. (ग) नॉर्वे का संविधान दिवस

मोदी और उद्योग जगत्

554. (घ) पूर्व राष्ट्रपति डॉ. अब्दुल कलाम ने
555. (घ) (ख) और (ग)
556. (क) सुस्वागतम् गुजरात
557. (ग) सिर्फ तीन दिनों में
558. (घ) वर्ष 2008
559. (ग) सिंगल विंडो क्लियरेंस सिस्टम के तहत
560. (ख) 25,206
561. (ग) 1 लाख 30 हजार मध्यम और लघु उद्योग
562. (ग) कांग्रेस सदस्य आरोन शॉक ने
563. (ग) पीओरिया मैगजीन के
564. (ख) फोर्ड और टाटा मोटर्स
565. (क) आश्चर्यजनक
566. (क) सार्वजनिक-निजी भागीदारी पी.पी.पी. से
567. (ख) 22 प्रतिशत से अधिक का
568. (ख) अनिल अंबानी ने
569. (क) जी टी.वी. के सुभाष चंद्रा ने
570. (ख) शेल कंपनियों के समूह के अध्यक्ष
571. (घ) आनंद महिंद्रा ने
572. (ख) चंदा कोचर ने
573. (क) भारतीय रिजर्व बैंक ने

मोदी और विवादित मुद्दे

574. (ग) वर्ष 2003 से
575. (घ) राज्यपाल कमला बेनीवाल ने
576. (क) पूर्व न्यायाधीश आई.ए. मेहता
577. (क) 25 अगस्त, 2012 को
578. (ग) जस्टिस बी.एस. चौहान और जस्टिस एफ.एम. इब्राहिम की दो जजों की बेंच ने
579. (क) अप्रैल 2010 की
580. (ख) दिसंबर 2009 में
581. (घ) उपर्युक्त सभी
582. (क) कांग्रेस ने
583. (घ) ख और ग
584. (क) गुजरात संगठित अपराध विधेयक (गुजकोक) को
585. (ख) राज्य के विश्वविद्यालयों के लिए
586. (घ) सूरत के
587. (ख) डी.जी. वंजारा ने
588. (क) डी.जी. वंजारा के
589. (घ) उपर्युक्त सभी
590. (ग) 2002 से 2005 तक
591. (क) 20
592. (ख) वर्ष 2005 में
593. (क) सोबरादीन, उसकी पत्नी कौसर बी, तुलसीराम प्रजापति, सादिक जमा, इशरत और उसके साथ मारे गए तीन अन्य लोग शामिल हैं।
594. (घ) उपर्युक्त सभी

595. (क) महाराष्ट्र
596. (ग) 32
597. (क) निम्न सभी
598. (क) संजीव भट्ट ने
599. (ग) 27 फरवरी, 2002 को
600. (ग) कारसेवक हिंदुओं को
601. (क) दिग्विजय सिंह की
602. (क) अशोक गहलौत और विलासराव देशमुख
603. (ख) श्री के. नित्यानंदन ने
604. (क) तेरह दिन
605. (क) 'गोपनीय' मार्क
606. (घ) उपर्युक्त सभी।
607. (ग) अप्रैल 2009 में
608. (ख) एहसान जाफरी की
609. (क) अमेरिकी सांसदों से
610. (ख) कैपिटल हिल में अमेरिकी सांसदों से
611. (ख) 'अगर मोदी प्रधानमंत्री बन जाते हैं तो हजारों दंगा-पीड़ितों सहित मेरी न्याय की आशा खत्म हो जाएगी। मेरी आशा और प्रार्थना है कि ऐसा कभी नहीं होगा।'
612. (ख) उनके दामाद नाजिद हुसैन ने
613. (ग) निशरिन हुसैन
614. (क) कि उन्हें दंगाइयों से पुलिस ने बचाया था
615. (घ) चार वर्ष बाद
616. (क) श्रीकुमार
617. (घ) उपर्युक्त सभी
618. (ख) नौ घंटे से ज्यादा
619. (क) पूर्व उपमहानिरीक्षक ए.के. मल्होत्रा की
620. (घ) एस.आई.टी. (विशेष जाँच दल) की
621. (ख) टाइम्स ऑफ इंडिया
622. (ग) इंडियन एक्सप्रेस
623. (घ) द हिंदू
624. (घ) भारतीय जनता पार्टी ने
625. (क) अहमदाबाद के
626. (ग) अप्रैल 2012 में
627. (घ) विशेष जज राजू रामचंद्रन ने
628. (क) विशेष जाँच दल (एस.आई.टी.) ने
629. (घ) (क) और (ख)
630. (क) शाहिद सिद्दीकी को
631. (क) श्री नरेंद्र मोदी ने 'नई दुनिया' के संपादक से
632. (घ) उपर्युक्त सभी
633. (ख) 1969 में अहमदाबाद (गुजरात) में
634. (ग) हितेंद्रभाई देसाई
635. (क) 1987 में
636. (ख) कांग्रेस
637. (ग) 65
638. (ख) मंथन
639. (घ) 200 कॉलेज के 7,000 छात्रों ने
640. (ग) पहले शौचालय, फिर देवालय

नरेंद्र मोदी के उल्लेखनीय बयान

641. (ख) समाचार एजेंसी रॉटर्स
642. (घ) ट्विटर समेत सोशल मीडिया पर
643. (क) क्या उन्हें निराशा होती है, जब अब तक उन्हें वर्ष 2002 से ही जोड़कर देखा जाता है।
644. (क) 'निराशा तब होगी जब मैं सोचूँ कि मैंने कुछ गलत किया है। मैंने चोरी की है, मैं पकड़ा जाऊँगा। मेरा मामला ऐसा नहीं है।'
645. (क) रॉयटर्स ने
646. (क) रॉयटर्स को
647. (घ) उपर्युक्त सभी
648. (घ) उपर्युक्त तीनों
649. (घ) 'इंडिया टुडे' ग्रुप के अरुण पुरी को
650. (ग) सद्भावना मुहिम
651. (क) पारंपरिक पगड़ी तो कोई साफा या शॉल
652. (क) मजार के ट्रस्टी
653. (ख) टोपी पहनाने से रोक दिया
654. (क) हरा साफा पहनाने को कहा, जो उन्होंने अपने गले में डाल रखा था।
655. (घ) उपर्युक्त सभी
656. (क) वे तसवीरें उनकी परछाईं बन गई होतीं
657. (घ) वे मुसलिमों को उनके उस प्रतीक से अलग करना चाहते थे, जिसे देख उन्हें पिछड़ा समझा जाता है।
658. (क) टोपी की
659. (घ) उपर्युक्त सभी
660. (क) भारतीय जनता पार्टी ने
661. (क) भारतीय जनता पार्टी का
662. (क) भाजपा का
663. (घ) उपर्युक्त सभी
664. (ग) मौलाना इमाम लुकमान तारापुरी
665. (घ) उपर्युक्त सभी
666. (क) ग्लोबल गुजरात कॉन्फ्रेंस में हिस्सा लेने गए।
667. (ग) मौलाना इमाम लुकमान तारापुरी
668. (क) महासचिव मकसूद मदनी को
669. (घ) उपर्युक्त सभी
670. (ग) कड़े-से-कड़ा कानून
671. (क) प्रधानमंत्री मनमोहन सिंह की
672. (घ) उपर्युक्त सभी
673. (क) कब, कैसे, कहाँ और किसको मारना है।
674. (ख) सत्ता से सत्ता हासिल की है
675. (क) सबको साथ लेकर नहीं चलते, बल्कि सबको अपने साथ चलने के लिए मजबूर करते हैं।
676. (क) भुज प्रांत में लालन कॉलेज के मैदान से श्री मोदी ने

677. (घ) उपर्युक्त तीनों
678. (ग) फाइलों को
679. (ख) एकीकृत सोच के साथ
680. (ग) सोशल मीडिया को
681. (ग) क्रिक गोपालकृष्णन
682. (घ) यह विवाद अरब सागर स्थित कच्छ के रण में 96 किलोमीटर लंबे मुहाने को लेकर है, जो गुजरात को पाकिस्तान के सिंध प्रांत से अलग करता है।
683. (ग) यह गुजरात के कच्छ जिले और सिंध की सीमा के पास स्थित है।
684. (क) यह मुद्दा गुजरात के मछुआरों से जुड़ा था।
685. (घ) उपर्युक्त तीनों
686. (ख) नरेंद्र मोदी ने सौराष्ट्र क्षेत्र में आयोजित एक कार्यक्रम में
687. (क) स्वामी रामदेव ने
688. (क) पंजाब कांग्रेस अध्यक्ष अमरिंदर सिंह ने
689. (क) अकाली दल के नेता प्रकाश सिंह बादल ने
690. (ग) दिल्ली की तत्कालीन मुख्यमंत्री शीला दीक्षित ने
691. (ख) जदयू नेता नीतीश कुमार ने
692. (क) महाराष्ट्र के मुख्यमंत्री पृथ्वीराज चव्हाण ने
693. (ख) शिवराज सिंह चौहान
694. (ख) साधु यादव ने
695. (ग) उमा भारती ने भोपाल में
696. (क) मेनका गांधी ने नागपुर में
697. (घ) कांग्रेस नेता शकील अहमद ने ट्विटर पर
698. (ग) स्वामी रामदेव ने जंतर-मंतर पर धरने के समय
699. (क) कांग्रेस नेता वीरप्पा मोइली ने एक प्रेस कॉन्फ्रेंस में
700. (क) मौलाना इमाम लुकमान तारापुरी ने मुसलिम समुदाय के लोगों से
701. (घ) लॉस एंजिल्स टाइम्स
702. (ख) कांग्रेस सरकार के
703. (क) मोदी ने हैदराबाद की जनता से
704. (ग) सोनिया गांधी को
705. (क) गांधीनगर में खेल महाकुंभ की शुरुआत के अवसर पर
706. (क) उनके अनुसार राहुल चाहें तो भारत और इटली दोनों जगहों से चुनाव लड़ सकते हैं।
707. (ख) कुरसी पूजा को
708. (ग) सुषमा स्वराज ने
709. (ग) लालकृष्ण आडवाणी ने
710. (क) मनोहर जोशी ने
711. (क) कलराज मिश्र

वक्तव्य और वक्ता

712. (क) भाव एक
713. (घ) राष्ट्र एक
714. (ख) लक्ष्य एक
715. (ख) स्वर एक
716. (क) भारत एक
717. (घ) संस्कार एक
718. (ग) ध्येय एक
719. (घ) संकल्प एक
720. (क) मंजिल एक
721. (ग) प्रतिभा एक
722. (ग) मुसकान एक
723. (घ) तिरंगा एक
724. (ग) मेरे स्वभाव में फरियादें हैं
725. (क) मराठी पुस्तक का गुजराती में
726. (घ) एक कप चाय पीना
727. (ख) सुबह का नाश्ता
728. (ग) 2
729. (क) अंबाजी
730. (ख) मानव जाति के लिए उपयोगी
731. (घ) प्रेमतीर्थ
732. (ग) आँख आ धन्य छे
733. (ख) संघर्ष में गुजरात
734. (ग) फोटोग्राफी
735. (क) केवल फल
736. (ख) केवल जल
737. (घ) तीव्र
738. (ग) मेरी जिम्मेदारी है
739. (क) मेरा भाग्य तय करती है
740. (ख) कुछ तो लोग कहेंगे, लोगों का काम है कहना……
741. (ग) ओमकार का
742. (घ) कलात्मक या स्लो फिल्में
743. (क) चिरंजीवी योजना से
744. (घ) टीम बनाना और सफलता पाना
745. (ग) कॉमन मैन
746. (ख) मिशन
747. (घ) संतोष
748. (ख) ऋण चुकाने का मौका
749. (ग) सफलता
750. (घ) लोगों द्वारा संचालित हैं
751. (ख) जील (Zeal)
752. (ग) जीवन में सफल होते हैं
753. (क) द्वार
754. (घ) मीठा फल
755. (ग) एंबिशन
756. (क) यश-अपयश
757. (ग) पूर्ण विराम
758. (ख) जनमत
759. (ग) राहुल गांधी
760. (घ) धार्मिक
761. (क) महत्त्वाकांक्षा
762. (घ) ‘लाइफ’
763. (ख) मानसिकता
764. (क) सर्वोपरि भारत
765. (घ) संविधान
766. (ग) जनशक्ति
767. (ख) सबका साथ, सबका विश्वास
768. (क) चौकीदार

769. (घ) राहुल गांधी
770. (ख) 60
771. (ग) 100
772. (ख) 60 महीने
773. (घ) 5 साल में
774. (ख) स-सपा, ब-बसपा, का-कांग्रेस
775. (क) झाँसी में
776. (ग) जलपान
777. (ख) 450
778. (घ) 5,800
779. (क) 3 लाख किलोमीटर से ज्यादा
780. (ख) 4,000 स्थानों पर
781. (घ) 1,300
782. (ख) ऊधमपुर
783. (ग) वैष्णो देवी का
784. (क) बलिया
785. (ग) वाराणसी-वडोदरा
786. (क) अमेरिका
787. (ग) शाकाहारी
788. (घ) पतंगबाजी
789. (ग) कमल
790. (ख) भारत
791. (घ) 'स्कैम इंडिया'
792. (ख) देश
793. (घ) राजवंश
794. (ख) गीता, कुरान और बाइबिल की तरह
795. (क) अरविंद केजरीवाल
796. (घ) कांग्रेस एवं करप्शन को
797. (ख) अच्छे दिन आने वाले हैं
798. (घ) सिर्फ 50 मिनट
799. (क) मजदूर नंबर वन
800. (ख) सबका साथ, सबका विकास
801. (घ) विकास पुरुष
802. (क) 2005
803. (ख) चीन
804. (घ) राजीव गांधी
805. (ग) लड़की की जासूसी
806. (क) रॉबर्ट वाड्रा
807. (ख) अदानी
808. (ग) अपनी बेटी के समान
809. (घ) पिछड़ी जाति
810. (क) गोधरा दंगों में
811. (ग) आशा का चुनाव
812. (ख) कुछ करने का सपना देखना चाहिए
813. (घ) स्किल
814. (क) लेस लॉ
815. (ग) मोक्ष
816. (घ) उपर्युक्त सभी
817. (ग) इनोवेशन
818. (ख) नेता, नीति और नीयत
819. (घ) कांग्रेस
820. (क) राहुल गांधी
821. (ग) हर-हर मोदी, घर-घर मोदी
822. (क) दिल्ली की सी.एम. शीला दीक्षित
823. (घ) गांधी छाप नोटों की भक्ति
824. (ग) अटल बिहारी वाजपेयी

प्रधानमंत्री नरेंद्र मोदी

825. (ग) मधुसूदन मिस्त्री
826. (ख) नरेंद्र मोदी
827. (क) 8,45,464
828. (घ) 5,70,128
829. (ख) अरविंद केजरीवाल
830. (घ) नरेंद्र मोदी
831. (क) 5,81,022
832. (ग) 3,71,783
833. (ख) वडोदरा
834. (ग) 282
835. (घ) वडोदरा
836. (ग) 21 मई, 2014 को
837. (क) आनंदीबेन पटेल
838. (ग) 13
839. (घ) 20 मई, 2014 को
840. (ख) लालकृष्ण आडवाणी
841. (ग) संसद् की सीढ़ी पर मत्था टेका
842. (क) लालकृष्ण आडवाणी
843. (ग) लालकृष्ण आडवाणी
844. (घ) अटल बिहारी वाजपेयी
845. (ख) 26 मई, 2014 को
846. (घ) 8
847. (घ) चीन—वेन जियाबाओ
848. (ग) अफगानिस्तान—हामिद करजई
849. (घ) मॉरीशस-चीन
850. (ख) मनमोहन सिंह
851. (क) सायं 6.10
852. (ग) राष्ट्रपति भवन में
853. (ख) राष्ट्रपति प्रणव मुखर्जी ने
854. (क) 23
855. (ग) 10
856. (क) 12
857. (घ) 45
858. (क) सायं 7.28
859. (ग) नवीन पटनायक
860. (ख) उद्धव ठाकरे
861. (क) अरुण जेटली
862. (घ) निर्मला सीतारमण
863. (क) राजनाथ सिंह
864. (ग) विदेश
865. (क) अरुण जेटली
866. (घ) एम. वेंकैया नायडू
867. (ग) परिवहन
868. (ख) सुरेश प्रभु
869. (क) उमा भारती
870. (ख) अल्पसंख्यक मामलों
871. (ग) रामविलास पासवान
872. (घ) कलराज मिश्र
873. (क) महिला एवं बाल विकास
874. (ग) अनंत कुमार
875. (क) रविशंकर प्रसाद
876. (ग) अशोक गणपति राजू
877. (घ) अनंत गीते
878. (ख) खाद्य एवं आपूर्ति
879. (ग) नरेंद्र सिंह तोमर
880. (क) जुएल ओराम
881. (ग) सामाजिक न्याय एवं अधिकारिता

882. (ख) स्मृति ईरानी
883. (घ) स्वास्थ्य एवं परिवार कल्याण
884. (ग) कृषि
885. (ख) जनरल वी.के. सिंह
886. (घ) राव इंद्रजीत सिंह
887. (ख) संतोष कुमार गंगवार
888. (घ) पाद येस्सो नाइक
889. (क) पेट्रोलियम एवं प्राकृतिक गैस
890. (ग) प्रकाश जावडेकर
891. (ख) ऊर्जा
892. (क) वाणिज्य एवं उद्योग
893. (ग) मनोज सिन्हा
894. (ख) ग्रामीण विकास
895. (ख) किरण रिजिजू
896. (घ) कृषि
897. (ख) सुदर्शन भगत
898. (घ) मनसुखभाई धनजीभाई वासवा
899. (ख) विष्णु देव साय
900. (ग) भूटान
901. (ख) दो दिन—15 व 16 जून, 2014
902. (घ) विदेश मंत्री सुषमा स्वराज
903. (क) सुप्रीम कोर्ट बिल्डिंग
904. (घ) हिमालय
905. (ग) आतंकवाद/पर्यटन
906. (क) भारत फॉर भूटान, भूटान फॉर भारत
907. (ख) विकास है
908. (ग) 'ये दिल माँगे मोर'
909. (क) कटरा-ऊधमपुर ट्रेन
910. (ग) शिक्षा
911. (घ) 'स्किल इंडिया' में
912. (ख) गुजरात को पीछे छोड़ दिया
913. (ग) वर्ष 2022 तक
914. (ख) चीन
915. (घ) रेलवे को
916. (ख) रेलवे का
917. (ग) गरीबों का
918. (क) अर्बन (URBAN)
919. (ग) सॉइल हेल्थ कार्ड
920. (घ) दालों में
921. (ख) आर्थिक प्रगति से
922. (घ) 'श्रमेव जयते'
923. (ख) हुनर
924. (घ) पीढ़ी
925. (क) ब्राजील
926. (घ) ब्रिक्स समाप्त कर देना चाहिए
927. (ख) गिर
928. (ग) आधे से अधिक की
929. (ख) आतंकवादियों से बात करें
930. (क) चिंता
931. (ख) ब्रिक्स डेवलपमेंट बैंक
932. (घ) भारत
933. (ग) फुटबॉल
934. (ख) नए कार्यालय भवन का
935. (घ) राष्ट्रपति जैकब जुमा से
936. (क) राष्ट्रपति ओलांता हुमाला से
937. (घ) राष्ट्रपति डोनाल्ड रामोटर ने
938. (ख) सूरीनाम गणराज्य के
939. (ग) राष्ट्रपति सुश्री डिल्मा रूसेफ

के साथ
940. (घ) राष्ट्रपति व्लादिमीर पुतिन से
941. (ख) राष्ट्रपति शी जिनपिंग
942. (ग) राजदूत अशोक तोमर ने
943. (क) बर्लिन
944. (घ) लैब टू लैंड
945. (ग) साइंटिफिक टेक्नोलॉजी
946. (क) नील
947. (ख) हर बूँद, ज्यादा फसल
948. (घ) इनमें कोई नहीं
949. (ग) ट्विटर
950. (ख) विदेश मंत्री जॉन केरी
951. (ग) सबका साथ, सबका विकास
952. (क) नेपाल
953. (ख) 2 व 3 अगस्त, 2014
954. (घ) 17
955. (ख) संविधान सभा को
956. (ग) हिंदी
957. (घ) प्रधानमंत्री सुशील कोइराला ने
958. (ख) हिट (HIT)
959. (घ) हाइवेज
960. (ख) आई-वेज
961. (क) ट्रांस-वेज
962. (घ) धर्मपुत्र
963. (ख) जीत बहादुर
964. (क) 12
965. (ग) उसके माता-पिता से
966. (क) हर-हर मोदी, घर-घर मोदी
967. (ख) पहले
968. (ग) संजीवनी
969. (ग) सम्राट् अशोक
970. (घ) दाल-रोटी-सब्जी
971. (ख) नंद कुमार गोपी
972. (क) नेपाली पी.एम. सुशील कोइराला
973. (ग) नेपाली राष्ट्रपति रामबरन यादव के साथ
974. (ख) 21
975. (क) प्रचंड से
976. (ग) 100
977. (ख) हयात
978. (घ) विदेश मंत्री महेंद्र पांडे से
979. (ग) नेपाल के प्रधानमंत्री कार्यालय सिंह दरबार में
980. (क) दस हजार करोड़
981. (ग) सार्क उपग्रह
982. (ख) इंद्र कुमार गुजराल
983. (ग) विदेश मंत्री सुषमा स्वराज
984. (क) पशुपतिनाथ
985. (घ) 25
986. (ख) 400 बिस्तरोंवाली धर्मशाला के निर्माण हेतु
987. (क) चंदन की लकड़ी
988. (ग) 2,500 किलोग्राम
989. (क) अमेरिकी रक्षा मंत्री चक हेगल से
990. (ख) अमित शाह
991. (घ) 8.4 प्रतिशत
992. (ग) डिजिटल भारत का सपना

993. (क) न्यूनतम सरकार अधिकतम शासन

994. (क) 24 सहयोग दस्तावेजों पर

995. (ख) ग्रेट हॉल ऑफ पीपुल्स

996. (ख) मन की बात

997. (ख) किसान वर्ग की

998. (क) भूमि अधिग्रहण बिल की

999. (ग) अमेरिका के राष्ट्रपति बराक ओबामा

1000. (क) चेन्नई

□□□